Le Gnokholo traditionnel

A la mémoire

de mon père, Sadio CAMARA, et
de ma mère, Sanou DAMBA.
« L'oubli de soi, de ses origines, de ses qualités,
et de sa dignité conduit aux pires reniements.
C'est cela qui est mortel pour un peuple,
C'est ce que je crains le plus pour mon pays »
(Wa Kamissoko, *La grande geste du Mali. Des origines à la Fondation de l'Empire* 2009:5).

Gratitude et remerciements

Toute ma gratitude et mes remerciements sincères à Monsieur Souty Touré, ancien Ministre et Maire de la Commune de Tambacounda, dont le soutien matériel et financier m'a permis de réaliser ce travail qui me tenait beaucoup à cœur.
    Le CODESRIA est fortement remercié pour sa contribution à cette publication.

Le Gnokholo traditionnel
Géographie - Histoire - Culture - Economie
Monographie d'une ancienne province du Sénégal

Sadio Camara

Conseil pour le développement de la recherche en sciences sociales en Afrique
DAKAR

© CODESRIA 2015
Conseil pour le développement de la recherche en sciences sociales en Afrique
Avenue Cheikh Anta Diop Angle Canal IV
BP 3304 Dakar, 18524, Sénégal
Site web : www.codesria.org

ISBN : 978-2-86978-635-6

Tous droits réservés. Aucune partie de cette publication ne doit être reproduite ou transmise sous aucune forme ou moyen électronique ou mécanique, y compris la photocopie, l'enregistrement ou l'usage de toute unité d'emmagasinage d'information ou de système de retrait d'information sans la permission au préalable du CODESRIA.

Mise en page : Alpha Ousmane Dia
Couverture : Ibrahima Fofana

Distribué en Afrique par le CODESRIA
Distribué ailleurs par African Books Collective
www.africanbookscollective.com

Le Conseil pour le développement de la recherche en sciences sociales en Afrique (CODESRIA) est une organisation indépendante dont le principal objectif est de faciliter et de promouvoir une forme de publication basée sur la recherche, de créer plusieurs forums permettant aux chercheurs africains d'échanger des opinions et des informations. Le Conseil cherche ainsi à lutter contre la fragmentation de la recherche dans le continent africain à travers la mise en place de réseaux de recherche thématiques qui transcendent toutes les barrières linguistiques et régionales.

Le CODESRIA publie une revue trimestrielle, intitulée *Afrique et Développement*, qui est la plus ancienne revue de sciences sociales basée sur l'Afrique. Le Conseil publie également *Afrika Zamani* qui est une revue d'histoire, de même que la *Revue Africaine de Sociologie* ; la *Revue Africaine des Relations Internationales (AJIA)* et la *Revue de l'Enseignement Supérieur en Afrique*. Le CODESRIA co-publie également la *Revue Africaine des Médias*; *Identité, Culture et Politique : un Dialogue Afro-Asiatique* ; *L'Anthropologue africain*, la *Revue des mutations en Afrique*, *Method(e)s : Revue africaine de méthodologie des sciences sociales* ainsi que *Sélections Afro-Arabes pour les Sciences Sociales*. Les résultats de recherche, ainsi que les autres activités de l'institution sont aussi diffusés à travers les « Documents de travail », le « Livre Vert », la « Série des Monographies », la « Série des Livres du CODESRIA », les « Dialogues Politiques » et le *Bulletin du CODESRIA*. Une sélection des publications du CODESRIA est aussi accessible au www.codesria.org

Le CODESRIA exprime sa profonde gratitude à la Swedish International Development Corporation Agency (SIDA), au Centre de Recherches pour le Développement International (CRDI), à la Ford Foundation, à la Carnegie Corporation de New York (CCNY), à l'Agence norvégienne de développement et de coopération (NORAD), à l'Agence Danoise pour le Développement International (DANIDA), au Ministère des Affaires Etrangères des Pays-Bas, à la Fondation Rockefeller, à l'Open Society Foundations (OSFs), à TrustAfrica, à l'UNESCO, à l'ONU Femmes, à la Fondation pour le renforcement des capacités en Afrique (ACBF) ainsi qu'au Gouvernement du Sénégal pour le soutien apporté aux programmes de recherche, de formation et de publication du Conseil.

Sommaire

L'auteur...vii
Liste des cartes, figures, tableaux et photos ix
Note de l'auteur..xi
Introduction..xiii

1. Cadre géographique et historique
    Géographie..1
    Histoire..12

2. Connaissance et maîtrise des phénomènes naturels et sociaux
    Le ciel, la terre et les saisons..33
    Egalité et inégalité des jours et des nuits...39
    L'orientation géographique..42
    Stratification du temps..44
    La naissance et la mort...49
    Croyances et cultes..64
    Savoir, système d'organisation et de représentation du monde..........78

3. La société et ses organisations sociales
    La famille..93
    Le village..100
    Les masques et leurs fonctions sociales...118
    Organisation sociale du travail..140

4. Activités économiques
    L'agriculture...147
    L'élevage...166
    L'artisanat...167
    La cueillette..172
    La chasse..181
    La pêche...193

Type culinaire, hygiène, santé et relations marchandes
  Type culinaire 199
  Hygiène et produits de beauté 207
  Pharmacopée et quelques aspects pratiques de la médecine
  traditionnelle 212
  Relations marchandes 228

Conclusion générale 237
Bibliographie 241

L'auteur

Sadio Camara est un Sénégalais bien connu dans les milieux de la Gauche de notre pays. Instituteur dans les années ayant précédé l'accession à l'indépendance octroyée par la volonté coloniale des années 60, l'homme finit par abandonner son métier pour se consacrer entièrement à la lutte que le PAI (Parti Africain de l'Indépendance) Sénégal mènera inlassablement contre le pouvoir senghorien et de celui de son fils spirituel Abdou Diouf.

A de hauts niveaux de responsabilité dans les instances dirigeantes de ce parti politique, longuement engagé dans la clandestinité, Sadio Camara symbolisera la rigueur, la ténacité et la persévérance.

L'homme de Bantata Malink a cherché à faire connaître cette lutte par sa publication *Epopée du Parti Africain de l'Indépendance* (PAI-Sénégal) (1957-1980) paru à l'Harmattan – France en 2013.

Ce présent ouvrage est son apport de haute portée à une meilleure connaissance du Gnokholo, espace sénégalais traditionnel.

Il a espoir que les générations présentes et futures du Gnokholo moderne y puiseront les repères utiles pour leur enracinement culturel et civique.

Carte du Sénégal

Carte établie par nos soins

Liste des cartes, figures, tableaux et photos

Cartes

Carte 1 – Gnokholo traditionnel : lieu d'implantation géographique – orographie – pays limitrophes..................3
Carte 2 – Le Gnokholo traditionnel, les cours d'eau..................8
Carte 3 – Le Gnokholo traditionnel, peuplement..................15
Carte 4 – Egalité et inégalite des jours et des nuits..................41
Carte 5 – Les quatres points cardinaux..................43

Figures

Figure 1 – Organisation politico-militaire du Gnokholo traditionnel..................24
Figure 2 – Tableau récapitulatif du calendrier du Gnokholo traditionnel..................48
Figure 3 – Organisation politique et administrative du Gnokholo traditionnel..................107
Figure 4 – Organisation politique et administrative du Gnokholo traditionnel (selon les sexes)..................108
Figure 5 – Répartition des masques selon les organisations politiques et administratives du village..................136
Figure 6 – *Tii koumba* (ruche en paille)..................173
Figure 7 – *Bô koumba* (ruche en bambou)..................173
Figure 8 – Placement de *Tii koumba* sur les arbres..................174
Figure 9 – Placement de *Bô koumba* sur les arbres..................174
Figure 10 – (A, B et C) : *Kandoungho*, son installation et ses differentes parties..................188
Figure 11 – (A, B, C, D, E et F) : *Koutoundingho*, son installation et ses differentes parties..189
Figure 12 – *Sinsaro*, son installation et ses differentes parties..................190
Figure 13 – A, B, C et D : *Vakkataro*, son installation et ses differentes parties..................191
Figure 14 – *Bappé*, son installation et ses differentes parties..................192
Figure 15 – *Diala*, instruments de pêche des mares et ilots d'eau..................193
Figure 16 – *Voussoungho*, instrument de pêche des mares et ilots d'eau..................194
Figure 17 – *Doukhoumakaya*, instrument de pêche des eaux courantes..................195
Figure 18 – *Doukhoumakaya* placé sous l'eau..................195

Tableaux

Tableau 1 – Récapitulatif d'implantation des premiers villages du Gnokholo 16
Tableau 2 – Prénoms des quatres premiers enfants selon l'ordre de naissance et le sexe 53
Tableau 3 – Prénoms communs aux personnes des deux sexes 54
Tableau 4 – Prénoms de personnes de sexe masculin 55
Tableau 5 – Prénoms de personnes de sexe féminin 56
Tableau 6 – Organisation des classes d'âge (*borolou*) 106
Tableau 7 – Appellations et noms des masques 138
Tableau 8 – Récapitulatif des plantes médicinales 224

Photos

Photo 1 – Place publique du village de Magnankanti 26
Photo 2 – *Gnakhagnakha* 28
Photo 3 – Pierres des morts (*houré kouro*) dressées sur le mur de la case du chef de famille à l'entrée de la porte du côté droit 71
Photo 4 – Vue du fétiche du village de Magnankanti, à 300 m du côté est 74
Photo 5 – Gourdes de *dolo* (bière de mil) sur la place publique à l'occasion d'une cérémonie de circoncision (*gnakha*) à Bantata le 12 avril 1990 111
Photo 6 – Masques *sikka* prêts à entrer dans le village 129
Photo 7 – Entrée des masques *sikka* dans le village 131
Photo 8 – Masques *gankourangho* (*gankourang koyo, gankourang hingho*) 134
Photo 9 – Masque *mamo* ou *mama diombo* 135
Photo 10 – Jeune fille du Gnokholo portant sur ses tresses des pièces de monnaie anglaise 235
Photo 11 – Jeune fille du Gnokholo portant une pièce de monnaie anglaise au cou 236

Note de l'auteur

Dans cet ouvrage, nous avons volontairement fait usage des appellations et notions données aux personnes, aux lieux et aux choses par le peuple du terroir lui-même dans son parler propre pour, d'une part, mieux rendre leur contenu et, d'autre part, contribuer à la promotion de la langue mandinka. Cela nous apparaît d'autant plus important qu'il est question de nos jours, et cela fort heureusement, de l'enseignement de et dans nos langues nationales.

Evidemment, pour leur transcription, nous nous sommes servi de l'alphabet français parce que plus familier aux lecteurs sénégalais en particulier et francophones en général. Pour cette raison d'ailleurs, nous avons préféré ici l'écriture orthographique du nom du pays étudié comme suit : GNOKHOLO et non NIOKHOLO. Parce que le premier phonème de ce nom dans l'alphabet français est représenté par la digraphie GN et non par celle de NI.

Nous aimerions préciser également que les appellations et notions locales usitées dans cet ouvrage sont du parler madinka du Gnokholo, qui est une variante dialectale de la langue mandinka. Par rapport aux autres dialectes d'autres zones du Sénégal, voire de l'ouest-africain, les différences sont essentiellement phonologiques à moindres degrés, donc de moindre importance, parce qu'elles n'entament en rien, pensons-nous, l'intercompréhension.

Il faut aussi remarquer que nous avons exclu la lettre F dans la transcription des noms et notions locaux parce que son phonème n'existe pas en mandinka du Gnokholo. Par exemple on dit *Hili*, prénom masculin et non *Fili* ; *Hanta*, prénom féminin et non *Fanta* ; *halo*, âne et non *falo* ; *hirhiro* papillon, et non *Firfiro* ; *Hindo, fonio*, et non *findo*.

Pour la lecture ou la prononciation de certains noms et notions locaux, il faut s'inspirer des exemples suivants :
- la digraphie KH se prononce comme dans *lokho* (bois mort) ; *dakha* (canari) ;
- la digraphie ND suivie d'une voyelle est une pré-nasale, se prononce comme dans *ndia* (mon amour) et *nmoussou* (mon épouse) ;
- la trigraphie NGH se prononce comme dans *sangho* (année) et *hingho* (le noir).

Introduction

Je suis né à Bantata, un des plus vieux villages du Gnokholo, à la veille de la Deuxième Guerre mondiale. J'y ai grandi dans les pures traditions familiales et villageoises. C'est dire que ce que je rapporte dans cet ouvrage n'est pas de seconde main. J'en parle pour l'avoir vécu, donc en connaissance de cause.

Pour mon intérêt à l'histoire, je le dois à ma mère, Sanou Damba, qui aimait nous évoquer la communauté primitive et l'esclavage qui avait eu cours dans notre environnement géographique. En outre, elle aimait nous raconter, avec force détails, les tenants et aboutissants de la guerre de Magnankanti qui avait eu lieu en 1898. Elle avait douze ans, disait-elle.

Ce que d'aucuns pourraient trouver en moi un esprit cartésien ou rationnel, je le dois à mon père et homonyme Sadio Camara. Oui, j'ai le même prénom que mon père parce que tous les deux, nous sommes nés après les jumeaux. Selon la culture mandinka, tout enfant né après les jumeaux, quel que soit le sexe, porte nécessairement le prénom Sadio.

Mon père fut un cultivateur de renom, activité qu'il cumula, dans un premier temps, avec le métier de chasseur, puis, dans un second temps, avec celui de colporteur de marchandises à l'aide des bœufs-porteurs, dans les marchés de la sous-région ouest-africaine. Devenu vieux, au grand clair de lune, dans la cour de la maison, sur le mirador familial, il nous contait, avec grand plaisir et fierté, les bienfaits de l'agriculture. Car il estimait que le bonheur de l'homme se trouve dans le labour de la terre parce qu'il lui apporte les céréales et les légumes pour sa bonne alimentation, mais aussi le coton pour son bel habillement.

En outre, les produits du labeur de la terre procurent à l'homme des troupeaux d'animaux domestiques, la femme noble et les richesses, toutes les richesses.

Ses hauts faits de chasseur de talent lui firent découvrir les différents types d'animaux, notamment le gros gibier et leurs comportements, les mystères de la nuit et des étoiles. Par ailleurs, ses multiples voyages à travers les différentes régions ouest-africaines lui firent découvrir également les divers peuples et leurs civilisations, notamment les sociétés secrètes et les masques.

Grâce à ses triples qualités d'agriculteur, de chasseur et de colporteur, mon père accumula une grande richesse de connaissances et d'expériences des phénomènes naturels et sociaux, ce qui l'avait soustrait à leur interprétation idéaliste ou religieuse et l'avait amené à avoir un esprit matérialiste, rationnel dans leur perception et leur analyse.

Pour les raisons que voilà, mon père n'a jamais cru aux devins, aux enchanteurs et aux médiums. En conséquence, il n'en hébergea et n'en consulta jamais, interdit à ses épouses de le faire. Il en fut de même pour la sorcellerie, une croyance tenace dans la société gnokholonkaise, qu'il définit comme un complot mystifié et camouflé des hommes les uns contre les autres. Il caractérisa le charlatan comme un menteur qui vient de loin et comme un diviseur de familles. Ainsi donc, mes frères, mes sœurs et moi, nous avons été élevés et éduqués sans gris-gris ni talismans. Cela, ma mère aimait beaucoup s'en vanter.

Quand j'ai découvert la science marxiste, notamment ses parties matérialisme historique et philosophique, mon intérêt pour les sciences sociales en général et pour la science historique en particulier s'est accru et a aiguisé ma curiosité à chercher à comprendre l'essence réelle des faits naturels et sociaux.

Depuis, j'ai lu plusieurs ouvrages d'histoire et de sociologie, notamment les bulletins de l'Institut Français d'Afrique Noire (I.F.A.N), les écrits des explorateurs européens sur notre continent et même sur le Gnokholo à l'aube du capital international triomphant et de la conquête coloniale. Cela, essentiellement pendant la période clandestine de ma vie politique. C'était ma principale activité pendant le jour, la nuit étant consacrée au travail politique conspiré. Je notais beaucoup, mais le plus souvent sans les références et ce, par inexpérience. Malheureusement, je ne saurais plus trouver aujourd'hui le temps matériel pour recourir à ces sources d'informations. Et c'est là une des lacunes de ce travail. Que le lecteur m'en excuse !

Au départ, je n'avais pas l'idée d'écrire pour publier. Plutôt, j'écrivais pour moi-même. Comme je faisais lire certaines pages par mon compagnon de la clandestinité, en l'occurrence feu Mady Danfakha, celui-ci les appréciait beaucoup. De retour à la vie politique publique, il me les demandait souvent et me suggérait, avec insistance, de les publier sous forme de livre. Alors j'ai fini par épouser sa suggestion et ai commencé à les rassembler. Mais il a fallu, en plus, le concours précieux d'un jeune camarade de parti, Bakary Cissokho, pour voir une bonne partie du manuscrit ronéotypée, ce qui a facilité leur conservation et même leur exploitation. Je lui exprime ici ma profonde reconnaissance et mes sincères remerciements.

Par ailleurs, j'aimerais faire remarquer qu'on a beaucoup écrit sur l'histoire générale de l'Afrique, mais très peu sur l'histoire de ses localités ou anciennes provinces. Or la richesse d'un empire ou d'une république, c'est aussi celle de ses composantes régionales ou locales.

Ecrire sur le passé d'une localité, c'est découvrir et faire connaître l'origine, l'évolution, la civilisation d'une population précise dans un environnement donné. En d'autres termes, c'est recenser et préserver le patrimoine historique et culturel d'un démembrement de l'empire ou de la république. Parce que le passé constitue une source vivante et vivifiante pour comprendre le présent et se projeter dans l'avenir.

En outre, disons que « l'histoire sociale des hommes, comme l'a écrit Karl Marx, n'est rien d'autre que l'histoire de leur développement individuel ». Cela signifie que chaque individu est un personnage historique. Mais leurs actions sont différentes et inégales. Certains parmi eux se distinguent par leur intelligence, leur volonté, leur passion et même leur folie, par leur capacité de formuler les besoins de la société, d'agir de façon plus décisive, plus substantielle sur l'évolution de l'histoire, de jouer un rôle plus progressiste et révolutionnaire. Ainsi, par le caractère décisif de leurs qualités personnelles et par leur tempérament, ils s'imposent comme guides de leurs peuples. De pareils personnages, sous tous les cieux, forcent l'admiration des nouvelles générations de leurs pays. Celles-ci s'efforcent de cultiver en elles-mêmes leurs qualités et traits de caractère et se font les adeptes des idéaux pour lesquels elles ont ainsi agi.

Ainsi donc, l'histoire apparaît comme une source de patriotisme et de dignité nationale et, en conséquence, comme un moyen d'éducation et de formation civique d'hommes libres et fiers. C'est dire qu'un homme qui ignore son passé est un homme mutilé.

1

Cadre géographique et historique

Géographie

Situation, limites, étendue

Le Gnokholo traditionnel est situé à l'extrême sud-est du Sénégal, aux confins de la République de Guinée et du Mali, sur le cours supérieur du fleuve Gambie, dans le département de Kédougou, région du Sénégal oriental. Il est limité à l'est par la rivière dite Siling et le fleuve Gambie jusqu'à Samekouta, prolongé là par la route Samékouta-Saraya jusqu'à hauteur de Diakhaba; de là, la ligne joignant la route Saraya-Diakhaba-Kanoumiring jusqu'à la source de la grande rivière Gnokholo-Koba; au nord jusqu'à son point de croisement avec le fleuve Gambie ; au sud par l'affluent principal de la Siling venant de l'ouest, prolongé par une droite passant par Oussounkala et joignant la Gambie. Celle-ci constitue sa limite naturelle jusqu'à l'embouchure de la rivière Gnokholo-koba, à l'ouest, à Siminting.

Ainsi délimité, le Gnokholo traditionnel a, à peu près, dans ses dimensions les plus grandes :
- en longueur, de l'est à l'ouest : 120km ;
- en largeur, du nord au sud : 50km.

Alors, son étendue peut être estimée à 6 000 km² environ.

Ainsi donc, le Gnokholo traditionnel englobe l'actuelle communauté rurale de Tomboronkoto, la Commune de Kédougou, le Diakha et les villages de la communauté rurale de Bantahassi à savoir : Baratoye, Diendji, Lakanta et Oussounkala. Nous reviendrons, dans la partie histoire, sur les raisons du détachement de ces villages du Gnokholo.

OroGraphie

Au point de vue orographique, le Gnokholo change d'aspect suivant que l'on étudie la zone est ou la zone ouest.

L'ouest est la zone de plaines et de marécages. Nous n'y trouvons que quelques rares collines peu élevées. Le sol est faiblement vallonné, la zone de plaines et de marécages du Gnokholo était très peu habitée et constituait un grand réservoir de faune et de flore.

A l'est, au contraire, nous avons la zone des collines disposées dans les sens sud-nord, sud-ouest et nord-est. Nous trouvons d'abord sur la rive droite de la Gambie une chaîne de collines assez élevées qui longe le fleuve à quelques kilomètres parfois. Elle est interrompue quelquefois pour donner passage aux rivières qui arrosent cette partie du Gnokholo. Les plus hauts sommets de cette chaîne atteignent 269, 344, 414 mètres (voir carte relief ci-contre).

Au sud de la Gambie, sur sa rive gauche, parallèlement à la chaîne de collines de l'autre rive, une autre chaîne de collines plus importantes la longe de Tomboronkoto à Magnankanti en passant par Maroukhoukoto où se trouve le plus haut sommet du Gnokholo qui atteint 445 mètres (voir carte).

Les sommets de ces collines sont des plateaux très peu accidentés sur lesquels la végétation est sensiblement la même que dans les plaines.

Plus au sud, à sept kilomètres de cette dernière chaîne, se dessine une autre à partir de Baïsso dont un bras se dirige dans la direction sud-ouest en passant par Saton-Agna, Lakanta jusqu'à Sangola et une autre colline dans la direction sud-est en passant par Batranké, Bantata et Sobo, d'où elle se dirige au sud jusqu'à Guingara dans le Bandemba. Ses plus hauts sommets sont à Baïsso : 426 mètres, à Lankanta : 419 mètres (voir carte orographique).

La rivière Gnokholo-Koba est également longée par deux séries de collines beaucoup moins importantes que celles longeant la Gambie. Elles viennent se terminer dans les marécages de Koulikouna. De petites élévations de terrains peu importantes s'en dégagent tout le long des affluents du Gnokholo-Koba (voir carte).

En conclusion, le système orographique du Gnokholo forme un tout bien net et il appartient au grand système du Fouta-Djalon dont il est le rejeton ultime.

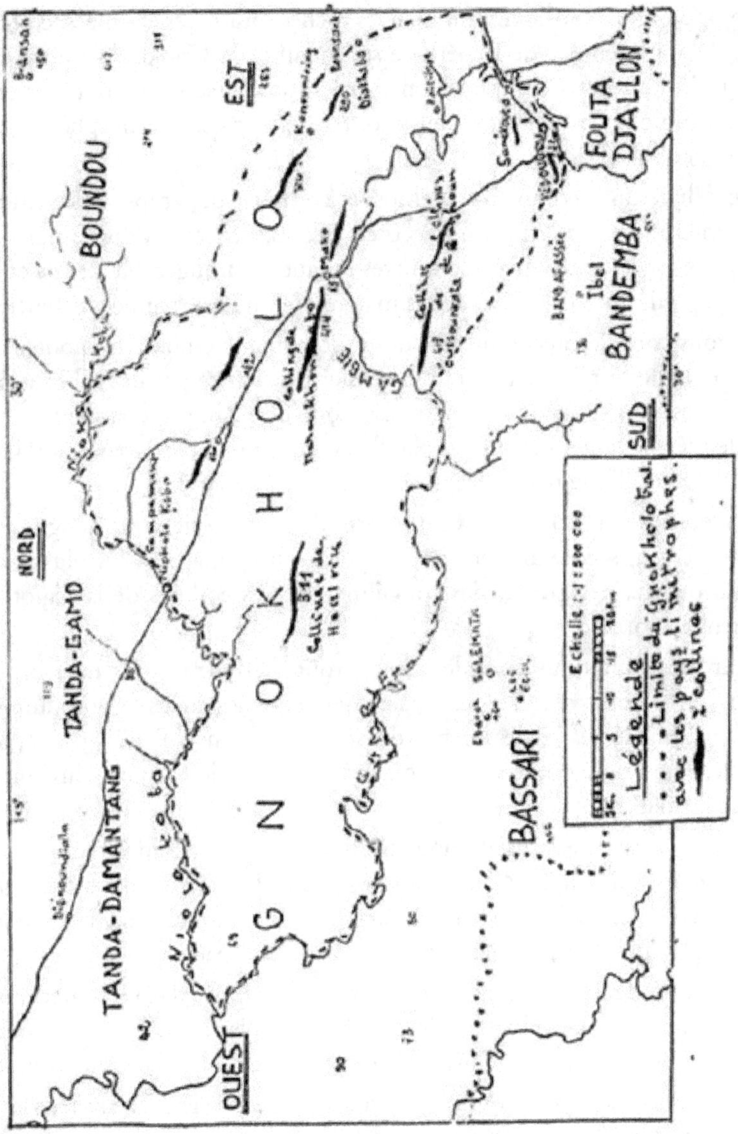

Cadre géographique et historique

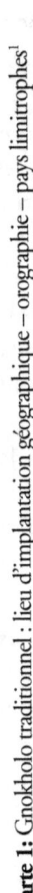

Carte 1: Gnokholo traditionnel : lieu d'implantation géographique – orographie – pays limitrophes[1]

Géologie du sol

Le Gnokholo tout entier appartient, au point de vue géologique, à la période secondaire. Sans doute, dans sa partie ouest et dans les vallées de certaines rivières, trouvons-nous des argiles, des alluvions de formation plus récente; mais le sous-sol lui-même sur lequel elles reposent appartient à la période primaire, de même que l'ossature, le squelette du pays, si nous pouvons nous exprimer ainsi.

C'est à cette époque qu'ont dû émerger et le Gnokholo et les massifs du Sabé et du Tangué en Guinée (voir carte orographique). Certes, il n'est guère facile de s'y tromper si l'on considère combien les roches sont usées et limées, certainement issues du soulèvement de la période secondaire ; le Gnokholo tout entier a dû être ensuite recouvert complètement par les eaux lorsque la croûte terrestre a été assez refroidie pour que les vapeurs contenues dans son atmosphère puissent se condenser à sa surface.

Ce déluge dura combien de temps, et combien de temps le Gnokholo resta-t-il submergé ? La question reste posée aux spécialistes. Mais ce que l'on peut affirmer, c'est que cette période fut très longue, à en juger par les traces qu'elle a laissées et qui sont encore évidentes malgré des milliers d'années écoulées.

Si nous considérons le sous-sol dont est formé le Gnokholo, nous y trouvons deux sortes de terrains. Le terrain ardoisier caractérisé par des schistes de toutes sortes : c'est le terrain de la zone ouest, zone de plaines de la contrée comprise entre les deux chaînes de collines parallèles, dont nous avons parlé plus haut, c'est aussi le terrain d'une partie des rives et du lit de la Gambie.

En second lieu, nous avons cette sorte de terrain que nous désignons sous le nom de terrain secondaire et dont les roches principales et les plus communes sont du quartz, des grès et des conglomérats. Les collines de la région en sont uniquement formées.

Si maintenant nous considérons la croûte terrestre, nous trouvons dans la région des plaines d'argiles compactes en couches épaisses, produites par la désagrégation des eaux des roches du terrain ardoisier. Par-ci, par-là, à l'ouest quelques marécages où l'on peut voir des masses et des dépôts alluvionnaires de récente formation.

Dans la partie est et centrale, nous avons bien en maints endroits des argiles ; mais c'est la latérite qui domine. Elle est produite par la dégradation des roches cristallines qui forment le sous-sol du terrain secondaire. Tout est entraîné par les grandes pluies d'hivernage. Sur les plateaux, la roche se montre à nu partout.

La profondeur à laquelle se trouve la nappe d'eau souterraine varie considérablement. Très éloignée de la surface dans la région des collines, elle est à quelques mètres seulement dans la partie orientale et dans la région ouest.

Comme nous le voyons, le Gnokholo tout entier appartient au bassin de la Gambie. Les rivières et marigots qui l'arrosent sont tous tributaires de ce grand fleuve. Ils lui amènent toutes les eaux qu'ils drainent dans les collines et les plaines.

Cours d'eau

La Gambie

La Gambie, appelée au Gnokholo « *Houta-bâ* », fleuve du Fouta, du fait qu'elle y prend sa source, coule sur 125 km dans le Gnokholo, de Kédougou à l'embouchure du Gnokholo-Koba en formant de nombreux détours. Son cours est interrompu par de nombreux rapides et le courant y est, de ce fait, excessivement violent.

Elle n'est navigable en aucune saison. Pendant la saison sèche, le niveau des eaux est très bas et fait qu'on peut la traverser à gué en certains endroits. En revanche, pendant la saison des pluies, le niveau des eaux monte formidablement et ces dernières débordent sur des centaines de mètres parfois.

En cette période, il est possible d'y organiser de magnifiques promenades en pirogue motorisée ou non, permettant de découvrir l'exubérant développement de toute la végétation de ses rives occasionnées par les pluies d'hivernage: une flore d'une grande richesse, une puissante végétation de grands arbres, de lianes et de fourragères.

La rivière Gnokholo-Koba

Elle reçoit au nord-ouest de Badon un grand nombre de marigots. Nous trouvons, en procédant d'amont en aval, les affluents suivants :

- **Sitadioumouko,** qui reçoit lui-même deux marigots importants sur sa rive droite ;
- **Habiliko,** qui passe non loin de Sibikiling, au sud-ouest, peu large et où coule en toute saison une eau limpide et claire ;
- **Koumouni-Bouloukô,** que l'on traverse au village de Sibikiling en venant de Tambacounda. Ce dernier est pendant la saison sèche plutôt un véritable marécage qu'un marigot proprement dit ; mais pendant la saison des pluies, l'eau y coule en abondance et déborde sur une vaste étendue de terrains servant de rizières aux habitants de Sibikiling et qui sont très productives ;
- **Sékhékô,** distant de Sitadioumouko d'une quinzaine de kilomètres, est un marigot important, large, à bords encaissés. Il reçoit, lui-même, le Dalissilaméko qui lui apporte les eaux collectées dans l'angle formé par la Gambie et le Gnokholo-Koba.
- **Dialako,** ainsi se nomme-t-elle parce que ses bords sont couverts de magnifiques caïlcédrats (*diala*). Sa vallée est moins aride dans la région.

Sinkountoukô

Cette rivière où l'on se coupe le pied est formée par trois branches qui drainent et apportent à la Gambie les eaux du nord et du nord-est du village de Badon; c'est entre ces branches qu'est situé Badon. Sa troisième branche, la plus occidentale, est de peu d'importance. Chacune d'elles reçoit un grand nombre de petits marigots qui les font communiquer entre elles et qui sont à sec pendant la saison sèche. Elle se jette dans la Gambie à Mako, du côté est dudit village.

Korossikô

Koroso est une variété de dattier, de palmier dans le Gnokholo. En raison de son abondance sur les rives de ce marigot, on l'a appelé Korosikô, rivière de koroso. Korossikô comme le Gnokholo-Koba, prend sa source dans les marécages du Koulikouna.

Hatahingkô

Rivière de la roche noire qui vient également des marécages de Koulikouna. Elle se jette dans la Gambie, non loin du village de Tomboronkoto.

Bôdiankô

Cette rivière aux longs bambous se jette dans la Gambie en face du village de Djikoye. Elle lui apporte les eaux des collines du Diakha.

Kélindéro

Elle prend sa source au sud de Sibikiling, dans les mêmes collines que Sékhékô. Elle reçoit plusieurs affluents dans cette partie de petites élévations, arrose Anamiko et se jette dans la Gambie en aval de Tambanoumouya, à cinq kilomètres de là.

Sur la rive gauche, la Gambie reçoit également un certain nombre de rivières dont le cours est, en général, assez restreint et, à sec pendant la saison sèche, elles sont transformées en véritables torrents en période d'hivernage. Cela tient à ce qu'elles coulent pour la plupart, dans des étroites vallées qui existent entre les flancs des collines. Ainsi leurs bords sont à pic et leurs lits souvent encombrés de roches, ce qui en rend le passage très difficile.

Procédant de l'aval en amont, à partir du village de Soukouta, nous avons :

Bagnoun Voyoba

Cette grande rivière de Bagnoun vient des montagnes de Tikankali, de Bagnoun et de Batranké. Elle est formée de plusieurs ramifications, coule du sud au nord pour déboucher sur la Gambie en amont de Tambanoumouya, à 3 km de ce village.

Gnanikô

Gnanikô, rivière de la souffrance, prend sa source dans les collines de Bantata et de Batranké. Elle est formée d'innombrables affluents se communiquant entre eux, sur tout le long de son parcours. Elle coule du sud-est au nord-ouest et se jette dans la Gambie, à deux ou trois kilomètres de Tomboronkoto.

Hatakô

Cette rivière de la roche naît quant à elle, dans les collines de Barahouté et de Sobo. Elle aussi est formée par plusieurs ramifications. Elle se jette dans la Gambie à Djikoye.

Hankoli

C'est une rivière dont le lit est encombré de roches latéritiques qui rendent le passage excessivement dangereux. Elle reçoit plusieurs affluents peu importants. L'un d'entre eux passe à Gnantambourin et un autre à Sakoto. Elle arrose Sémo et Maroukhouding et se jette dans la Gambie, à 3 km dudit village. Hankolikô qui passe à Takourou pour drainer les eaux de cette zone du Gnokholo, et se jette dans la Gambie, presque au même point que la Hankoli.

Siling

Formée par plusieurs petites rivières, elle coule de l'ouest à l'est. Ses affluents constituent deux groupes distincts formant chacun un bras peu avant leur rencontre pour former la Siling. L'un de ses bras coule du sud au nord avec de nombreuses ramifications qui naissent des collines et plateaux entre Natia et Boundou Kondi dans le Bandemba. L'autre coule de l'ouest au sud-est, avec de nombreuses ramifications qui naissent des collines et plateaux entre Guingara dans le Bandemba et Sobo dans le Gnokholo. La Siling se jette dans la Gambie à 2 km d'Itato en aval.

Tels sont les cours d'eau du Gnokholo. Les rivières des plaines sont permanentes ou gardent leurs eaux plus ou moins longtemps pendant la saison sèche, selon leur importance. Dans le dernier cas, elles conservent de l'eau en permanence aux endroits les plus profonds et les plus ombragés de leurs cours. Quant aux rivières des collines et des plateaux, elles sont à sec pendant la saison sèche, et ce dès février. Signalons, par ailleurs, que les rivières des plaines sont en général poissonneuses et abritent des caïmans et des tortues aquatiques. Les mares, du long de la Gambie et Gnokholo-Koba, abritent, en plus, des pythons atteignant 7 à 10 mètres.

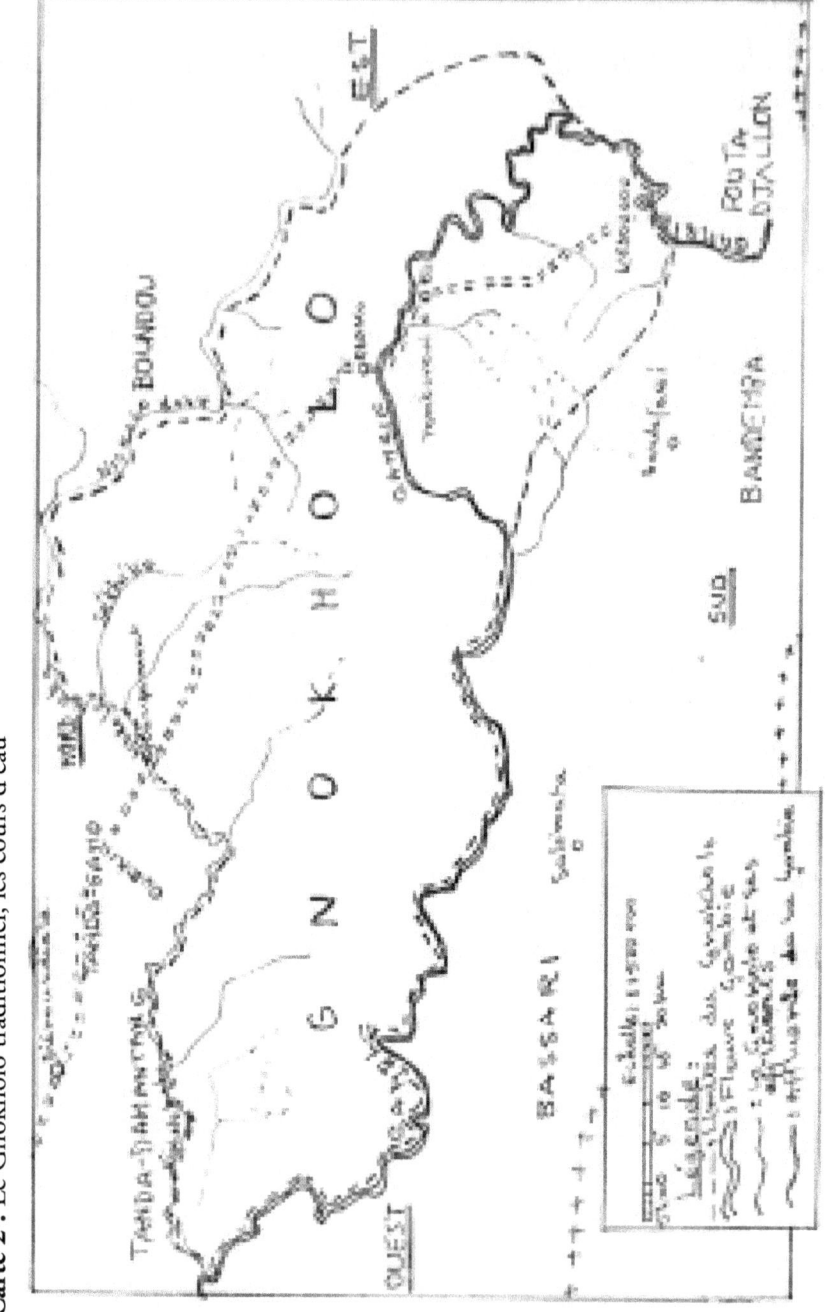

Carte 2 : Le Gnokholo traditionnel, les cours d'eau

Les vents

Il souffle dans le Gnokholo :
- l'harmattan, dit « dialiharingho » ;
- l'alizé, dit « sankoun-hogno » ;
- la mousson, dite « sandji-hogno ».

L'harmattan est le vent continental. Il souffle toute l'année d'est en ouest. Mais l'alizé maritime venant de l'ouest atteint le Gnokholo et dure de novembre à janvier. C'est le petit hiver dans le pays appelé Sankoun néné. Ainsi, l'harmattan sec et chaud se fait sentir à partir de février, desséchant le sol et la végétation et élevant la température de 30 à 40 degrés.

En mai-juin, l'harmattan entre en conflit avec la mousson du Golfe de Guinée qui apporte l'humidité. C'est la période des tornades orageuses. Puis la mousson l'emporte sur l'harmattan et la saison des pluies s'installe jusqu'en octobre de l'année.

Enfin, quelques orages en novembre et la mousson se retire jusqu'au Golfe de Guinée pour céder la place à l'alizé et ainsi de suite.

Climat

Le Gnokholo appartient sans doute au climat tropical. Mais l'on comprend aisément que son climat soit modifié par les dispositions orographiques, la nature du terrain et des vents qui y soufflent.

La direction des collines de la zone est met la partie centrale du Gnokholo à l'abri des vents brûlants qui viennent de cette partie, de même que les collines de la région qui l'abritent pendant l'hivernage contre les vents humides du sud-ouest. Ces simples dispositions orographiques suffisent pour tempérer singulièrement le climat sous lequel elle se trouve. D'autre part, l'orientation des vallées leur permet de recevoir directement la brise du nord et du nord-est ainsi que celle du sud-est. Il en résulte, évidemment, que la température y est relativement moins élevée que dans les autres zones qui sont directement exposées aux vents brûlants de l'est.

Quant à l'action de la masse d'eau souterraine, son influence est beaucoup moindre, pour ne pas dire nulle, en raison de son extrême profondeur. Sans doute, dans les plaines argileuses et sur les bords du fleuve Gambie et des rivières, trouvons-nous des marécages et des eaux croupissantes, mais leur action est de courte durée du fait de leur dessèchement rapide sous l'action des rayons solaires équatoriens de la saison sèche.

Tout autre est le climat de la région de l'ouest. Là, nous avons le climat chaud par excellence. L'altitude est peu élevée. Tous les vents s'y font sentir et particulièrement les vents du sud-ouest et ceux du nord. Les marais y sont nombreux et le dessèchement n'y est jamais complet. Enfin, la croûte terrestre, presque uniquement formée d'argile imperméable, laisse s'amonceler et croupir à sa surface les eaux de l'hivernage. De plus, la masse d'eau souterraine y est à une minime profondeur et il en résulte une humidité extrêmement sensible.

En résumé donc, le climat du Gnokholo est plus chaud et plus humide dans sa zone ouest que dans sa zone est, et l'équilibre se trouve établie dans la partie centrale.

Végétation

Pauvre sur les collines, la végétation n'est réellement riche que dans les vallées et dans les plaines qui constituent la savane boisée où nous trouvons les grands végétaux qui caractérisent le Gnokholo : caïlcédrats, fromagers, lianes, baobabs, légumineuses absolument gigantesques, graminées, fougères, etc.

Mais, d'une manière générale, elle est tantôt forestière, tantôt haute et droite, garnie par endroits de vigoureux sous-bois de bambous *(oxyterianthera abicinica)*, arbustive.

Les collines se distinguent parfois de la savane environnante avec leur végétation de linké (*afzema africa*) ou de karité (*vetellia paradoxa*) et leur sous-bois d'euphorbe ou latex caustique. Les galeries forestières bordant les cours d'eau sont peuplées de rôniers (*borassus flabellifer*) et de palmiers (*eloeeis guineensis*), leur donnant un aspect très guinéen.

Dans les plaines marécageuses, dominent les roseaux qui, avec leurs rideaux de rôniers, donnent aux paysages un aspect typiquement tropical.

C'est la mousson qui fait reverdir la végétation, déborder les cours d'eau, couper les routes, provoquer l'exubérant développement de toute la flore. Ainsi, la végétation est verte durant la mousson (de mai à octobre), blonde pendant la période de l'alizé (de novembre à janvier), noire et nue après le passage des feux de brousse, c'est-à-dire dans la période de l'harmattan (de février à avril).

La végétation du Gnokholo était plus abondante qu'aujourd'hui. En effet, elle avait une densité de population très faible et le niveau de développement social était aussi faible, comme nous le verrons plus loin. Il en résultait comme caractéristique le bas niveau des forces productives. En conséquence, se trouvait très réduite ou presque nulle la destruction des forêts et des sols. Les pluies plus abondantes également, avec une durée de six mois, et la végétation plus luxuriante rendaient les rivières permanentes, y compris certaines de celles des collines. Ainsi des villages prirent naissance sur des collines au bord ou à la source des rivières comme Bantata, Bagnoumba, Batranké.

Aujourd'hui, la non permanence de l'eau dans ces dernières et les exigences des temps modernes font que beaucoup de ces villages sont abandonnés pour les bordures de la Gambie et des grandes routes des plaines.

La faune

Le Gnokholo traditionnel était très giboyeux pour les raisons ci-dessus évoquées au chapitre de la végétation. Il constituait pour la population les ressources essentielles de protéines animales. C'est dire que la chasse, dont nous parlerons dans la quatrième partie de cette étude, faisait partie des principales activités économiques.

De nos jours, avec l'accroissement de la population, l'ouverture et le développement des grandes routes et l'apparition des armes à feu plus perfectionnées, le gibier semble se concentrer dans le Parc National de Gnokholo-Koba. Nous pouvons même dire que ce parc est la réserve d'échantillons des espèces animales du Gnokholo.

A ce propos, A. R. Dupuy, conservateur du parc, dans sa brochure intitulée « Guide du parc national du Gnokholo-Koba, République du Sénégal », rapporte plusieurs précision.[2]

Les mammifères

Il existe plus de soixante espèces de mammifères dans le parc, presque toutes les espèces de la savane sont représentées : une centaine d'éléphants ; environ cinq cents hippopotames ; mille buffles y vivent en permanence » (Dupuy). Les grandes antilopes : la plus grande antilope du monde, l'élan de Derby (*Taurotragus Derbianus*), le buffle (*synsesus cafer*), le buvale (*alcelaphus buselaphus derbianus major*), l'hipotraque (*hipotragus equinus*), plusieurs espèces de cobes (*onctueux, de Buffon de roseaux*), plusieurs espèces de gazelles et de céphalophes représentant au total plusieurs milliers d'animaux vivent dans les limites de la réserve.

Les oiseaux

Il existe plus de deux-cent trente espèces différentes dans les limites du parc. En plus de quelques espèces caractéristiques, il existe de nombreux autres oiseaux ; parmi les plus courants, Dupuy nous rapporte dans son livre cité plus haut ce qui suit :

> hérons et aigrettes, marabouts, pluviers d'Egypte, vanneaux et pluviers, grues couronnées, outardes, pintades, francelins (appelés à tort « perdreaux »), poules de rochers, gaugas, pigeons et tourterelles, vautours et divers rapaces diurnes : aigles, circaètes, faucons, éperviers, perroquets youyous et perruches à longue queue, coucou et cou cals (appelés à tort « coq de pagodes »), tour aces et pic, guêpiers, martins-pêcheurs, calaos, gobe-mouches, fauvettes et cisticoles, corbeaux, pie-grièche, soui-mangas tisserins, tisserins, étourneaux métalliques, pia-pia, etc. A cela, s'ajoutent les espèces crépusculaires et nocturnes : engoulevents divers ainsi que les grands-ducs, hiboux et chouettes (Dupuy).

Les reptiles

Au Niokholo-Koba se trouvent trois espèces de crocodiles (crocodylus niloticus), quatre espèces de tortues, des varans, agames, geckos, lézards, de nombreux serpents parmi lesquels le python de Séba, (python sobre), les najas et la vipère (*cansus ronombeatus*), surtout les plus spectaculaires.

Pour terminer avec les vertébrés, signalons enfin qu'il existe plusieurs espèces de batraciens et de nombreux poissons (61 espèces dénombrées), dont le fameux hydrocyon (énorme brochet), ainsi que les énormes silures (poissons-chats) et les barbeaux du Niokholo (Dupuy)

Histoire

Peuplement

Un ancien administrateur adjoint des colonies, M. Aubert, dans son ouvrage intitulé *Légendes historiques et traditions orales recuillies dans la Haute-Gambie* rapporte :

> Le mouvement de recul fut encore précipité sans doute par la première migration mandingue qui eut lieu, selon Golberry, vers 1100, mais plus vraisemblablement vers le milieu du XIIIe siècle, d'abord avec le lieutenant de Soundjata (Soundiata), Amary Songo (1230) qui, après avoir annexé le Gangaran à l'Empire du Mali, s'empara des mines d'or du Bambouk et poussa ses conquêtes jusqu'au Niani en suivant la Gambie et surtout avec Moussa Son Koroma Cissoko (Aubert 1923 : 415-516).

C'est vers cette époque que seraient venus les Cisse qui fondèrent le Cissela (aujourd'hui Sirimanna), les Soumaré qui peuplèrent le Bélédougou, les Samoura qui s'installèrent à Sellinngkégné (Salikégné) et les Dabo dans le Niokholo (Gnokholo)... Ces quatre familles sont venues au plus tard au XIVe ou au XVe siècle. Ce pays était certainement habité par les Malinké puisque Cadamoto, (Cadamosto) qui fit son voyage en 1457, nous dit que le « royaume de Cambra » faisait partie de l'Empire du Mali. La tranquillité de ces conquérants mandingues fut troublée par le mouvement que produisit autour de lui, au début du XVIe siècle, l'illustre Koli Tengrela (Tenguéla) dont le passage en Haute-Gambie a laissé un souvenir assez durable dans les populations malinké et peulh. Koli amena avec lui, dans le sud du Gnokholo et ce qui devait être plus tard le Badon où il les a laissés, les premiers Sadiogo ou Sadiakhou qui, d'après les indigènes, trouvèrent dans le pays les Cisse, les Dabo, les Soumaré et les Samoura... A leur arrivée, les Sadiogo (Sadiakhou) n'occupèrent, à vrai dire, que le Niokholo (Gnokholo), car il ne semble pas qu'à cette époque le Badon existait ; le Niokolo (Gnokholo) devait s'étendre jusqu'au marigot qui porte son nom, le Niokholo-Koba signifiant grand fleuve du Gnokholo.

Selon donc la tradition orale et certaines données de l'histoire, le peuplement du Gnokholo s'effectua aux XIVe et XVe siècles par vagues migratoires successives de quatre familles patronymiques mandingues venues de l'est et de l'ouest, à savoir Sadiakhou, Camara, Keite, Dabo.

Les premières vagues migratoires

Les Sadiakhou s'installèrent les premiers au Gnokholo. Ils vinrent du manding, du côté est du pays, plus précisément de Toukoto (village situé au Mali) lors de la première grande migration mandingue au XIIIe siècle. Ils fondèrent leur village Sibikiling. Plus tard, peu après la seconde grande émigration mandingue, une autre famille Sadiakhou venue de Koundouma (région située en Guinée Conakry) se fixa auprès des Camara de Bantata.

Ce sont les représentants de ces deux familles Sadiakhou que l'on rencontre dans les autres villages du Gnokholo. Les Sandiakhou furent des *bouloufing tikholou* (voir chapitre des masques) et spécialistes dans les soins de morsures de serpents (voir chapitre pharmacopée).

La deuxième vague migratoire

Pendant la seconde vague migratoire, des familles patronymiques Camara, revenues du Gabou et du Badiar, s'installèrent au Gnokholo sur les collines de la rive gauche du fleuve Gambie. Ils créèrent les premiers villages suivants : Bantata, Bagnounba, Baisso, Barambaki, Lakanta, Madina, Baraboye. Les populations de ces villages se multiplièrent et donnèrent naissance à d'autres comme Batranké, Tikankali, Magnankanti, Témassou, Gnantambouré. Depuis, ce sont les représentants des Camara de ces villages que l'on rencontre ailleurs au Gnokholo.

La troisième vague migratoire

Venant du Bambouk, une des anciennes provinces du Manding à l'est du pays, les Kéta arrivèrent très nombreux au Gnokholo pendant la troisième vague migratoire mandinka, au XVIIe siècle. Ils furent des familles d'un même Kéta ayant pour prénom Kabé. Ce dernier s'installa à Bahoundou où il fortifia une forteresse dite Tata. Sa femme, Sané Camara, lui donna quatre vigoureux garçons, à savoir Sané Sara, Sané Tamba, Sané Yéra et Sané Kali. Les enfants, selon la légende historique et la tradition orale, au hasard de leurs chasses firent individuellement des choix des sites pour s'installer. Ainsi :
- Sané Sara s'installa à Djikoye ;
- Sané Tamba fonda Badon ;
- Sané Yéra Maroukhou alla sur les collines au-dessus de Bahoundou. Plus tard, ce village prendra le nom de Maroukhoukoto (le premier ou le vieux

Maroukhou), pour le différencier du second village de même nom fondé bien après par une autre branche de la même famille Kéta ;
- Sané Kali partit vers les collines du Fouta-Djalon et fonda Bandemba où il donna naissance à une nouvelle ethnie appelée Bedik, en brassage avec celles trouvées sur place. Très tôt, Sané Kali se mesura aux Peulhs du Fouta-Djalon. Il en tira de nombreux captifs qu'il installa à Ibel dont il fit une place fortifiée.

A ce propos, nous pouvons mentionner que l'explorateur Mollien, lors de son voyage en 1818 pour situer les sources des fleuves Niger et Sénégal, séjourna le 28 mars dans les villages Kankagne et Landiéni. « Il nous dit qu'à son départ de Niebel (Ibel), il passa devant les ruines d'un fort en pierres, sans doute une tata, élevée jadis par les païens du pays » (Aubert 1923:419).

Plus tard, ces premiers villages Kéta connurent un développement démographique qui occasionna la fondation d'autres villages comme :
- Mako peuplé de Kéta venus de Bahoundou ;
- Bantakokoto et Bantakokouta fondés par des Kéta venus de Djikoye.

De nos jours, tous ces villages Kéta existent à l'exception de Marounkhoukoto abandonné par ses populations, suite au manque d'eau et à une contagion endémique du « ver de guinée » ayant pour nom scientifique dracunculose.

Ce sont les représentants de ces familles Kobé Kéta que l'on rencontre partout ailleurs au Gnokholo.

A la fin du XVIIIe siècle, Badon était très peuplé, c'était un très gros village, voire une ville.

> Mungo Park y trouva quantité de villages aujourd'hui disparus : Koumbou près duquel sont les ruines d'une grande ville qui a été détruite dans une ancienne guerre », une ville Foulah à 7 milles à l'ouest de Koumbou, puis au-delà du «Niokholo-Koba » (Gnokholo-Koba) plusieurs villes à la vue des unes des autres qui, toutes, prises ensemble, portent le nom de Tenda mais dont chacune a, en outre, un nom particulier (Aubert 1923: 418).

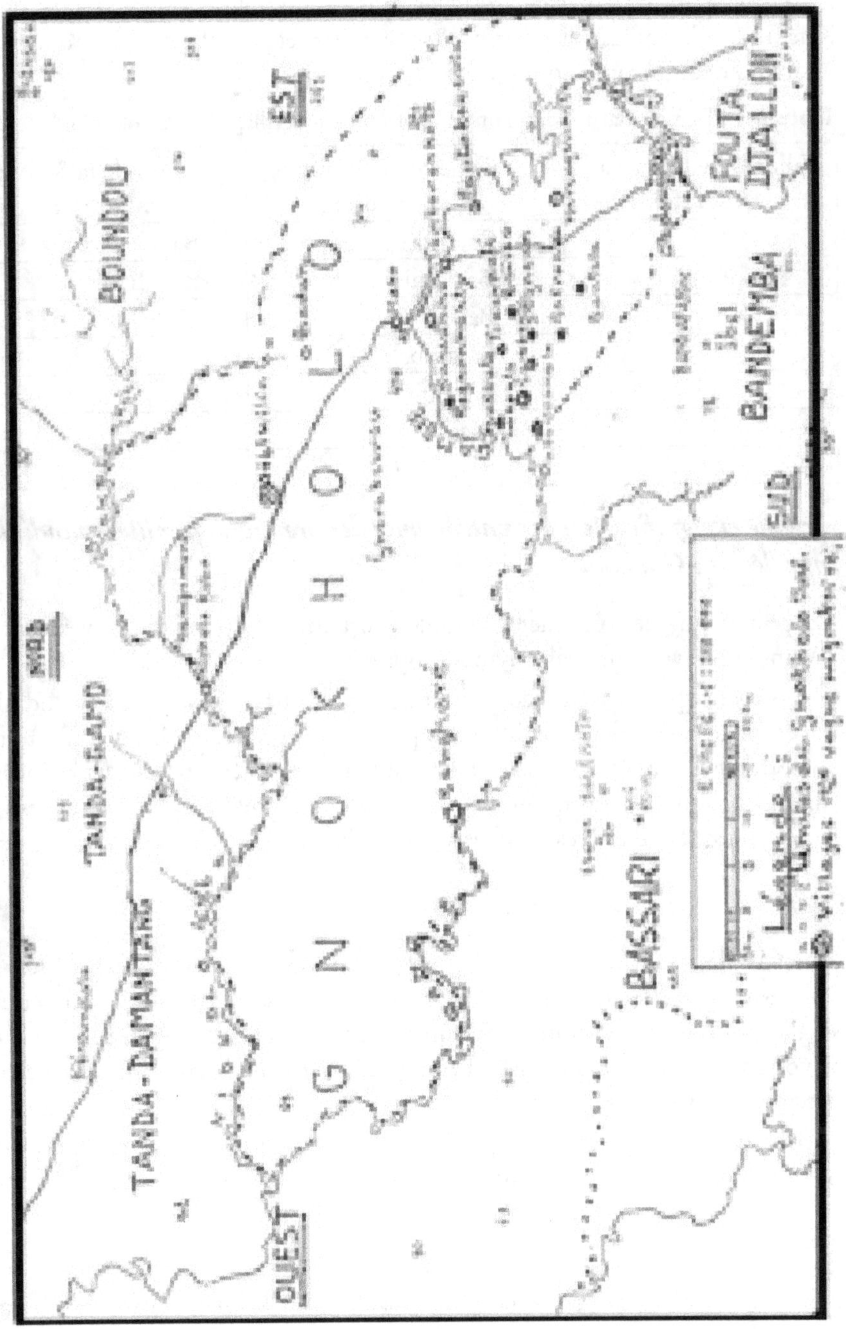

Carte 3 : Le Gnokholo traditionnel, peuplement

Les Baro

Les Baro, venus du Khasso, s'installèrent au Gnokholo en même temps que les Kéta. Ils fondèrent les villages suivants : Bangharé et Linkékoto, où ils sont encore. Assimilés mandinka, ils sont d'origine peulh.

Tableau 1 : Récapitulatif d'implantation des premiers villages du Gnokholo

Villages de la 1ère vague migratoire	Villages de la 2e vague migratoire	Villages de la 3e vague migratoire
	Batanta	Bahoundou
Sibikiling	Bagnounba	Bangharé
	Baïsso	Linkékoto
	Barambaki	
	Lakanta	
	Madina	
	Baraboye	

Origine et signification des patronymes des premières familles mandinka installées au Gnokholo

Rappelons que les premières familles installées au Gnokholo venaient du « Manding » avec leurs patronymes propres.

En ce temps et en ce lieu, les familles patrilinéaires clanales « mandinka » tiraient leurs noms des exploits accomplis par leurs ancêtres. En d'autres termes, on appelait les gens par les noms des hauts faits qu'accomplirent leurs ancêtres. Ainsi s'expliquent comme nous le verrons ci-dessous, l'origine et le sens des patronymes des premières familles « mandinka » installées au Gnokholo.

Sadiakhou

L'ancêtre des Sadiakhou était un prêtre sacrificateur. Les morsures de serpents n'avaient pas d'effet sur lui parce qu'il possédait le secret de les dévenimer et de soigner ses concitoyens qui en étaient atteints. Pour cette raison, son entourage le nomma Sadiakhou, signifiant l'ennemi du serpent, et continua d'appeler ses descendants par le même nom.

L'usage du nom dans le temps et dans l'espace finit par en faire un nom-clef, Sa Diakhou, avec une légère modification phonétique de la dernière syllabe.

Kamara

Selon la tradition et les données de l'histoire, les Camara furent les premiers habitants de « Manding » après le déclin de Ouagadougou (Ghana). Grands prêtres de la terre, chasseurs émérites, guerriers redoutables, ils soumirent les populations et établirent un régime esclavagiste au Xe siècle après Ouagadougou, jusqu'à l'avènement de Soundiata au XIIe siècle. Ils furent donc des maîtres-esclaves, ce qui leur valut le titre Camara signifiant qui soumet, maître suprême. Selon Cissé et Kamissoko (1988), le tout premier fondateur de Niani [et qui porta le premier ce titre] fut Kolomba Camara, Kolinkin Camara, un des descendants de renom, vingt quatre générations après lui. Et ce Kolinkin Camara eut pour fils Niani Mansa Kara Camara » réputé sorcier et chasseur émérite. Après lui, les Mansas Camara ou plutôt les maîtres d'esclaves Camara connus avant l'avènement de Soundiata furent :

- Sibi Wana Fran Camara ;
- Tabon Wana fran Camara ;
- Férénifo Camara ;
- Niékéma Wana Fran Camara (Cissé et Kamissoko (1988:212).

Les Camara renoncèrent au pouvoir et à leurs droits de propriétaires de la terre au profit de Soundiata qui prit, de ce fait, le titre de « Manding Mansa », (roi de Manding) en raison de sa victoire commune sur Soumaoro Kante, par respect à leur programme commun, à savoir la suppression de l'esclavage, la garantie de la sécurité des populations et des biens et, sur cette base, le développement de l'agriculture, de l'artisanat et du commerce, et ce programme se traduisit dans les faits par la paix, la stabilité et la prospérité avec ce Mansa.

Au début, Camara était un nom composé Ca-Mara. Avec le temps, on cessa d'appuyer sur le Ka et du nom composé on passa au nom simple ou clef Camara. Cette appellation devint commune à tous à travers les âges et l'espace.

Les Camara furent d'intrépides défricheurs pour des besoins d'agriculture, ce qui leur valut cette autre appellation : Camara *toung teye* signifiant Camara coupeurs de forêts. Cette appellation a donné lieu à une autre, à savoir Camara *tou tekhe* signifiant Camara mangeurs de galettes de mil, une déformation de la première par leurs cousins Danfakha de la tribu des Khobe.

Dans le Gadiaga, ancienne province Marka, située sur les rives du fleuve Sénégal, entre Bakel et Selibaby, on rencontre quatre catégories de Camara comme suit :

- les Camara Diaby ou Camara Tounka sont des rois ;
- les Camara Demba Awa sont des imams ou intellectuels ;
- les Camara Diougadou sont des métis maures, grands commerçants ;
- les Camara Yilé sont des agriculteurs.

Kéta

Konaté était le nom de famille et Kéta, le titre. C'est-à-dire que le père ou chef de famille portait le titre Kéta et le fils ou dauphin le nom Konaé. Quand le père mourait, le fils devenait chef de famille, donc le remplaçait ou, en d'autres termes, héritait du trône ou du commandement familial, changeait son nom contre le titre. Ainsi, de Konaé, il devenait Kéta, signifiant l'héritier (sous-entendu ici chef de famille ayant en charge le commandement de la famille).

Jusqu'à son intronisation comme empereur du Mali, avec le titre Kéta, Soundiata avait toujours porté le nom Konaé. Depuis lors, les descendants de Soundiata portèrent le titre Kéta comme nom. Ainsi, Kéta est devenu, à travers le temps et l'espace, le nom commun aux descendants de cet illustre empereur de Manding.

Conclusion

Il apparaît ainsi, comme dit plus haut, que les patronymes ne sont rien d'autre que les noms des hauts faits, d'actes héroïques, de bravoure, d'ingéniosité des ancêtres des familles concernées. Ces noms pourraient même être considérés comme des décorations dans la société mandingue de l'époque attribuées à ses héros qui se distinguèrent dans tel ou tel domaine de la vie sociale. Ces décorations n'étaient pas des médailles métalliques confectionnées à cet effet et décernées aux lauréats avec des discours laudatifs et parades militaires, comme cela se fait de nos jours. Mais c'était des actes de grande portée éducative, morale, hors du commun, reconnus par tous et par lesquels les auteurs furent nommés de manière spontanée et étendue automatiquement à leurs descendants pour les immortaliser.

Somme toute, un nom dans la société mandingue est le titre louangeux et honorifique de l'ancêtre du groupe social concerné.

Apparition et signification du nom Gnokholo

Au cours des premières années du peuplement de la contrée, le plus âgé des quatre frères fondateurs de Bantata rencontra celui des Kéta de Djikoye lors d'une partie de chasse, en pleine brousse, dans un endroit compris entre leurs deux villages. Après s'être salués et expliqués, heureux et joyeux de se découvrir et de se connaître comme ayant une communauté d'origine (le Manding) et de culture (le Mandinkakan), ils nouèrent amitié et convinrent d'appeler la nouvelle localité Gnokholon, signifiant littéralement se « connaître » et étymologiquement « se respecter » Car, en pays malinké, « seul le respect que l'on témoigne à autrui vient à bout de tout » et en conséquence, « le respect n'a d'autre corollaire que le respect ». Pour cette raison, en matière d'initiation et d'éducation, les Malinkés accordent une grande vertu « au respect de l'autre et à l'humilité », générateurs, à leurs yeux, de la « barka » sans laquelle il n'y a point d'élévation possible de l'homme.

Après cette rencontre historique, les habitants des différents villages Sadiakhou, Camara, Kéta et Baro firent connaissance à travers des visites réciproques de courtoisie, des invitations réciproques à leurs cérémonies et manifestations populaires. Alors, ils nouèrent des relations de mariage, de solidarité et d'assistance mutuelle. En même temps, ils adoptèrent l'appellation de nouveau terrain, à savoir Gnokholo, et se nommèrent Gnokholonka (habitant de Gnokolo), pour le rester jusqu'à nos jours.

Ainsi donc, au coude à coude, Sadiakhou, Camara, Kéta et Baro édifièrent une société unie et homogène, la société gnokholonaise avec sa culture propre, la culture gnokholonkaise ayant pour substrat la culture mandingue.

Il nous apparaît intéressant de préciser que les familles patronymiques émigrées au Gnokholo appartiennent toutes à la grande famille ethnique Mandinka ou Mandinko que l'on rencontre dans tout l'ouest africain. Mais d'où, quand et comment est apparue cette appellation ?

Apparition et signification de l'appellation Mandinka ou Mandinko

Le nom mandinka ou mandinko serait apparu dans la période saharienne, au second millénaire, avant notre ère, donc bien avant les empires du Ghana et du Mali.

Un mythe très ancien rapporté par Henri Gravrand dans son livre *La civilisation séreer cosan* (1983:64 à 68) évoque la rencontre des Noirs et des Berbères ou (Sémites) dans le Sahara. Ce mythe appartient à la mythologie mandingue à une époque qui se réfère au temps d'Abraham, c'est-à-dire au second millénaire avant notre ère.

Selon ce mythe, cette rencontre fut marquée par la domination berbère suivie d'une phase de révolte et de rupture avec les Noirs. Alors les Noirs furent appelés par les gens d'Abraham (les Berbères) mandingo ou mandinké, signifiant celui qui se révolte, celui qui ne se soumet pas. Par extension, le noyau noir finit par être désigné par cette appellation à l'intérieur comme à l'extérieur du groupe.

A leur tour, les fondateurs du Mali le baptisèrent manding, diminutif de mandingo ou mandinké, et qui signifie « terre des mandingo ou mandinké ». Comme il apparaît, il s'agit ici d'un nom fait de grandeur et de noblesse, de dignité et d'honneur. Ces traits, aujourd'hui comme hier, ont toujours été ceux du Mandinka. Les batailles épiques de Sicasso et la résistance sans égale, 18 ans durant, de Samory Touré dans la lutte anticolonialiste en Afrique de l'Ouest et celles non moins épiques de Gnani et de Kansala (Tourban) en sont quelques illustrations. « Plutôt la mort que la honte », a toujours été la devise mandinka. Grandeur et noblesse, dignité et honneur ont toujours sous-tendu l'action du Mandinka et ont grandement contribué à le mettre au devant de la scène de l'évolution historique en Afrique de l'Ouest du VIIIe au XIXe siècle.

D'un récit antérieur à l'islam, ce qui vaut la peine d'être noté, car de tels récits sont rares, contrairement aux nombreuses légendes qui ont cherché, par la suite, à créditer les grands chefs religieux d'Afrique Noire d'une filiation avec la famille du prophète. Ce récit n'est pas directement religieux, depuis le Sinaï jusqu'à la savane occidentale. Son propos est de nous faire non seulement l'évolution des relations entre les Berbères et les noirs pendant la période saharienne, mais aussi et surtout l'antériorité de la civilisation noire en général et mandinka en particulier à celle israélienne et de l'arabe. Les sciences exactes n'affirment-elles pas que « l'Afrique est le berceau de l'humanité » ? Comment alors peut-on prétendre trouver des ancêtres blancs aux Noirs si ce n'est par complexe ?

Ainsi, depuis, à travers le temps et l'espace, le Malinké se nomme lui-même Mandinka ou Mandinko selon les régions. Il a pour langue la *mandinka kan*, support de sa culture. Le Gnokholo a pour parler la *gnokholoka kan*, une variante dialectale de la *mandinka kan*, langue mère.

Du XVIe-XVIIe siècle à la première moitié du XIXe siècle, les populations du gnokholo traditionnel vécurent en harmonie entre elles, d'une part, et d'autre part, avec leurs homologues des pays voisins, ce qui leur assura paix et stabilité, condition *sine qua non* d'un développement durable et harmonieux.

Dans cet espace de temps et dans les conditions internes et environnementales que voilà, les « Gnokholonkais » développèrent une civilisation, fruit de leur génie propre.

Conflits internes et externes

Dans le courant de la seconde moitié du XIXe siècle, l'environnement social du Gnokholo connut des changements annonciateurs de conflits internes et externes.

En effet, le Gnokholo appartient à la région dénommée officiellement dans les annales d'histoire « Haute Gambie ». Celle-ci constituait la route de l'or et du prestigieux pays du Galam et du mystérieux royaume du Mali. Ainsi, il fut le trait d'union entre le Fouta-Djalon, le Boundou et le Gabou.

A cette époque, les centres commerciaux les plus importants de cette partie de l'ouest africain étaient le Gabou, le Fouta-Djalon et le Bambouk : le premier pour la vente d'étoffes et des produits manufacturés d'Europe et ce, du fait de sa position maritime (pièces d'argent, armes à feu, poudre à canon, tissu verroterie, etc.), le second pour ses noix de cola, ses oranges et épices, le troisième pour son or.

Pour ces raisons, le Gnokholo constituait un carrefour où convergeaient la plupart des routes qui menaient du Bambouk, du Fouta-Djalon, du Gabou et de Kantora. En outre, c'était dans le Gnokholo, à Sakoto (village situé dans une vallée au sud-est de Bantata, à 5 km) surtout, que les Dioula du nord venaient faire leurs achats de cola. Ce village fut l'entrepôt de tout le commerce du nord avec le Fouta-Djalon.

Cette situation géographique pour le commerce dans cette partie guinéo-saharienne suscita les visées agressives et annexionnistes de deux Etats religieux voisins qu'étaient le Boundou et le Fouta-Djalon.

Avec la chute de Kansala, donc du Gabou, en 1867, sous les forces conjuguées des armées peules du Fouta-Djalon et du Boundou, il se créa en ces lieux des Etats religieux islamiques au début du XVIIIe siècle, hostiles à leurs anciens maîtres malinké des provinces avoisinantes du Gabou comme le Gnokholo, le Bélédougou, et le Dantila. Ce qui changea radicalement les données de la situation et de la nature des rapports du Gnokholo, qu'il s'agisse des populations ou des Etats.

Après donc la chute de Kansala en 1867, les deux Etats religieux musulmans du Fouta-Djalon et du Boundou se fixèrent comme objectif « de balayer de l'extérieur... en pourchassant tous les animistes pour les amener à se convertir ou payer tribut » (Diallo:185). Alors au lendemain de Kansala, les deux Etats théocratiques se livrèrent à des incursions armées dans le Gnokholo, ceci dans le courant du dernier quart du XIXe siècle et du premier quart du XXe siècle.

Les Peulhs du Fouta-Djalon terrorisèrent les Bédik (improprement appelés Tanda) aux portes du Gnokholo pour les réduire en esclavage et les vendre sur les côtes atlantiques.

Dans le même temps, Alpha Gassim dit Mody Gassim, un des gouverneurs de Alpha Yaya Diallo installé à Mali (ville frontalière du Fouta-Djalon), imposa l'impôt aux populations du Gnokholo par la capture de deux des leurs comme otages. Pour obtenir leur libération, celles-ci se plièrent momentanément à cette exigence du chef de Mali.

A cet effet, Alpha Gassim plaça à Sakoto un de ses lieutenants. En plus de la récupération de l'impôt, ce dernier rançonnait à son profit tous les Dioula et caravaniers venus dans le Gnokholo ou traversant le territoire pour d'autres contrées. Au bout de quelques années, Alpha Gassim libéra les otages du Gnokholo, pensant avoir définitivement acquis sa domination sur le pays. Alors, du coup, les habitants cessèrent de lui payer l'impôt. Mieux, ils chassèrent son lieutenant de Sakoto et mirent fin au rançonnage des commerçants et caravaniers par l'administration de Alpha Yaya Gassim.

Parallèlement aux exactions de ce dernier, les Toucouleurs du Boundou exprimèrent des menaces pour conquérir le Gnokholo. Mais Alpha Yaya, ayant une main mise sur cette localité, ils mirent en sourdine leur ambition parce que craignant son armée. Une fois cette main levée, le Boundou prit la relève en tentant deux incursions armées directes contre le Gnokholo, incursions connues sous les noms de guerre de « Maroukhoukoto » et « guerre de Tomboronkoto ».

En 1869, sous prétexte que les gens de Maroukhoukoto avaient pillé une caravane du Boundou, Bocar Sada (Almamy) vint attaquer ce village et s'en empara aisément à la faveur d'une descente surprise. La moitié des habitants se sauva et le reste fut emmené en captivité. Quelque temps après, les rescapés reconstruisirent Maroukhoukoto avec toutes les conditions de sécurité requises. Très vite, le village se repeupla et se prépara à rendre la monnaie à la pièce de l'Almamy du Boundou, ce qui aboutit à la seconde guerre du Gnokholo, connue sous l'appellation de « guerre de Tomboronkoto », parce que ce fut là qu'elle eut lieu.

En 1875, Maroukhoukoto s'était repeuplé et son *Tata* (forteresse) fut reconstruit à l'aide d'une taxe financière qu'imposèrent les chefs Kéta à tous les Dioula et caravaniers qui, venant du Boundou au Galam, passaient par leur pays. Alors, l'Almamy Bocar Sada leur envoya deux de ses meilleurs guerriers pour demander de mettre fin aux tracasseries dont étaient victimes ses sujets en déplacement, tout en précisant qu'en cas de refus, il marcherait sans tarder contre eux.

Le chef du village de Maroukhoukoto, au nom des populations, répondit avec hostilité à cet ultimatum en réaffirmant la légitimité de prélever, à leur profit, des taxes sur les Dioula et caravaniers traversant son pays. Mieux, les émissaires de Bocar Sada ne furent pas autorisés à se reposer dans le village. On ne leur donna pas de calebasse d'eau pour se désaltérer et ils furent reconduits sous bonne escorte jusque sur la rive droite de la Gambie.

Dès lors, Bocar Sada se prépara à « châtier » les habitants de Maroukhoukoto. Il fit aussitôt appel à ses alliés du Gadiaga, du Kasso et du Logo, réunit une forte colonne et entra immédiatement en campagne. Alors, l'armée traversa le fleuve Gambie au gué du village de Tomboronkoto en vue d'aller tomber sur Maroukhoukoto dans les premiers jours d'avril 1875.

Cette fois, les habitants de Maroukhoukoto étaient prévenus et se tenaient sur leurs gardes. A cet effet, ils firent appel aux populations des villages de Badon, de Tomboronkoto et de Djikoye.

Néanmoins, ils se savaient numériquement faibles et, par conséquent, n'étaient pas sûrs de pouvoir résister et remporter la victoire dans une guerre de position face aux Boundounkais plus nombreux. En conséquence, ils adoptèrent la tactique de la guérilla. Ainsi, ils n'attendirent pas l'ennemi à l'abri de leurs murs, mais s'avancèrent contre Bocar Sada pour lui barrer la route.

Du gué de Tomboronkoto, là où les habitants de ce village puisent actuellement de l'eau dans le fleuve Gambie, la route suit un filet étroit que dominaient, de chaque côté, des collines. Cette route était couverte de forêts et littéralement encombrée de roches qui la rendaient difficilement praticable. Ce fut de part et d'autre de cette voie que les groupes armés du Gnokholo s'embusquèrent derrière les roches dans la forêt. Au moment où l'armée du Boundou arriva là, les guerriers malinké l'attaquèrent à l'improviste en lui causant de lourdes pertes. La surprise fut telle que les troupes de Bocar Sada se débandèrent en se précipitant dans le désordre vers le gué.

Poursuivies à outrance par la petite armée de Maroukhoukoto, ce fut à peine qu'elles purent franchir le fleuve Gambie sous ses feux cuisants. Bocar Sada et son fils Oumar Gassy ne surent rallier leurs hommes et furent obligés de s'enfuir à bride abattue pour échapper aux balles mortelles de l'ennemi.

Dans cet affrontement, Bocar Sada perdit environ deux cents hommes parmi lesquels un de ses neveux (Sidy Amadou Salif de la branche des Sissibé de Koussan-Almamy) et un des captifs de la couronne qu'il affectionnait le plus : Sada Samba Yassa.

Ainsi, l'agression boundounkaise fut repoussée avec succès. Mais d'autres tentatives suivirent comme :
- *le pillage de Bagnoumba* en 1880 par Alpha Ibrahima, Almamy du Fouta-Djalon. Il tua Bagnoun Dioula, chef incontesté dudit village et échoua devant Djikoye. Son successeur Alpha Yaya fut repoussé devant Kédougou ;
- *l'attaque de Bantata* en 1895 par Fodé Ba, alors établi à Kédougou, plus précisément à Leyemayo, sous la protection de l'Almamy du Fouta-Djalon. Il fut repoussé.

Parallèlement à ces agressions, les populations du pays étaient victimes de pillages de leurs biens de la part des Kéta.

Le dernier personnage resté célèbre en la matière dans la mémoire collective fut Toumani Kéta, plus connu sous l'appellation de Badon Toumani, chef des familles Kéta de Badon.

A ce propos, il est intéressant de mentionner ici un témoignage autorisé, rapporté par le professeur Marakary Danfakha dans *Kédougou : histoire et culture* (1992:35), comme suit : « le chef du pays est Toumani qui, selon le capitaine Mazillier, est un vieil ivrogne qui doit être supprimé à la première incartade surtout à cause de ses pillages ».

Badon Toumani s'était donc distingué dans le pillage des biens des populations et dans l'ivrognerie. Pour ses beuveries, il imposait aux Sadiakhou de Sibikiling, isolés des autres villages du Gnokholo et minoritaires, de lui fournir chaque jour de l'année une gourde d'hydromel.

En plus des exactions sur les populations, les Kéta poussèrent leurs comportements jusqu'à arracher à leurs maris les femmes qui leur plaisaient. Le dernier cas le plus caractéristique retenu par la mémoire collective du milieu releva encore du même Badon Toumani : il poussa son outrecuidance en enlevant la plus belle femme de Tamba Camara de Magnankanti pour se l'approprier. Mais ce dernier ne se résigna pas à cet affront. Alors, il s'adjoignit quelques-uns de ses collaborateurs et alla reprendre sa femme sous le toit de Badon Toumani sans qu'il bronche, et ce au su et au vu des populations médusées. Ce manque de réaction était dû certainement au fait que les rapports des forces n'étaient pas en faveur de Badon Toumani et de son clan (Badon avait 1 300 habitants Kéta, contre 7 000 Camara dans le Gnokholo).

Dans le même temps, les Camara intimèrent aux Kéta de mettre fin à leurs exactions contre les habitants. En outre, ils sensibilisèrent et mobilisèrent les populations à s'y opposer par tous les moyens. Ainsi, les Kéta furent bloqués dans leurs velléités de domination du Gnokholo.

Alors le Gnokholo fit face à deux dangers permanents, à savoir :
- le danger extérieur constitué par les visées agressives des Peulhs du Fouta-Djallon et de ceux du Boundou ;
- le danger intérieur représenté par les velléités des Kéta de s'ériger en une classe féodale en vue de dominer le Gnokholo, d'exploiter les populations, d'une part,

et, de l'autre, de s'approprier le sol du pays et de s'arroger « le droit de cuissage » sur les femmes des populations masculines une fois dans leur sujétion.

Pour prévenir ces dangers et assurer la sécurité des personnes et des biens, somme toute l'intégrité du pays, les autorités gnokholonkaises prirent les mesures suivantes : faire coiffer les organisations sociales des villages par une direction politico-militaire composée des représentants de chaque village comme suit :

- à Bantata: Moussa Camara, dit Nétékoto Moussa ;
- à Bagnoumba : Bouréma Camara ;
- à Batranké : Sandikhi Camara et Honsa Camara.

Le Tableau 1 ci-contre représente mieux cette organisation politico-militaire.

Figure 1 : Organisation politico-militaire du Gnokholo traditionnel

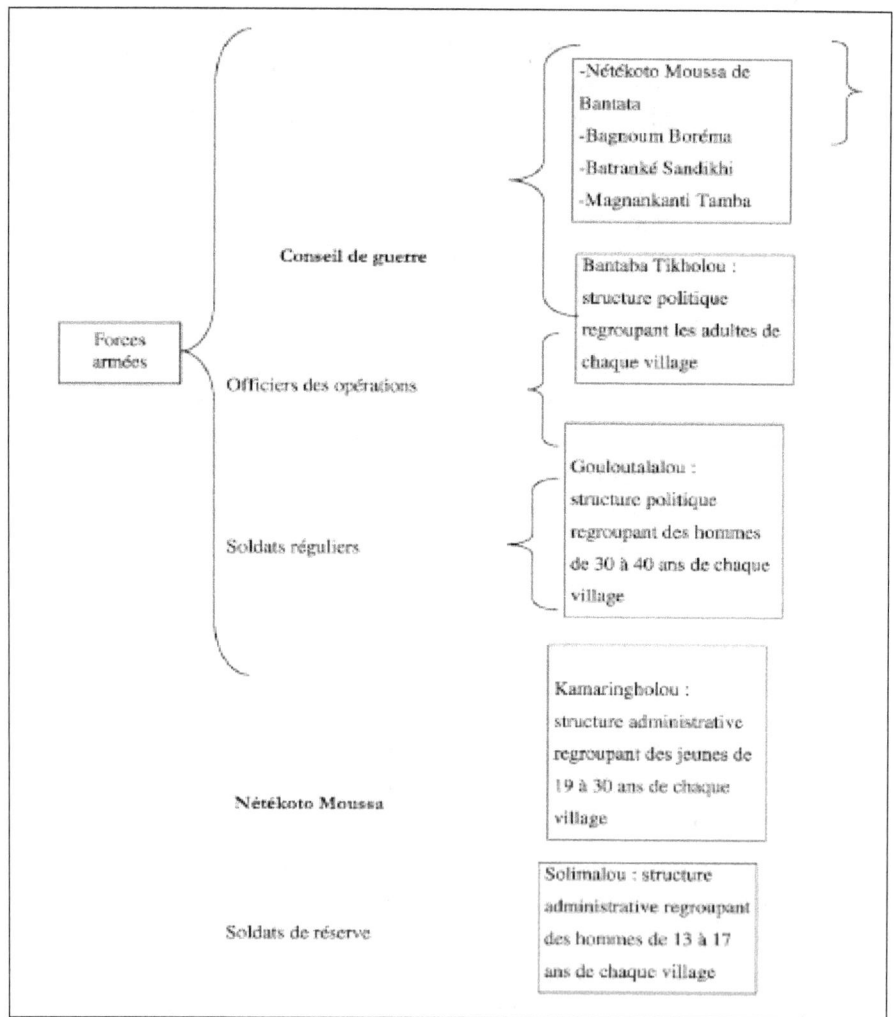

Alors, le Gnokholo passa d'une confédération de villages indépendants à une démocratie militaire. Les cinq hommes collaborèrent étroitement entre eux et avec les organisations sociales des villages. Ils décidèrent de construire deux forteresses : une à Bantata au sud du pays, comme cordon ombilical du Gnokholo (face au Fouta-Djalon) qui, en cas d'agression doit être défendue et sauvée à tout prix; une autre au nord-ouest du pays, face au Boundou, sur la rive gauche du fleuve Gambie. Les villages comme Tikankali et Batranké devinrent des postes d'écoute et d'observation parce que placés au sommet des montagnes dominant tout le pays.

Ainsi dit ainsi fait : les deux forteresses furent construites dans un délai record. La sécurité fut assurée par la population masculine en armes.

Une fois assurée l'édification des deux *Tata*, Nétékoto Moussa et ses hommes les équipèrent en matériel de guerre : fusils, poudre à canon, balles, sabres, lances, poignards, armes blanches... C'était les armes de l'époque.

Une partie de ce matériel avait été achetée aux indigènes des provinces mandingues (Gabou, Kantora, Fouladou) et dans les comptoirs européens installés dans l'embouchure de la Gambie comme Gaboutékhinda, Yanyambouré, Bafata et Bérola. Ici, il s'agissait essentiellement de produits manufacturés venus d'Europe, des fusils mousquets, de la poudre noire, des capsules de fusils, des barres de fer et du souffre.

La partie du matériel fabriqué sur place consistait aux rafistolage et copie des mousquets européens, à la fonte des balles, à la fabrication de lances, poignards, sabres et de la poudre à canon.

La poudre noire explosive de fabrication locale, s'appelait toukhoubouna. Les habitants la fabriquaient avec du charbon de bois, du salpêtre et du souffre. Le mélange se faisait en prenant neuf mesures de salpêtre, deux mesures de charbon en poudre et deux mesures de souffre en poudre. Chacune des composantes était pilée séparément dans un mortier à l'aide d'un pilon ad hoc puis tamisée pour obtenir une poudre très fine. Ce n'était qu'après cette opération que le mélange se faisait dans les proportions ci-dessous indiquées. Cette dernière opération s'effectuait dans un seul mortier avec un peu d'eau pour obtenir une pâte légèrement mouillée. Celle-ci est ensuite séchée au soleil, puis transformée en grains selon les exigences de l'usage.

Dans le processus des préparatifs des stratégies et tactiques, chaque homme de dix à quarante ans fut doté d'un fusil pour sa sécurité et en cas d'agression.

Quand furent terminés les préparatifs sécuritaires, le Gnokholo, par la voix de Nétékoto Moussa, lança un ultimatum aux Kéta en les invitant à mettre fin au pillage des biens des populations, d'une part, et, d'autre part, informa Alpha Yaya Diallo du Fouta-Djalon de sa decision de ne plus continuer à lui payer l'impôt.

Mais, en raison de leur volonté de continuer à rançonner les populations, les Kéta se liguèrent aux Peuhls du Fouta-Djalon contre le Gnokholo, ce qui déboucha sur la guerre de Magnankanti en 1898.

La guerre de Magnankanti, un conflit extra-interne

Après l'ultimatum des Camara aux Kéta, ces derniers se livrèrent alors à une diplomatie calomnieuse en vue d'obtenir des coalitions extérieures contre le Gnokholo. Ainsi, avec l'appui de leurs parents Kéta de Djikoye, ils prirent contact avec Soukoundou Kéta, chef des Bédick à Bandemba, à qui ils déclarèrent que Tamba Camara de Magnankanti était devenu intraitable, ambitieux et dangereux pour la paix dans la région. Mais celui-ci était bien informé, parce qu'ayant des rapports suivis avec les chefs Camara du Gnokholo les renvoya.

Malgré tout, les Kéta ne se découragèrent pas. Ils continuèrent de mener leur campagne dans d'autres directions. Alors, ils colportèrent les mêmes calomnies à Alpha Yaya Diallo du Fouta-Djalon à Mali. Celui-ci ne tarda pas à les écouter avec intérêt, car il eut encore présent à l'esprit le refus du Gnokholo de lui payer l'impôt. Il trouva l'occasion belle pour tenter de conquérir le pays.

Photo 1 : Place publique du village de Magnankanti

Source : Photo prise par Sadio Camara le 13 mai 2002

> Vue du site de la place publique du village de Magnankanti, située en son centre, elle était ombrageée par un superbe fromager très feuillu, aujourd'hui tombé en cette année 2002 : une partie du tronc détachée en planches tient encore debout, l'autre partie (la plus grosse) consumée par le feu de brousse laisse par terre un tas de cendres blanches encore visibles au premier plan. Les grosses branches non consumées sont couchées par terre au pied de la partie du tronc resté debout. Elles sont visibles au troisième plan un peu du coté gauche.
> Sous cet arbre se déroulaient les manifestations traditionnelles du village comme les cérémonies de circoncision ; s'y tenaient les réunions des adultes et jeunes lors des agressions pour décider des mesures à prendre.

Alpha Yaya Diallo se prêta donc aux intrigues des Kéta. Mais avant de prendre une décision, il consulta ses fétiches. Ceux-ci lui révélèrent une défaite cuisante dans le cas d'une attaque quelconque contre ce pays. En conséquence, il essaya une stratégie de division des forces. A cet effet, il envoya un émissaire à Bantata auprès de Nétékoto Moussa pour lui dire qu'il n'y eut aucun contentieux entre lui et le Gnokholo, mais seulement « un compte à régler avec une perdrix cachée en leur sein » et, par conséquent, leur demanda d'observer une neutralité dans l'affaire. Nétékoto Moussa ne répondit ni par un non ni par un oui.

Alors, Alpha Yaya Diallo finit par adopter la tactique d'une attaque surprise. A cet effet, il chargea son neveu Mody Sinlou de l'expédition. En conséquence, les Camara prirent la mesure suivante : le détachement de chaque village devait marcher sur les lieux en position de combat. Ils doublèrent cette mesure d'une telle vigilance de manière que les préparatifs de rébellion et d'agression de la coalition Kéta-Peulhs-Fouta ne passèrent inaperçus. Ainsi, au jour le jour, ils suivirent les déplacements des colonnes armées peulhes. Koumba Tamba, alerté à temps, se devait d'organiser sa première ligne de défense. Du coup, tous les villages sont alertés et l'envoi de secours en hommes armés et en ravitaillement effectué immédiatement.

Les colonnes peulh se déplacèrent de Mali (au Fouta-Djalon) à Maroukhoukoto (au Gnokholo) dans le plus grand secret. Pour cela, leurs déplacements s'effectuaient de nuit à travers la brousse avec, comme guides, des chefs guerriers Kéta. Les bataillons peulhs et groupes armés Kéta se rencontrèrent à Kéfoukha (clairière des hommes vaillants) près de Kolon. Ce fut là que les deux armées coalisées passèrent la nuit en vue d'attaquer, le lendemain matin, la forteresse de Magnankanti, rappelons-le, commandée par Tamba Camara.

Ce fut là également, au camp de cantonnement, que deux chefs guerriers Kéta trouvèrent la mort par suite de morsures d'une vipère et que les esprits considérèrent comme la métamorphose de Tamba Camara pour donner l'alarme à ses hommes. Alors la panique s'empara des armées d'agression.

De nos jours, on peut trouver encore en ce lieu les tombeaux de ces deux guerriers Kéta constitués par des tas de pierres longs de trois mètres, larges de deux mètres et hauts de cinquante à quatre-vingt centimètres environ. C'était la manière d'enterrer autrefois les corps des guerriers tués sur les champs de bataille.

De même, on peut trouver encore aujourd'hui des traces des armées peulhes, traces formées par des surfaces rectangulaires (deux mètres sur un) au sol, limitées par des pierres ayant servi de couchettes aux troupes d'agression du Fouta-Djalon.

Photo 2 : *Gnakhagnakha*

Source : Sadio Camara, le 16 avril 1990

Tas de pierres constituant la tombe d'un guerrier mort sur le champ de bataille. La tombe ici représentée se trouve à l'entrée du village de Baraboye, en venant de Bagnoumba.

Après donc la nuit passée à Kéfoukha, les bataillons peulhs et Kéta poursuivirent, le lendemain matin, leur route en direction de la forteresse de Magnankanti qui ne fut plus qu'à six kilomètres. Au cours de leur progression, ils se heurtèrent à la première ligne de défense à Kalakati Kounda (lieu où les armes ont été brisées). Ainsi, à leur grande surprise, ils eurent à combattre avant leurs objectifs. Ce premier combat fut dur pour eux. Quant à l'autre camp, conformément à leurs plans tactiques arrêtés auparavant, Tamba et ses hommes se replièrent progressivement en ordre dans leur Tata où ils finirent par reprendre position. Pendant cette retraite tactique, les Peulhs-Fouta et les Kéta reprirent courage pensant la victoire à portée de main. Ils encerclèrent le Tata, se battirent avec optimisme et commencèrent à percer des issues dans les épaisses murailles. Pendant ce temps, arrivèrent les secours des autres villages du Gnokholo en position d'encerclement. Ce fut la panique totale et le sauve-qui-peut général dans les rangs des envahisseurs et de

Ce fut trop tard. L'encerclement fut complet avec le concours du fleuve Gambie. Là, un deuxième front fut tenu par l'eau, les caïmans et les hippopotames. Les Camara combattirent avec rage, repoussant le reste des armées ennemies dans le fleuve.

Après la fin des combats, le grand renommé chasseur dans tout le Gnokholo de l'époque, Sara Camara de Diandian Kounda, fut tué par un Peulh blessé, embusqué dans un buisson. Après cette guerre, les Peulhs-Fouta furent affaiblis et ne purent plus jamais se relever. Il en fut de même pour les Kéta.

La victoire emportée par les Camara à Magnankanti assura au Gnokholo paix et stabilité à l'intérieur comme à l'extérieur. Sur le plan intérieur, après l'extermination des leaders de la classe féodale naissante (Kéta), les rapports entre le reste des Kéta et les autres populations du pays reprirent sur la base du respect mutuel de l'égalité et de la fraternité. Sur le plan extérieur, le retentissement de l'extermination des envahisseurs mit fin à toute velléité d'agression étrangère. Les populations du Bandemba, terrorisées et dispersées par les incursions peulhes retrouvèrent la paix sous la protection des Camara du Gnokholo. Certaines parmi elles se réinstallèrent dans leurs villages d'origine comme Bandemba, Bantahassiba, Landiéni. D'autres fondèrent de nouveaux villages comme Lakanta, Guingara, et Etiesse, Oussounkala. Quelques-unes habitèrent aussi des villages malinké en créant leurs propres quartiers, à l'instar de Bantata et de Linkékoto.

En guise de reconnaissance, de marque de sympathie et de confiance aux Camara du Gnokholo, les communautés villageoises et quartiers Bédick placèrent volontiers leurs fêtes et cérémonies traditionnelles sous la présidence d'honneur de Nétékoto Moussa au titre de représentant du Gnokholo. Invité de marque à ces occasions, il dirigeait une délégation composée des représentants des organisations politiques traditionnelles de Bantata, village considéré dans les faits à l'époque, comme capitale du Gnokholo.

Nétékoto Moussa et sa délégation étaient reçus avec faste par leurs homologues de Bandemba. Ils séjournaient durant toute la période des festivités. La durée d'une fête traditionnelle était d'une semaine. Au retour de la délégation à Banata, le compte rendu du voyage était fait en assemblée générale des pouvoirs législatifs du village.

Parallèlement à ces rapports de confiance et de coopération existant entre les deux communautés du Gnokholo et du Bandemba, des relations d'amitié se tissèrent également entre les membres à la base, impliquant pour les contractants des visites de courtoisie réciproques et d'entraide. Telles furent les conditions dans lesquelles évoluèrent les populations du Gnokholo jusqu'à l'installation de l'administration coloniale à Kédougou en 1903.

En effet, selon le professeur Marakary Danfakha dans *Kédougou : histoire et culture*, le capitaine Oberdof, représentant de Galienni, signa un traité de paix avec Fodeyamba, successeur de Saliyamba, mort en 1845. Un poste administratif fut installé en 1903.

Mais bien avant cette date, l'administration coloniale, sous la direction du lieutenant Lebrun, était déjà installée à ses portes du côté est, plus précisément à Satadougou sur la rive droite de la falémée, avec des éléments des deux côtés des rives de ce fleuve. Jusqu'au 22 février 1900, Lebrun et son successeur administrèrent toute la région sauf le Gnokholo.

A partir de cette époque, le Gnokholo et les autres anciennes provinces traditionnelles furent regroupées pour former un tout administré, sous les ordres du cCommandant de Bakel, par un résident qui devint indépendant quand fut créé « le Cercle de Haute-Gambie » le premier janvier 1907. Le cercle deviendra indépendant de Tambacounda.

Démembrements du Gnokholo

Donc, sept ans après la guerre de Magnankanti, l'administration coloniale s'installa à Kédougou en 1903. Elle tenta, dans un premier temps, d'installer Manson Kéta en 1908 à la tête d'une partie du Gnokholo. Elle y renonça en raison de son caractère non-conformiste. De surcroît, il commit un meurtre crapuleux sur la personne de l'une de ses nièces, appelée Macoutading Camara. L'administration coloniale en profita pour l'arrêter, le condamner à la détention perpétuelle et l'envoya au front en France. Ce fut la Première Guerre mondiale. Il y mourut, plus précisément à Verdun.

Puis en 1915, Daba Kéta fut nommé par les nouveaux conquérants français à la tête de la partie du Gnokholo comprise entre le fleuve Gambie et son affluent le Gnokholo-Koba. Il joua, avec zèle, le rôle d'agent recruteur, par la violence, des populations locales pour les travaux forcés de l'administration coloniale : la réquisition, le portage, la construction de pistes et de routes (notamment l'ouverture de la route Tamba – Kédougou), les impôts en nature, la cueillette forcée des produits de forêt comme le miel, la cire, les fibres du kapokier, etc.

Ces travaux forcés furent atroces : l'esclavage colonial est le pire des esclavages que l'humanité ait connus. Car non seulement l'esclave colonial travaillait sous les coups du fouet jusqu'à épuisement de ses forces, mais il ne bénéficiait même pas de nourriture de la part de son maître, le colon. Les épidémies se déclaraient et décimaient des contingents entiers. Alors, les populations n'eurent autre salut que de fuir pour des contrées lointaines comme la Gambie et le Boundou. Ainsi, cette partie du Gnokholo se dépeupla, des villages entiers émigrèrent dans les provinces ci-dessus mentionnées. Alors, faute d'administrés, Daba Kéta cessa d'être chef de canton. Il fut remercié par ses maîtres en signe de reconnaissance de ses loyaux services.

Après quoi, toujours animé par une politique de « diviser pour régner », l'administration coloniale divisa le Gnokholo en deux parties, chacune placée sous l'autorité d'un collaborateur local de souche étrangère et marginale de nos sociétés de cette époque. Ainsi, la partie basse, celle des plaines et des marécages, fut rattachée à une partie du Dantila et du Gnagalan pour former l'ex-canton du Gnokholo avec pour capitale Kédougou, placé sous l'autorité de Saliou Ba, venu de Bakel, comme chef de canton.

La partie haute du Gnokholo, celle des collines et vallées boisées, fut rattachée au Bandemba pour former l'ex-canton appelé Bandemba avec pour capitale Bandafassi. Un membre de la famille Sidibé (venue du Macina, installée à Kédougou exerçant le métier de tisserand), alors interprète de l'administration coloniale, fut désigné par celle-ci et placé à la tête dudit canton.

Ainsi, le Gnokholo fut démembré par le colonialisme français. Ce fut l'installation de la longue nuit coloniale avec cinquante cinq années d'esclavage qui compromirent le processus de son développement historique.

Sous l'indépendance, avec l'avènement de la Loi 72-02 du 1er janvier 1972 relative à l'organisation territoriale du Sénégal, le Gnokholo a recouvré l'essentiel de ses dimensions géographiques. Comme on le sait, cette loi a institué la division des départements en communes, arrondissements et communautés rurales. Ainsi, dans le cadre du découpage du département de Kédougou, dont il constitue une partie intégrante, le Gnokholo a été reconstitué sous l'appellation de la communauté rurale de Tomboronkoto. Mais il a été amputé de sa partie Diakha, au nord-est, et du village de Baraboye, au sud-ouest.

Il faut dire que c'est là un découpage partisan, volontariste, dicté par des considérations subjectives de quelques hommes politiques du parti-Etat dans cette localité. En effet, c'est un découpage qui n'a obéi à aucun des critères objectifs universellement retenus en la matière, à savoir communauté géographique, historique, culturelle et économique.

Car, historiquement, le Diakha a toujours été une partie intégrante du Gnokholo, d'où son nom historique « Gnokholo-Diakha ». Cette appellation est fondée non seulement sur l'unité territoriale, linguistique et économique, mais aussi et surtout pour des raisons historiques: le Diakha a toujours été secouru et défendu par les habitants du Gnokholo des collines et de la vallée du fleuve Gambie contre les invasions et agressions des Almamy du Fouta-Djalon.

En outre, le Gnokholo-Diakha, rattaché aujourd'hui à la communauté rurale de Bandafassi, n'appartient pas à la même aire géographique et linguistique. Les habitants du premier sont des Diakhanké (variante malinké) et parlent mandinka alors que les habitants de la communauté rurale de Bandafassi sont à dominante peulhe et la langue peulhe est parlée par tous. Il faut ajouter que le Diakha est séparé de la communauté rurale of Bandafassi par le territoire de la commune de Kédougou et par celui du Gnokholo qui sont distants de trente kilomètres au moins.

Il faut souhaiter que ces morcellements arbitraires et injustes opérés sur l'aire géographique du Gnokholo originel soient vite corrigés dans l'intérêt des populations concernées et aussi d'une administration fiable.

Telles sont quelques pages de l'histoire du Gnokholo traditionnel. Il reste certainement d'autres à découvrir et à faire connaître. Ce sera la tâche des générations futures.

Notes

1. Nous avons établi les cartes de l'ancienne province du Gnokholo traditionnel selon la connaissance que nous en avons et selon les données du bulletin anthropologique mentionné dans la bibliographie en annexe en utilisant la carte administrative du Sénégal au 1/500 000 e.
2. Edition GIA, non datée.
3. Tamba Camara de Magnankanti eut comme petite-fille Aïssatou Kamara qui fut la première épouse de Bakary Dansokho, commis d'administration à Kédoudougou et qui fut une personnalité dans ladite commune.

2

Connaissance et maîtrise des phénomènes naturels et sociaux

Le ciel, la terre et les saisons

Pour les hommes du Gnokholo traditionnel, les étoiles sont situées sur un manteau sans ombre et sans fin qui, au début de la création du monde, se trouvait proche de la terre. Les hommes pouvaient le toucher à bras levé. Pour cela, les femmes en pilant évitaient de lever trop haut leurs pilons. Une méchante femme passa outre et cogna le ciel avec son pilon tout en l'invitant à s'éloigner plus haut. Alors, le ciel s'éloigna très haut, loin de la terre des hommes.

En outre, les hommes du Gnokholo traditionnel considéraient la terre comme le centre du manteau céleste (l'univers) et, pour eux, les étoiles se déplaçaient sur le manteau autour de la terre. Ainsi, pour eux, l'univers entier tourne autour de la terre. Cette conception résulte de leurs observations des étoiles pendant le jour et la nuit, dans le firmament. Aussi savent-ils que les étoiles ne s'effacent pas pendant le jour, mais sont simplement invisibles à cause de la luminosité du soleil pendant le jour. Cette idée leur vient de l'expérience qu'ils ont, une fois dans des forêts touffues, d'apercevoir des étoiles briller dans le ciel.

Ainsi, les hommes du Gnokholo traditionnel savent et disent qu'il ne fait pas jour et nuit au même moment sur tous les points de la terre. Pendant qu'il fait matin pour certains hommes d'un point donné de la terre, il fait minuit pour d'autres en certains autres points de celle-ci.

Vorodoukhou – pays de la Kola (Côte d'Ivoire) est cité en exemple, où il fait nuit alors que le soleil brille encore sur le Gnokholo. Ils savent également l'existence de plusieurs continents séparés par de vastes étendues d'eau salée (mers), considèrent le manteau bleu (ciel) émettant, sous forme de queue, une lumière blanche et aveuglante (étoile filante ou comète).

Les étoiles et leur classification

Les étoiles sont classées selon leurs couleurs: blanche, rouge, jaune-orangée et d'après leurs éclats plus ou moins vifs. Ainsi, il y a :
- des étoiles blanches dites *lolo koyolou* ;
- des étoiles rouges dites *lolo voulingolou* ;
- des étoiles jaune-orangées dites *lolo nétémounkoumalou* ;
- des étoiles très brillantes appelées *lolo gnarantalalou* ;
- des étoiles peu brillantes appelées *lolo gueloulatou*.

Mais, parallèlement à cette classification des étoiles, certaines d'entre elles sont classées ou nommées selon leurs groupements caractéristiques. Les hommes du Gnokholo traditionnel voient dans ces ensembles d'étoiles des représentations de personnages et d'animaux ; d'où des noms évocateurs donnés par eux aux constellations, comme nous les verrons au chapitre suivant.

Les constellations

Les constellations connues sont les suivantes :
- *dondolo* (le scorpion) : c'est ce qu'on appelle en français la casserole ou Grande Ourse. Son appellation est due à sa ressemblance au scorpion ;
- Gninsi Sabalalou est la cassiopée ou la chaise. Son appellation signifie les tireurs ou conducteurs de vaches. L'étoile en tête est considérée comme un homme tirant la seconde (prise pour une vache) par une corde, la troisième étoile est le second homme chassant la vache du premier et tirant la quatrième étoile considérée comme la seconde vache; la dernière étoile (la cinquième) est la troisième et la dernière personne chassant la vache de la seconde personne (voir fig.) ;
- *Sikhi lolo* est la chèvre. C'est une étoile très brillante et pour cette raison est appelée *Sikhi lolo* signifiant « étoile du buffle », par comparaison avec l'éclat de l'œil de cet animal. Elle apparaît à l'est le matin de très bonne heure, vers quatre heures. Pour cette raison, elle est considérée comme l'étoile du matin qui annonce le jour proche, signe indicateur de se lever très tôt. En outre, en raison de son éclat, la chèvre est considérée comme l'étoile de la beauté ou, en d'autres termes, comme symbole de la beauté, de la joie, du bonheur et de l'espérance. Ainsi, d'innombrables chansons sont composées pour la magnifier ;
- *Lolo gnakha gnakha* signifie « grappe d'étoiles », c'est la croix du cygne. La plus grosse des étoiles de la croix du cygne s'appelle *Sissé dimba* (la mère poule) et les autres ;
- *Sissé ringholou* (les poussins) suivant la mère poule. La croix du cygne est considérée comme l'annonciateur de l'hivernage et de la saison sèche. En

effet, quand elle se trouve dans sa course apparente à l'horizon de l'est, c'est l'annonce de l'hivernage, à l'ouest, l'annonce de la saison sèche. Telles sont les constellations qui ont attiré la curiosité des hommes du Gnokholo traditionnel et les dénominations qu'ils en ont faites.

Le ciel et les nuages

Le ciel se dit *sankoulo*. Pendant la saison sèche, il est propre, c'est-à-dire non couvert de nuages. A l'approche de l'hivernage, peu à peu il se couvre de nuages. Alors, les hommes du Gnokholo traditionnel considèrent ce changement survenu dans le ciel comme signe précurseur de l'hivernage et, partant, le début des préparatifs champêtres.

Vers la fin de l'hivernage, les nuages diminuent peu à peu dans le ciel pour s'effacer à la cessation totale des pluies. Cette diminution progressive des nuages dans le ciel est le signe précurseur de la fin des pluies et le début de la saison des moissons.

La lune et ses phases

La lune apparaît le soir à l'horizontal de l'ouest sous forme de croissant. C'est la nouvelle lune dite *karoundingho*. Ce croissant finit par former un demi-cercle au bout d'une semaine. C'est le premier quartier appelé *vourala karo,* lune du soir. La surface visible de la lune continue à augmenter et la lune se présente finalement sous la forme d'un cercle lumineux, et ce, au bout de deux semaines. On dit alors au Gnokholo *karoubata* (lune ayant pris la forme d'une outre) Les deux semaines suivantes, les mêmes phénomènes se reproduisent en sens inverse et on passe aussi de la pleine lune au dernier quartier, puis à sa disparition au lever ou au coucher du soleil pour trois ou quatre jours. On dit alors *Karo takhata* (la lune est partie) ou *karo seyeta* (la lune est retournée). Car on considère que la lune, après avoir voyagé longtemps, se donne un temps de repos d'un jour très loin de la terre des hommes.

Les jours de disparition sont les suivants :
- 1er jour : jour de départ de la lune dit *Karoutakha loungho ou karou seyeloungho*. Ce départ s'effectue au lever ou au coucher du soleil. Dans le premier cas, on dit *karo takhata sokhomandalalé* (lune partie à l'aube), dans le second cas, on dit *karo takhata tilo hé* (lune partie en même temps que le soleil).
- 2e jour : jour de repos de la lune ; se dit *karou hognoloungho*. Elle est absolument invisible ce jour au coucher comme au lever du soleil.
- 3e jour : *Karou santo hélé loungho*, jour de parution probable de la lune. Elle peut être invisible le troisième jour si son départ a eu lieu au coucher du soleil ou, en d'autres termes, en même temps que le coucher du soleil. Dans le cas contraire, elle est invisible parce que partie à l'aube et il faut attendre le jour suivant pour la voir infailliblement. Pour cette raison on dit *Karo banta bali loungho*, jour de la parution certaine de la lune.

De sa disparition et de son apparition visible à l'ouest, la lune compte 28 ou 29 jours, non compris le jour de repos. Voilà pourquoi dans le Gnokholo traditionnel, le mois lunaire compte 28 ou 29 jours.

Les signes annonciateurs de manifestations de phénomènes naturels

Signification de l'année d'abondance de pluies et celle de la sécheresse

Selon la légende, l'eau de pluie serait dans une outre suspendue dans le ciel. A chaque hivernage, le créateur, *Damansa*, la confie à quelqu'un pour protéger son ouverture avec ses mains et, de la sorte, régler la coulée régulière de l'eau.

Il arrive qu'il la confie à un lépreux ; dans ce cas, il y a beaucoup de pluie parce que la coulée régulière de l'eau n'a pu être assurée faute de doigts. C'est l'année de pluies abondantes. Dans le cas contraire, c'est l'année de peu de pluie ou de sécheresse.

Signes barométriques

- Pendant l'hivernage, quand, de manière soudaine, il fait particulièrement chaud et que le vent s'arrête ou se déplace faiblement, c'est le signe de la pluie ou de l'orage très prochain ;
- la fourgère: ses feuilles se roulent vers le bas, signe qu'il va faire chaud, ses feuilles se déploient, signe de la pluie prochaine ;
- la cime des arbres : pour savoir s'il y a du vent et dans quelle direction il souffle ; pour orienter la flamme ou la fumée du feu qu'on va allumer. La direction du vent est aussi utilisée dans la ventilation des graines de céréales et des arachides pour les séparer de leurs impuretés ;
- les hirondelles: lorsqu'elles volent plus bas que d'habitude, une dépression est là, annonciatrice de la pluie ou de l'orage ;
- les cumulonimbus: annonciateurs de pluies violentes accompagnées de foudre et d'éclairs.

Signes de la sécheresse

- Absence ou très peu de nuages dans le ciel ;
- quand les premières pluies sont très fortes au point de remplir des marigots et rivières, elles sont généralement suivies de sécheresse.

Signes d'approche de l'hivernage

- L'apparition des cigognes : comme l'on sait, les cigognes sont des oiseaux migrateurs. Lorsqu'elles arrivent au Gnokholo, c'est pour annoncer la saison des pluies très prochaine. Elles se posent sur les arbres aux abords des villages et indiquent ainsi aux agriculteurs qu'il est temps de débroussailler pour pouvoir semer dès les premières pluies ;

- apparition des nuages dans le ciel et aussi celle de la Croix du Sud à l'Est ;
- les fruits du Bintinkilingho (un arbre de la brousse du Gnokholo) sont mûrs. Alors on commence à préparer les champs.

Autres signes :

- Ciel tacheté (nuages avec des trous bleus du ciel) ; une panthère met bas des petits ;
- l'arc-en-ciel : signe d'un orage raté ;
- l'étoile filante, se dit *lolognoukhouto*, annonce la mort d'un grand dignitaire.

Au Gnokholo, quand un grand dignitaire va mourir, on s'attend, avant qu'il ne quitte la position verticale et se couche à jamais à ce que son étoile se détache du ciel, laissant derrière elle une longue traînée blanche éclairante pour aller tomber à l'horizon, dans ce que le Gnokholonkais appelle *sankourampa bâ*, c'est-à-dire le Nil. D'autres dialectes mandingues disent *korotoumou bâ*.

Alors, on s'écrie : « Ah !voilà un homme plein de vie qui s'en va de ce monde ». Le grand dignitaire est l'homme dont la vie a été comme une ombre dans la douceur de laquelle marche toute une société.

Les couleurs

En pays ghokholonkais d'autrefois, certaines couleurs de base ont des significations spirituelles dans la vie sociale ou témoignent du goût des populations. Ce sont le blanc, le bleu, le rouge, le noir, le vert.

Le blanc se dit *koyo*. Il est considéré comme la couleur la plus naturelle, la couleur du jour. Il renvoie à la lumière du soleil, au clair de lune, à la cendre du foyer, à la fibre blanche du coton.

Le blanc symbolise la pureté, l'innocence, la chasteté, l'amitié franche et sincère, la propreté.

Ainsi :

- une jeune fille qui entre pour la première fois dans la case de son époux porte un pagne blanc, appelé de nos jours le « drap nuptial », pour manifester son innocence dans la vie conjugale et sa virginité ;
- le blanc entre dans la décoration de la case devant accueillir la jeune mariée. A cet effet, la farine de riz constitue la matière première ;
- une femme en veuvage porte des habits blancs, notamment une étoffe blanche comme mouchoir de tête et ce durant un an, à partir du décès du mari. Durant cette période, elle s'abstient de tout rapport sexuel pour le respect de la mémoire de son mari, d'une part, et assurer la filiation paternelle de l'enfant dont la grossesse n'est pas encore perceptible. En outre, le port permanent de l'étoffe blanc comme mouchoir de tête l'identifie comme une femme en viduité et sert de garde-fou pour tenir à distance les hommes qui nourriraient des intentions à son égard ;

- les personnes qui contractent une amitié la symbolisent ou la scellent par le semis en commun de deux œufs blancs de margouillat sanctionné par une poigné de mains ;
- la volaille blanche, la noix de cola blanche, l'étoffe blanche, le coton, les œufs, le lait, la boule de farine de riz servent d'offrandes aux esprits tutélaires et, ou aux morts afin de bénéficier de leurs faveurs pour la santé dans la famille, la fécondité du troupeau, de bonne récoltes et de réussites dans les projets ;
- le linceul de mort est nécessairement de couleur blanche.

Le bleu

Le bleu se dit *garadjio* (couleur de l'indigo).

Pour le Gnokholonkais d'autrefois, le bleu renvoie à la couleur du ciel sans nuages et à celle de l'indigo. Il repose l'esprit et le corps.

L'indigo est une matière colorante d'un beau bleu extraite des feuilles de l'indigotier dont la culture jadis a prospéré dans nos régions tropicales et qui a presque disparu de nos jours.

Ce beau bleu est la couleur préférée des Malinkés du Gnokholo d'hier et même d'aujourd'hui. Il sert à teindre les habits, les étoffes, les fils de tissage et de broderie. Il est souvent associé au blanc dans la confection des habits (étoffes bleues et étoffes blanches), ainsi que dans la décoration des murs de la case nuptiale.

Le rouge

Le rouge se dit *voulingho*. Il renvoie au sang, au feu, au sol ferrugineux.

Le rouge éclatant des fleures de certaines plantes de nos forêts frappe et attire notre regard et notre imagination, rompt la monotonie glauque qui caractérise la verdure pérenne de nos forêts, voire de notre nature.

Le rouge symbolise les yeux ardents et/ou les âmes ardentes, noms donnés aux voyants, aux thaumaturges et aux autres sorciers des deux sexes qui habiteraient dans les forêts touffues et les grands arbres. En d'autres termes, ce sont:
- les esprits phosphorescents ;
- les esprits vivants ou irradiants.

Ce sont deux types d'esprit qui sont gardiens des hommes contre les sorciers et les mauvais esprits. La présence du rouge les repousse ou les éloigne, les empêchant ainsi de commettre leur mal. Pour ces raisons, les objets rouges (étoffes et autres) sont placés à la devanture de maisons et/ou au-dessus de la porte de la case à coucher pour se protéger contre les sorciers et esprits malfaisants.

Le rouge est le symbole du pouvoir législatif du village, sert dans la confection des masques. Son usage sur le corps est interdit aux personnes des deux sexes de tout âge, mais est utilisé exceptionnellement dans la broderie.

Le vert, le jaune, le noir

Le vert, le jaune et le noir sont considérés comme les trois couleurs que revêt successivement la végétation pendant l'année :
- le vert, *diambadjio*, symbolise la végétation verdoyante pendant la mousson ;
- le jaune, *nété mounko*, (couleur de la pulpe du mimosa pourpre) la végétation pendant la période de l'alizé ;
- le noir, *hingho*, la végétation après le passage des feux de brousse.

Ainsi donc, le vert renvoie à la feuille verte, le jaune à la feuille jaunie, le noir au charbon de bois.

Egalité et inégalité des jours et des nuits

Au Gnokholo, les anciens connaissent bel et bien l'inégalité des jours et des nuits. Pendant certaines périodes de l'année, ils constatent que chacun des cas (égalité et inégalité des jours et des nuits) a lieu deux fois par an, correspondant à une saison donnée. Ainsi, les appellations des périodes d'égalité et d'inégalité des jours et des nuits sont aussi celles des saisons.
- Le printemps, de l'équinoxe de printemps au solstice d'été (21 mars au 21 juin), correspond à la saison au Gnokholo dite *tilima gourio* (pleine saison sèche) *ou tilima tilo kando* (saison sèche chaude) En effet, c'est la période de la saison sèche au Gnokholo la plus chaude, avec des températures de 30 à 40°c. En cette période de l'année, les jours et les nuits ont une durée égale. C'est la période surtout de la chasse à la battue avec ou sans feu, de la pêche collective des mares, de la réfection des toits… C'est aussi la période des voyages nocturnes.

La chaleur excessive de cette période s'explique par les faits suivants : le soleil monte plus haut dans le ciel et nous envoie des rayons qui se rapprochent de la verticale ; la terre est presque nue à la suite de la perte des feuilles des arbres et des herbes ; le ciel est entièrement absent de nuages, donc très propre, ce qui facilite le rayonnement de la chaleur émise par les rayons solaires ; la terre emmagasine beaucoup de chaleur qu'elle libère relativement tard dans la nuit, si bien que le petit temps de fraîcheur se situe entre quatre heures et sept heures. C'est la période où les gens passent les nuits dehors dans la cour de leur maison.
- L'été, du solstice d'été à l'équinoxe d'automne (21 juin – 21 septembre), correspond à la saison au Gnokholo appelée *sama gourio* (plein hivernage). C'est la période des travaux champêtres (semis, labourage, désherbage). A cette période de l'année, la durée du jour est la plus longue. La chaleur du soleil est atténuée par l'abondance des nuages dans le ciel et par l'humidité du sol, l'abondance des plantes (herbes renouvelées, arbres reverdis). *Sama gourio* est donc la période des grandes activités champêtres.

- L'automne, l'équinoxe d'automne ou solstice d'hiver (22 septembre au 22 décembre), correspond à la saison au Gnokholo dite *sankoungho*, signifiant période des récoltes. En effet, les récoltes commencent en ce pays avec la récolte du maïs en septembre et se terminent avec l'abattage des arachides en décembre. C'est la période où la durée de la journée est la plus courte et celle de la nuit la plus longue. Alors, le soleil se lève du sud-est au nord-est.

On explique ce phénomène en disant que c'est pour éviter que les femmes ne finissent très tôt les récoltes de leurs maris. Cette boutade a pour base une philosophie du ménage de l'époque qui fait l'honneur à une femme de cuisiner toute la récolte de son mari. Le mari, de son côté, se doit de faire beaucoup de récoltes pour que sa femme n'arrive pas à tout cuisiner. En quelque sorte c'est une philosophie d'émulation, de compétition entre époux et épouse, chacun dans son domaine.

Il faut dire que le Gnokholonkais est peu soucieux du lendemain, mais le plus souvent du présent. Economiser pour les mauvais jours à venir a peu de place dans sa culture. Quelques exemples pour étayer ce propos :

- Quand une personne dit qu'elle est rassasiée, on lui demande de le prouver par la présentation du reste de son repas.
- La maxime *haba ye hissa guiguiti* signifie « faire un bon festin vaut mieux que de nourrir l'espoir d'un bon festin ». Bien que cette maxime ait un aspect négatif parce que non prévoyante, elle a l'avantage d'être matérialiste et le Gnokholonkais (habitant du Gnokholo) a choisi ce côté-là. Une autre maxime que voici abonde dans le même sens.
- *Kono lemou horoté*. Seul le ventre est noble. En effet, pour le Gnokholonkais, le propriétaire d'un ventre affamé ne peut pas être honnête, donc noble. En d'autres termes, on ne peut pas être digne dans la pauvreté. Alors le Gnokholonkais porte sa préférence sur l'honnêteté et la dignité et, partant, pour un « ventre plein » Après cette petite digression, revenons à notre sujet proprement dit.
- L'hiver, du solstice d'hiver à l'équinoxe du printemps (22 décembre au 21 mars), correspond à la saison appelée *Sankoung néné*. C'est la période de l'année où la durée du jour est plus longue que celle de la nuit. C'est le petit hiver au Gnokholo, un froid continental s'installe durant cette période. C'est celle de la pratique des pièges, de la chasse à guet, des jeux d'enfants au clair de lune, des contes et légendes, du cardage et filage du coton autour du feu dans la cour des maisons, de la coupe de paille et de bambou pour la réfection des toits des cases, etc.

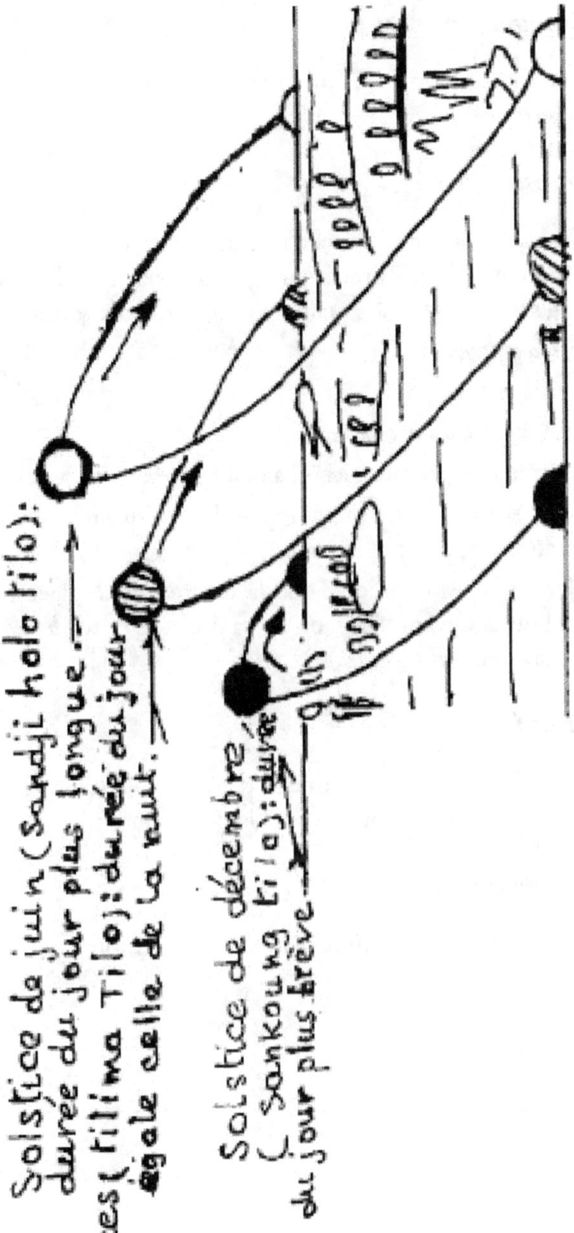

Connaissance et maîtrise des phénomènes naturels et sociaux 41

Carte 4 : Egalité et inégalité des jours et des nuits

Solstice de juin (Sandji halo kilo): durée du jour plus longue.

Equinoxes (tilima Tilo); durée du jour égale celle de la nuit.

Solstice de décembre (Sankoung tilo); durée du jour plus brève.

L'orientation géographique

Dans le Gnokholo traditionnel, l'orientation s'effectue au moyen des astres et des contours du terrain.

Pendant le jour

Le soleil constitue le moyen essentiel d'orientation pendant le jour. Cela est possible grâce à trois moments de la journée : au lever du soleil, à midi, au coucher du soleil. Ainsi donc, on s'oriente selon les quatre points cardinaux comme suit :
- l'est dit *kotongho*;
- l'ouest dit *tiliboyo* ;
- le nord dit *boulou bala hassaro* ;
- le sud dit marala hassaro : ici on a l'est derrière, l'ouest devant (voir fig).

Hassaro est l'appellation d'un côté d'une droite. La droite ici est celle suivie par le soleil dans sa course apparente est-ouest.

Pour différencier les deux côtés de la droite, on se place en ayant le Soleil derrière soi et l'ouest devant. Ainsi on a à sa droite le nord (*boulou bala hassaro*) et à sa gauche le sud (*marala hassaro*).

Pendant la nuit

L'orientation se fait à l'aide de la lune et des constellations (la croix du cygne, la chaise, la chèvre) qui indiquent toujours la direction est.

De jour comme de nuit

L'orientation se fait par les contours du terrain : (montagnes, collines, plaines, forêts, cours d'eau).

Connaissance et maîtrise des phénomènes naturels et sociaux 43

Carte 5 : Les quatre points cardinaux

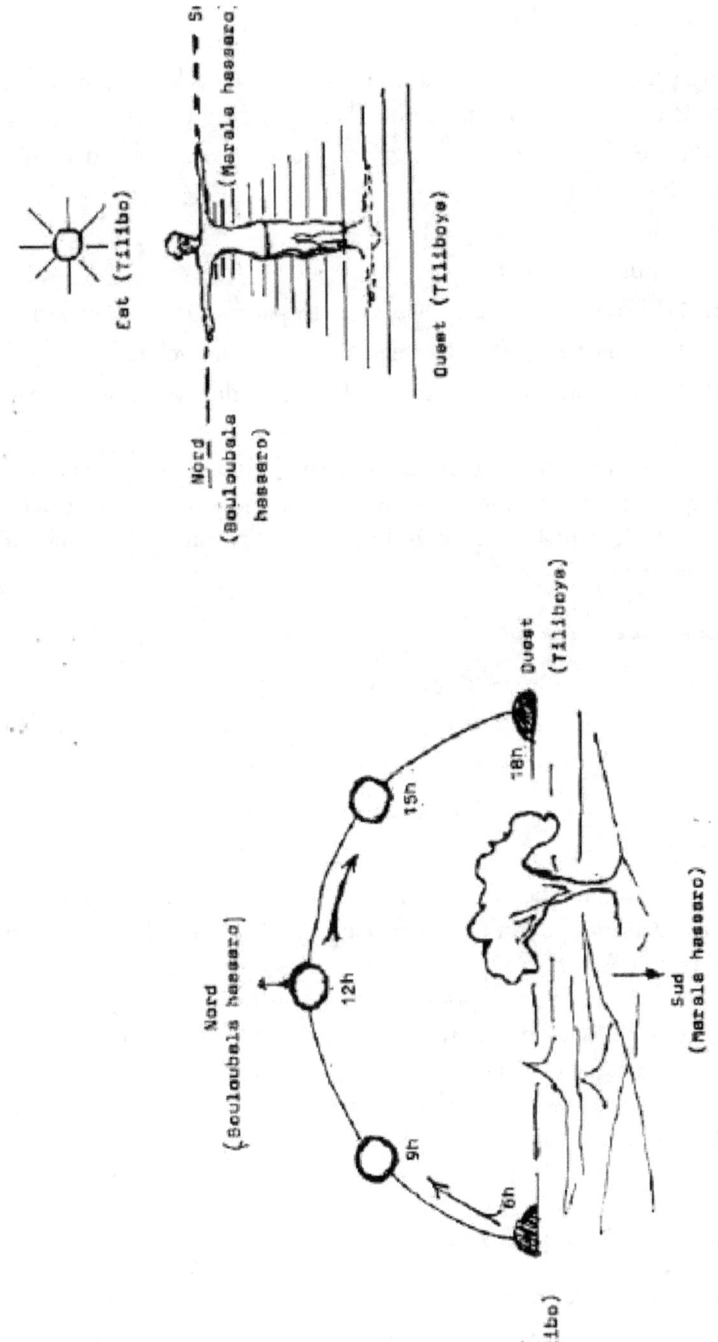

Stratification du temps

Le jour et ses divisions

Lorsque le soleil atteint sa plus grande hauteur dans le firmament, on dit qu'il est midi. C'est aussi le cas dans le Gnokholo traditionnel.

Midi se dit *tiling kounté*. Ainsi donc, le jour, *loungho*, a deux divisions égales entre elles à savoir :
- la journée, dite *tilingho* ;
- la nuit, dite *souto*.

Chacune de ces divisions se divise en deux parties égales comme suit :
- la journée, *tilingho,* comprend la matinée, dite sokhoma et le soir, dit *voura* ;
- la nuit, dite *souo,* comprend la soirée, dite voura et la matinée appelée *sokhomanda.*

Chacune de ces dernières divisions se subdivise en deux parties égales, comme l'indique, un peu plus loin, le tableau récapitulatif du calendrier. Cette figure montre également les huit divisions du jour connues et les activités humaines correspondantes.

La semaine et ses jours

La semaine se dit *lokho koungho* et compte sept jours :

Lundi	Mardi	Mercredi	Jeudi
(Téningho)	*(Talata)*	*(Araba)*	*(Arkamissa)*
Vendredi	Samedi	Dimanche	
(Ardiouma)	*(Sibito)*	*(Alhado)*	

De par la phonétique, qui semble être une déformation de l'arabe, nous pensons que ce calendrier pourrait être une adoption de celui de l'arabe par non seulement le peuple du Gnokholo, mais aussi par les peuples ouest-africains. Cela ne saurait étonner étant donné les liaisons de toutes sortes qui ont toujours existé entre les peuples de ces deux parties de notre continent, l'Afrique du Nord et l'Afrique de l'Ouest, l'Afrique blanche et l'Afrique noire. A cet effet, nous pouvons évoquer, à titre d'exemples, les empires du Ghana et du Mali qui non seulement eurent des relations commerciales avec les peuples d'Afrique du Nord, mais aussi des relations culturelles très développées, de sorte qu'ils comptèrent des universités arabes.

L'année et ses mois lunaires

L'année est appelée sangho. Elle se divise en deux grandes saisons : la saison sèche *(tilima)* et la saison des pluies *(sama)* comptant chacune six lunes, soit au total douze dans l'année.

La lune, appelée *karo*, compte quatre semaines, soit 28 ou 29 jours selon le moment de sa disparition (le soir ou le matin) et le jour de son apparition à vue d'œil ou non dans le ciel.

Généralement, les lunes sont classées par ordre dans les deux grandes saisons ci-dessous mentionnées. Mais, en plus de cette classification numérique et par saison, chacune d'elle a un nom ou une appellation évoquant les aspects de la nature ambiante correspondants ou des activités sociales correspondantes.

Dans le Gnokholo traditionnel, l'année commence par la première lune des pluies et se termine par celle de la saison sèche. Ainsi, nous avons les lunes comme suit :

Lunes de la saison des pluies ou hivernage

- *Sama karou holo* : la première lune des pluies ou de l'hivernage. Elle se dit aussi *hiri-karo*, lune des semailles. En effet, la première lune des pluies a lieu pendant que se font les semailles ;
- *Sama-karou houlandiangho*, la deuxième lune de l'hivernage. Elle a aussi pour appellation *maka koto séné karo*, lune durant laquelle se fait le désherbage des champs de maïs;
- *Sama karou sabandiangho*, la troisième lune de l'hivernage, s'appelle également *halé-karo*, signifiant lune de la disette parce que correspondant à un moment où les greniers sont généralement vides. Cette lune a une troisième appellation, à savoir *Yirihing-Karo* lune où les arbres ne portent pas de fruits. En effet, pendant cette lune, il n'existe aucun fruit dans la brousse du Gnokholo, d'où l'appellation des anciens. Par ailleurs, précisons que c'est réellement une lune de famine, dans le vrai sens du terme. Non seulement les récoltes se trouvent épuisées, mais les fruits manquent totalement alors qu'ils constituent une partie importante de la cueillette, l'une des branches clés de l'économie du Gnokholo traditionnel. La population, en attendant les premières récoltes, se nourrit essentiellement de feuilles et de tubercules comestibles de la forêt ;
- *Sama karou nanidiangho*, la quatrième lune de l'hivernage, se dit aussi hakaro-lune où l'on mange à sa faim, lune de l'abondance. En effet, c'est à cette époque que s'effectue la première récolte de l'année, celle du maïs suivie de celle du fonio, venant mettre fin à la terrible période de la lune précédente ;
- *Sama-karou louloumdiangho*, la cinquième lune de l'hivernage ou *tounsoumé karo*, lune où les termitières sont suffisamment humides pour pousser des champignons ;
- *Sama karou vorodiangho* ou *samama karo*, la sixième lune de l'hivernage, lune où les arbres perdent leurs feuilles (autonome).

Ces six lunes de l'hivernage comptent trois périodes comme suit : les deux premiers mois correspondent à la période dite s*andji holo*, période des premières pluies ou le début de l'hivernage; les deux lunes suivantes (3e et 4e) couvrent la période de plein hivernage, appelée *sama gourio* où les pluies sont abondantes et presque permanentes, les cours d'eau débordent de leur trop plein, les rizières sont immergées d'eau. C'est la période des grandes eaux, des hautes herbes ; les deux dernières lunes (5e et 6e) couvrent, quant à elles, la période des récoltes dite *sankoumgho*.

Lunes de la saison sèche

- *Tilima karou holo*, première lune de la saison sèche, se dit aussi bantanhiri karo, lune de la floraison des fromagers ;
- *Tilima-karou-houlandiangho*, la deuxième lune de la saison sèche ou *bantanding-teye-karo* lune où mûrissent et se cassent les fruits des fromagers ;
- *Tilimo-karou-sabandiangho*, la troisième lune de la saison sèche ou *gnonéné karo*, lune de la cérémonie du gnonéné ou encore bantang neroun karo lune où les fromagers poussent de nouvelles feuilles ;
- *Tilima-karou-nanindiangho*, la quatrième lune de la saison sèche ou *doundiri karo*, lune de la cérémonie du *doundiro*, une cérémonie du pouvoir législatif du village traitée dans le chapitre « masques » ;
- *Tilima karou louloundiangho,* la cinquième lune de la saison sèche ou hahari karo lune de la cérémonie du *haharo*, une cérémonie du pouvoir législatif du village traitée dans le chapitre des masques ;
- *Tilima karou vorodiangho*, la sixième lune de la saison sèche ou sassari karo lune de nettoyage des champs ou *bintinkiling mô karo* lune où mûrissent les fruits de cet arbre de la forêt du gnokholo, ceci un mois avant les premières pluies ; c'est le signe précurseur de l'hivernage qui donne le départ des préparatifs champêtres.

Les six lunes de la saison sèche sont également réparties entre trois périodes comme suit: la première et la deuxième lune correspondent à une période appelée *sankoun djikhi touma*, signifiant période de rentrée des récoltes dans les greniers; la troisième et la quatrième lune forment la pleine saison sèche dite *tilima gourio*; la cinquième et la sixième lune couvrent l'approche du début de l'hivernage dite *sandji holo makayo*.

Remarque : Il apparaît ici l'originalité des appellations des lunes. Celles-ci sont évocatrices des phénomènes de la nature ambiante ou des activités sociales correspondantes durant l'année.

Bandia, période de cinq ans

Bandia est un période de cinq ans. Il tire son nom d'une herbe arborescente du Gnokholo qui fleurit tous les cinq ans. Elle pousse dans les terrains rocheux et latéritiques.

- La première année s'appelle *bandia sangho,* l'année de la bandia. A la tombée des pluies, les souches bourgeons restées vivantes dans le sol poussent des rameaux plus vigoureux qui se développent pour atteindre 80 à 100 cm de hauteur au bout des quatre premiers mois d'hivernage pour donner des fleurs et des fruits: précisons que la bandia pousse abondamment en brousse et donne beaucoup de fleurs très riches en pollen.
- La deuxième année se dit *bandia kala tolingho,* l'année de pourrissement des pieds de la bandia. Le pied n'est pas attaquable par les feux de brousse de la saison sèche qui suit immédiatement parce qu'il reste vert jusqu'aux pluies de l'hivernage suivant. Ce n'est qu'alors qu'il meurt et pourrit sous l'effet des pluies hivernales. Pour cette saison, on dit que c'est l'année de pourrissement du bandia.
- La troisième année se dit *bandia boukhouti sangho*. La bandia est sèche sous l'effet de la chaleur de cette saison. Alors, les feux de brousse la réduisent en cendre et on dit que c'est l'année de la cendre de la *bandia*. appelée *bandia kala boukhouti sangho.*
- La quatrième année a pour appellation *bandia sounkoutou sangho,* année de la jeune pousse de la *bandia.* En effet, c'est l'année où germent les grains de la *bandia* à la tombée des pluies d'hivernage. Mais les jeunes pousses ne connaissent pas de grand développement, à peine vingt centimètres de hauteur au maximum. Dès la fin des pluies, la partie supérieure meurt jusqu'au ras du sol, seule la partie souterraine reste vivante.
- La cinquième année se dit *bandia houlihali sangho,* c'est-à-dire l'année de l'abondance ou de la multiplication de la *bandia.* En effet, dès les premières pluies, les souches souterraines restées vivantes dans le sol, poussent plusieurs bourgeons qui se développent durant l'hivernage pour atteindre 40 cm de hauteur au maximum. Dès la fin des pluies, ils meurent et sèchent jusqu'au ras du sol et les souches restent vivantes jusqu'aux pluies prochaines. Ce sera l'année de la bandia et le cycle recommence.

Figure 2 : Tableau récapitulatif du calendrier du Gnokholo traditionnel

Usage du calendrier

Le calendrier sert à fixer les dates des travaux collectifs, des cérémonies traditionnelles, des projets de voyages. Pour ces cas précis, sont usités les jours de la semaine, les semaines, les mois lunaires. Pour les dates historiques (événements sociaux et naturels), on recourt au *bandia*. Pour ce faire, on dit : « tel événement a eu lieu il y a tant de *bandia* ». Alors il s'agit de multiplier le nombre de bandia par 5 années pour trouver le nombre d'années nous séparant de l'événement considéré.

Mais, pour les dates historiques très lointaines, on compte le nombre de générations (une génération compte 40 ans). Il s'agit ici de multiplier le nombre de générations exprimées par 40 pour trouver le nombre d'années qui nous sépare de l'événement indiqué.

La naissance et la mort

La naissance

Dans la société, la naissance d'un enfant est un heureux événement, non seulement pour les parents, mais aussi pour l'ensemble de la communauté villageoise puisque ses entités s'enrichissent d'un nouveau membre qu'elles doivent aimer et choyer. Pour savoir si la mère est accouchée d'un garçon ou d'une fille, on pose la question suivante : « qu'avons-nous eu ? » Le plus souvent, la réponse à la question est suivie d'une petite chanson affective accompagnée de quelques pas alertes de danse. Il s'agit là, bien entendu, de la manière de manifester leur joie, de partager la joie des parents du nouveau-né.

Par ailleurs, selon la philosophie traditionnelle du pays, un enfant né est propriété commune de toute la société à la vie de laquelle il apportera sa contribution bienfaisante dont l'ampleur pourrait dépasser le cadre de la communauté villageoise, voire du Gnokholo. Alors, anxieusement, chacun se pose la question : « l'enfant sera utile, plus utile à qui » ? « A sa mère ou à son père ? » Alors, à l'occasion des cérémonies de baptême, les sages tentent de donner publiquement des réponses à ces questions en se fondant sur le vécu quotidien, sur l'expérience sociale et sur l'histoire. Ces réponses peuvent être rangées en trois groupes :
- un enfant peut être utile à ses parents et à la communauté en général : c'est le souhait idéal ;
- un enfant peut être utile à ses parents mais plus à la société, à d'autres hommes, et ce, en raison des vicissitudes de la vie sociale, de l'histoire humaine et de la nature même de l'homme ;
- un enfant peut avoir très peu d'utilité pour ses parents parce que, pour une raison ou une autre, il a été détaché et éloigné d'eux et la nouvelle société

dans laquelle il vit et qui ne l'a pas vu naître ou qui ne l'a pas enfanté bénéficie de ses qualités d'homme. Alors, pour illustrer un tel cas, on dit le proverbe « qu'il est l'ombre du rônier », signifiant qu'il est utile aux personnes éloignées.

Dans les trois cas donc, l'enfant est objectivement une propriété collective de la communauté, un nouveau membre de celle-ci qui fait son apparition et qu'il faut accueillir collectivement.

Pour cette raison, les cérémonies de baptême réunissent les sages des deux sexes du village.

L'accouchement – Ting mouta

Ce sont les vieilles femmes qui s'occupent des accouchements, des premiers bains et soins du bébé, assistent les nouvelles mères. Ayant de l'expérience dans la maternité, dans le diagnostic des maladies infantiles et connaissant les médicaments nécessaires aux soins, elles font ainsi office de spécialistes dans la maternité et dans la médecine infantile. Pour cette raison, durant toute la période d'allaitement, une mère est toujours assistée par une vieille avec qui elle partage la même case. Par ailleurs, toute nouvelle mère se doit de faire des visites aux vieilles du village à l'occasion desquelles elle leur présente son bébé et reçoit des conseils. Par la même occasion, elle apprend à connaître les maladies infantiles, les symptômes, pour identifier les arbres et les herbes dont les feuilles, les écorces ou les racines servent à les soigner.

La pierre de l'amnios – doussou kouro

Lorsqu'une femme est accouchée, l'amnios est enterré à un mètre de la porte du côté droit sous le toit de la case qui a vu l'enfant naître. Une pierre plate recouvre le trou, d'où le nom *doussou kouro* (pierre de l'amnios) qui sert de siège à la laveuse du bébé durant les deux premières semaines de sa naissance. On peut dire que chaque fils ou fille reçoit ses premiers bains du monde terrestre sur une telle pierre.

Avant l'acte de dénomination d'un enfant, c'est-à-dire le baptême, on l'appelle *kountou* (chose) ou *mountou* (être humain tout nu) C'est seulement par l'acte de dénomination, ou baptême, qu'il devient un être humain.

La soupe pour la nouvelle mère, dite touvouringho

Après l'accouchement d'une femme, elle a droit à une soupe de poulet pour refaire ses forces. A cet effet, le mari lui offre des poulets (un coq et une poule) Le respect de cette tradition constitue en même temps une marque d'affection de l'époux à l'égard de son épouse, ce qui réconforte psychologiquement la femme et stimule le sentiment de compassion entre les conjoints.

Djiba touvo

On appelle une femme nouvellement accouchée par le nom *djiba*. *Touvo* est le plat le plus populaire de la cuisine du Gnokholo appelé galette de mil ou gâteau. En somme, *djiba touvo* est le gâteau de la nouvelle mère.

La coutume veut qu'à l'occasion de l'accouchement d'une femme, le mari prenne toutes les mesures pour que, pendant les deux premiers jours, un grand repas puisse regrouper sa femme et ses camarades de classe d'âge autour de deux plats de gâteau. A ces occasions :
- un plat est servi devant la case de la nouvelle mère pour ses camarades de classe d'âge en état de grossesse ;
- un autre est servi dans sa case au centre pour ses camarades de classe d'âge non enceintes.

Le *djiba touvo*, le dîner de la nouvelle accouchée, est une sorte de dîner-débat intime entre femmes de la même classe d'âge et l'occasion de se chahuter amicalement. Alors, il est reproché à celles qui ont eu très tôt des enfants leur gourmandise sexuelle et les autres, le contraire, ainsi que celles qui tardent à sevrer leurs enfants. En fait, c'est une occasion pour elles de se taquiner gentiment et de rappeler le bon vieux temps de leur jeunesse.

Le baptême

Le baptême se dit *ding kounlio* ou *kounlio* tout court, ou encore *bondiro*. La cérémonie de baptême est simple. Elle a lieu le matin dans la cour de la maison des parents de l'enfant, au lendemain de la tombée du cordon ombilical chez certaines familles ou une semaine après l'accouchement chez d'autres. Signalons en passant que durant la période comprise entre le jour de l'accouchement et celui du baptême, le bébé ne sort pas de la case d'où il est né et les déplacements de la mère se limitent aux dimensions de la concession.

A la veille de cette cérémonie, le chef de la famille de l'heureux événement avise ses homologues du village du baptême du nouveau-né. Le lendemain matin donc, les vieilles personnes et les adultes des deux sexes se rendent sur les lieux. Les hommes amènent le kola, les femmes du savon, du coton ou du miel. La famille qui invite prépare pour la cérémonie la *binko* (boisson sucrée à base de mil), des noix de kola, des galettes de mil. Avant l'arrivée des délégations, la mère est installée au milieu de la cour sur une natte, son enfant bien enveloppé dans un pagne tout blanc, sa tête bien posée dans la paume du bras droit de sa mère. Devant elle, à une distance réglementaire, des éventails sont placés là pour recevoir les noix de kola offertes par les hommes, et également des paniers pour recevoir le mil et des calebasses pour les morceaux de savon et autres dons. Tout près de la mère, on allume un petit feu pour chauffer l'eau de bain du bébé. Les femmes s'installent d'un côté par groupes, les hommes font de même.

Lorsque les invités attendus sont là, une femme est désignée pour raser le bébé, une autre, habilitée, récupère les cheveux. Après quoi le bébé est lavé, enduit de beurre de karité, enveloppé dans son pagne et remis à sa mère. Alors, l'on fait part à l'assemblée que la première chevelure de l'enfant lui est enlevée dans de bonnes conditions. On vérifie si toutes les concessions du village sont représentées pour que le plus âgé de l'assemblée, au nom de tous, ordonne la nomination de l'enfant.

Le choix du nom de l'enfant peut être fait soit par le père, soit par la mère, soit encore par un membre de la famille, soit par un étranger ami de passage dans le village.

Dans le cas où l'enfant serait né à l'occasion d'une cérémonie traditionnelle le prénom correspondant lui est donné par le chef de la cérémonie concernée. Si l'enfant doit être nommé par un parent ou une parente quelconque, celui-ci ou celle-ci choisit deux prénoms préférés qui représentent chacun des prénoms par un bâtonnet. La personne tend à la fois les deux bâtonnets à la mère tenue dans l'ignorance du secret. Celle-ci prend un des bâtonnets. Le prénom représenté par le bâtonnet pris par la mère est donné à l'enfant. Une femme désignée donne officiellement le prénom à l'enfant en disant trois fois dans chaque oreille, à haute voix, l'onomatopée *koutou koutou krurrr* suivie du prénom. Par exemple, *koutou koutou krurrr* Mamadou Camara ou *koutou koutou krurr Sira Sadiakhou*.

Si c'est la mère qui doit donner le prénom à son bébé, elle choisit deux prénoms qu'elle confie à une autre personne chargée de trouver des bâtonnets et de les lui tendre. Elle prend un des bâtonnets tout en ignorant ce qu'il représente comme prénom. Une fois donc son choix fait, la personne qui a tendu les bâtonnets, lui dit le prénom représenté par le bâtonnet pris.

Si ce sont des jumeaux, les prénoms sont traditionnellement fixés et connus d'avance : le premier né Sina, le deuxième né Séni. Dans le cas des jumelles, la première née s'appelle Houné, la seconde née Hadama.

Mais il arrive qu'un des jumeaux soit un garçon, l'autre une fille. Dans le cas d'espèce également, la tradition a fixé d'avance les prénoms et sont connus de tous : le garçon prend le prénom Sina et la fille celui de Hadama.

Pour les femmes qui perdent leurs enfants à bas âge où qui avortent souvent, leur baptême a lieu de l'une des deux manières suivantes :
- le bébé, après être rasé, lavé, enduit de beurre de karité et enveloppé, est placé à un carrefour ou sur des ordures derrière la maison. Quelques secondes après, une femme passe le prendre et le ramène à sa mère. Alors, elle lui donne un des prénoms (à son choix) : Coutanding, Sountou, Tombon (voir tableaux) ;
- le second procédé consiste à ne pas raser l'enfant et à lui donner le prénom Hili signifiant celui qu'on a jeté ou celle qu'on a jetée. C'est un prénom commun aux deux sexes.

En revanche contre dans un baptême normal, une fois l'enfant nommé, les trois personnes plus âgées de l'assistance, successivement, présentent aux parents leurs vœux et souhaits de longue et heureuse vie au nouveau-né. Après quoi, on procède au partage des cadeaux.

Les premiers à se servir sont les grands-parents du bébé en dékhé et en noix de kola, en second lieu les cousins directs et ceux à plaisanterie du clan. Ensuite, le reste est partagé équitablement entre les personnes présentes à la cérémonie.
- La *binko* est servie à tous les membres des deux sexes de l'assistance.
- Les boules de savon et les céréales sont laissées à la nouvelle mère qui en dispose à sa guise.

Finalement, les cérémonies de baptême que nous venons de voir permettent le rapprochement des familles patronymiques et clanales du village, cimentent davantage les rapports sociaux humains qui les régissent. En effet, qu'y a-t-il de plus humain que de saluer et fêter ensemble la venue d'un nouveau-né, membre de la collectivité, et de secourir, à l'occasion, ses parents ? Ainsi, la philosophie du milieu social régissant l'avenir de l'enfant pour le définir comme une propriété sociale et collective fait, comme devoir de la collectivité villageoise, son éducation (dans le sens le plus large du mot). Cette conception ne semble-t-elle pas plus juste et plus humaine? De même, cet événement heureux qui dépasse le cadre familial pour englober celui du village est une conséquence de cette philosophie.

Les prénoms

Il existe des prénoms communs aux personnes des deux sexes, des prénoms propres aux personnes masculines et des prénoms spécifiques aux personnes du sexe féminin. Chacun d'eux a sa signification et la raison qui la fonde. Nous les présentons selon les tableaux ci-dessous.

Tableau 2 : Prénoms des quatre premiers enfants selon l'ordre de naissance et le sexe

Ordre de naissance	Garçon		Fille	
	Prénom	Signification	Prénom	Signification
1	Sara	Garcon aîné (Sarama)	Sira	Fille aînée (Sirama)
2	Tamba	La lance	Coumba	La ruche (fille nourricière)
3	Yéra		Hinda	Produit de l'esprit
4	Kali	Le juré	Sokhna	

Tableau 3 : Prénoms communs aux personnes des deux sexes

Raison fondant le prénom	Prénom	Signification du prénom
Personne née après les jumelles ou jumeaux	Sadio	Prénom obligatoire et unique pour les personnes de cette catégorie. C'est un prénom divin. Pour cette raison, les Sadio sont considérés comme des devins, des sorciers supérieurs, non jeteurs de mauvais sorts, porte-bonheur et gardiens de la société contre les sorciers et les mauvais esprits
Personnes dont les mamans perdent leurs enfants à bas âge	Karha	Qui est confié(e) dans ce cas, la mère est allée accoucher chez autrui, dans une famille amie
	Gnama	Ordure
	Tombon	Qui est ramassé (e)
	Sountoukoung	Dépôt d'ordures ménagères
	Sountou	Diminutif de Sountoukoung
	Hilihing	Objet à jeter
	Hili	Qui est jeté(e)
	Koumbouna	Chevelure
	Koumouna	Déformation de Koumbouna
Personne née à l'occasion des cérémonies du pouvoir législatif du village. Elle est baptisée par le chef de ladite organisation	Kounkoun	Chapeau par lequel le grain de mil est tenu à la grappe
	Diba	On prétend que, par la grâce du masque gankourangho, esprit bienfaiteur qui vient de la brousse, l'enfant sera investi d'un grand destin
Personne née à l'occasion de la fête de dégustation du mil appelée Gnonéné	Diala	Caïlcédrat
	Dialanding	Petit caïlcédrat
Personne née dans le mois de carême	Sounkarou	Mois de carême en malinké
Personne baptisée par un(e) esclave	Dionkounda	
Enfant de l'esprit protecteur	Kourou	Avant l'accouchement, la femme a sollicité la protection de son enfant à l'esprit protecteur, Kourou, signifie la pierre protectrice, dite kignangho

Tableau 4 : Prénoms de personnes de sexe masculin

Raison fondant le prénom	Prénom	Signification du prénom
1ᵉʳ né Jumeaux 2ᵉ né	Sina Séni	Prénoms uniques et obligatoires pour les garçons jumeaux
Un garçon né à l'occasion de la fête de dégustation du mil appelée *Gnonéné* dont le masque *sikka* est le principal animateur	Nombo ou Sounkoun	Liane (du fait que le masque sikka porte des gourdins en liane). Le garçon est baptisé par le chef de la famille détentrice du masque, vient de l'arbre sounkoungho dont le masque Sikka tient des branches dans ses mains
Prénom donné par la grande mère	Kécouta	Nouveau mari
Prénom d'enfant profondément désiré ou choyé par ses parents	Madi	Enfant choyé
Enfant né accidentellement dans un hamo de culture	Voulaba	Grande brousse
Au choix	Ansoumane	Déformation d'Ousmane (d'origine arabe)
	Bakari ou Boukari	D'origine arabe
	Bouréma ou Bourama	Différences dialectales
	Bamba ou Bambo	Différences dialectales
	Wali	
Garçon né à la suite d'une prédiction	Diéri	Déformation de Diéro signifiant prédiction
Garçon né après le décès de son père Au choix	Hako Hammadi Hamara Hammoro Honsa Mahadi, Mamadou ou Amadou Moussa	Qui est laissé derrière Qui s'est donné soi même ! Qui se garde soi même ! Déformation de Hamara Qui a le front rasé Déformation dialectale empruntée à l'arabe (Mohamed) Déformation de Moshé, libérateur et législateur d'Israel

	Souleymane ou Souleye	
	Saloum ou Salouma	Diminutif de Souleymane
Au choix	Sambou ou Samba	Différences dialectales
	Siriman	Différences dialectales
	Sinna	Différences dialectales
	Sibo	Le rêve
	Sarba	La cloche
	Talang	
Garçons nés lors d'une cérémonie de masque Loumgbangho	Yonko	Nom donné par le chef de la cérémonie dite loumbagho

Tableau 5 : Prénoms de personnes de sexe féminin

Raison fondant le prénom	Prénom	Signification du prénom
1ère née Jumelles 2e née	Houné Hadama	Prénoms uniques et obligatoires pour les jumelles
Au choix	Aminata Amina Binta ou Bintou Bankoura Diabadji Djitéba ou Diétiba	Diminutif de Aminata Différences dialectales Eau d'oignon
Fille née le vendredi	Diouma	Vendredi
Au choix	Dansira	Sira le buffle
Fille baptisée par un ou une griote	Diaalo Hanta	La griote
Fille baptisée par un ou une Peulh	Hatoumouta Hatouma	Diminutif de Hatoumouta

Au choix	Houlo	La Peulh
	Kanni	
	Koutanding	Prénom d'affection
	Kouta	Prénom d'affection
	Goundoba	Prénom d'affection
	Goundo	Diminutif de Goundoba
	Gnakhaling	Déformation de Gnékhéling signifiant semoule
	Goddi	
	Mamata	
	Matourou	Déformation de Goddo signifiant argent
	Mariha	
	Mballou	
	Malou	Déformation de Marie
	Makou	Le riz, prénom d'affection
	Makouta	Prenom d'affection
	Mariama	D'origine arabe
	Madioula	D'origine chretienne
Fille née après le décès de son père	Tounko	Qui est laissée derrière !
Au choix	Kankou	
	Ndambo	Prénom d'affection
	Noro	
	Nesso	La dorlotée
	Néning	
	Sanou	Or (forte affection)
	Tikhidanké	D'origine Diakhanké
	Tikhida	Diminutif de Tikhidanké
	Taïba	D'origine peulh
	Taï	Diminutif de Taïba
	Yayang	

De par l'explication des prénoms et les raisons qui motivent leurs formulations, nous pouvons définir le prénom comme étant la représentation en une personne d'un objet (*Nombo*), d'une chose (*lolo*) ou d'un phénomène social (*Kourou, karha*) ou naturel (*Sibo*). La désignation d'une personne par un prénom a été une nécessité afin de distinguer les membres d'une même communauté clanale (Camara) les uns des autres. Il est de plus à noter que les prénoms dans le Gnokholo traditionnel sont le reflet de l'attachement des populations à l'animisme et correspondent en fait au niveau de développement social du pays. Hier, comme aujourd'hui, ces prénoms se rencontrent partout dans les sociétés mandingues.

Cependant, il est à constater qu'il y a plus de prénoms d'origine arabe ou peulhe pour désigner les femmes. Ce phénomène résulte du fait que la famille patrilinéaire-clanale, qu'est celle du Gnokholo traditionnel, fut moins exigeante sur l'application des us et coutumes pour le sexe féminin par rapport au sexe masculin parce que l'assumation de l'héritage par les générations futures relève totalement de la filiation patrilinéaire. Cela signifie que ce sont les habitudes traditionnelles de la famille paternelle qui sont obligatoires et non celles découlant du clan maternel. Une femme est soumise à la coutume du clan de son époux. L'homme est le dépositaire et le garant de l'application et le respect de la coutume de la famille patrilinéaire clanale en général ou de la lignée paternelle tout simplement.

Les emprunts de prénoms d'origine arabe trouvent leur explication dans les relations qu'a entretenues le Mali avec les peuples arabo-berbères, ceci depuis le IXe siècle. Quant aux emprunts de prénoms à consonance peulh, ils l'ont été dans la cohabitation des deux peuples sur le territoire du Gnokholo même, dont nous avons parlé dans le chapitre consacré à l'Histoire.

L'origine des prénoms au Gnokholo renferme toute une philosophie, toute une croyance qu'il n'est pas question de développer ici. Mais nous attirons l'attention du lecteur sur l'explication que les peuples de ce territoire donnent à la naissance des jumeaux et de leur suivant immédiat (cadet). En effet, la naissance de jumeaux ou de jumelles est un phénomène craint et entouré de mystère. Les forces de la nature sont si puissantes, selon la croyance de ce peuple, que le père et la mère des jumeaux ou des jumelles tous deux survivent rarement à leur naissance. Très souvent, l'un des enfants ou un des parents meurt. En clair, les quatre personnes ne pouvaient vivre longtemps ensemble. Ces enfants sont craints, puisque même les sorciers ne peuvent rien contre eux. D'ailleurs, selon la tradition, un des parents ne meurt que lorsque les deux enfants, après un duel mystique sans merci avant leur naissance, ne se sont avérés être d'égales forces. L'enfant qui vient juste après la naissance, des jumeaux possède la somme de leur puissance, ce qui fait de lui un homme surnaturel, un Sadio ; il dépasserait même en puissance les devins que sont les jumeaux.

La mort

L'annonce d'un décès

Lorsque l'on constate l'état critique d'une personne malade, l'accès de sa case est interdit aux enfants et à certaines adultes qui ne peuvent garder leur calme. En général, quelques personnes âgées et initiées sont autorisées à y rester pour éviter un rassemblement insolite pouvant attirer l'attention et provoquer un attroupement prématuré.Par ailleurs, les personnes sachant constater la fin prochaine du malade évitent, en conséquence, de sortir du village (les chefs de famille en général).

Le rôle des personnes restées au chevet du ou de la malade consiste à le ou la soutenir dans sa lutte contre la mort et, à l'arrêt du cœur à lui fermer les yeux, à dresser le corps (les jambes jointes et tendues, les bras allongés sur le long du corps, la tête tenue droite sur le cou).

Après quoi, elles confirment le décès à la doyenne de la famille concernée. Cette dernière répond par des pleurs à tue-tête pour ainsi en informer la famille et le village. Alors, un rassemblement spontané de tout le village hormis les enfants des deux sexes non circoncis, a lieu dans la maison du décès, au milieu des pleurs et lamentations de toutes sortes des parents et amis du défunt ou de la défunte. Par la voix des sages, la nouvelle est donnée à la grande foule présente dans la cour. Si les funérailles du défunt ou de la défunte exigent la présence de parents résidant dans les villages environnants, des missions sont constituées immédiatement, de jeunes valides à la marche rapide, pour leur porter la nouvelle.

Un messager pareil, au cours de son voyage, porte à l'envers son bonnet, à défaut son boubou. Dès son arrivée dans le village, à la place publique ou dans la première maison, selon l'époque et temps, on devine de quoi il s'agit pour écarter toute manifestation d'affection ou de réception de toute nature et écouter, avec stupeur et émotion, la triste nouvelle. Dès après la livraison de celle-ci, le messager se retourne sur-le-champ. Le premier ainsi informé se presse d'en informer les autres, et en premier lieu les parents directs du défunt ou de la défunte.

L'informateur de décès peut ne pas arriver dans le village qui lui est assigné s'il rencontre quelqu'un en cours de route, ce dernier renonce à poursuivre son voyage et le relaie.

Notons qu'une femme n'assume pas de fonctions d'informatrice de décès. Si un décès intervient en période où toutes les personnes valides des deux sexes sont dans les champs, dans ce cas, on recourt à la communication conventionnelle : l'appel par le tam-tam, *tantamba*. Cet appel consiste à battre le *tantamba* (tambour major) sur le mirador de la place publique avec les mains, trois fois de suite, d'une durée de trente secondes d'intervalle chacune. Un tel appel s'adresse aux habitants des villages environnants et peut être entendu dans un rayon de dix à quinze kilomètres à la ronde selon le temps. Ce procédé ne manque jamais son but.

Une fois la nouvelle d'un décès parvenue dans un village, les hommes se réunissent aussitôt à la place publique pour envoyer à leur tour des messagers dans les villages immédiatement proches et constituer leur délégation devant aller aux funérailles. A cet effet, chaque père de famille désigne ses délégués, généralement un homme et une femme, exception faite pour les familles parentes du défunt qui envoient le plus grand nombre (deux à six délégués).

Concernant la réception de l'information d'un décès par la communication conventionnelle ou institutionnelle, les habitants des villages environnants n'ont pas à envoyer de messager dans un autre village, mais à former et à envoyer immédiatement une délégation sur le lieu du décès.

La tombe

Dès le rassemblement des gens du village dans la maison mortuaire, la longueur du corps est mesurée avec un bâton qui est remis aux jeunes chargés de creuser la tombe à l'emplacement indiqué par ses parents. Celle-ci est exécutée avec un escalier de vingt centimètres de large sur chaque côté de sa longueur pour servir d'appui aux bois transversaux constituant de support à la terre fraîche couvrant le trou, et ainsi empêcher que celle-ci ne prenne appui directement sur le corps. Ces escaliers sont exécutés à vingt-cinq centimètres environ de la surface du sol.

La largeur du trou où repose le corps se mesure sur l'écartement du sommet du pouce et du majeur de l'homme moyen, mesure appelée *sibiro*. Le *sidiro*, selon le milieu social, est l'épaisseur du corps de l'homme. Le côté de la tête est légèrement augmenté, parce que légèrement plus large que le reste du tronc. Pour cette raison, on dit au Gnokholo que là où la tête passe, il n'y a pas à s'inquiéter pour le reste du corps. Par ailleurs, pour menacer quelqu'un de mort, on lui dit qu'on va le faire passer par son sibiro (*ka tékhending a sibiroto*) La profondeur de la tombe se mesure par un homme moyen debout dans le trou jusqu'à sa ceinture.

Une fois la tombe faite selon les dimensions ci-dessus indiquées, des bois transversaux sont coupés selon la largeur du trou en sa partie supérieure, soit soixante centimètres (Sibiré = 20 cm environ; largeur des deux escaliers = 20 cm x 2 = 40 cm et 20 cm du trou, d'où 40 cm + 20 cm = 60 cm). Les manches en bois des creusoirs sont coupées en deux et rassemblées à côté.

Emplacement de la tombe

En général, il existe un cimetière commun à tout le village, juste après les limites de celui-ci. Mais il y a des exceptions. Les corps des bébés sont enterrés au pied des palissades des maisons ou dans l'enclos des familles. Les personnalités, c'est-à-dire les personnes issues d'une grande famille ou d'une grande renommée, sont enterrées dans leur propre case, sur leur propre recommandation ou non. On appelle ces morts *bounkono houré*, « mort de la case ». Il existe encore une autre pratique assez particulière consistant, pour certaines personnes ou familles, à enterrer leurs morts derrière leur concession, donc dans l'enclos familial. C'est la persistance du vieux passé de l'époque des clans où chaque clan enterrait ses morts dans son enclos familial en raison de la grande croyance de cette époque aux influences heureuses des morts sur leurs descendants vivants.

Malgré tout, quel que soit l'endroit (dans la case, au pied de la palissade, dans l'enclos familial ou dans le cimetière collectif), la tombe dans sa longueur est creusée du nord au sud, et le côté sud de la tombe constitue l'emplacement de la tête. Le choix de l'emplacement d'une tombe relève de la responsabilité des parents du disparu.

Soins du corps

Aucun corps n'est enterré sans être lavé soigneusement au préalable pour la raison que voici : on pense qu'une personne morte renaît en une autre femme, selon son propre choix, dans une autre concession familiale ou dans un autre village. L'individu faisant l'objet d'une seconde naissance peut choisir aussi son sexe. Cette nouvelle personne issue d'une personne morte qui n'aurait pas été lavée continuerait d'hériter de ses mauvaises odeurs. C'est ainsi qu'on explique le fait que certaines personnes dégagent une forte odeur caractéristique.

Pendant que les jeunes s'occupent des travaux de la tombe, les adultes lavent soigneusement le corps avec du savon, sur des planches, à l'abri des yeux, dans un endroit clos de la concession. Le corps d'une femme décédée est lavé par les femmes adultes, alors que celui d'un homme l'est par les hommes d'un certain âge. Dans tous les deux cas, l'eau de lavage est fournie par des femmes adultes. Le corps est laissé jusqu'à évaporation complète de l'eau, sans quoi son enterrement avec la moindre humidité entraînerait, dit-on en ce milieu, une épidémie de rhume dans le village. En cas d'empressement, pour une raison ou une autre, on le ventile avec des couvertures afin de hâter l'évaporation. Une fois le cadavre bien lavé et toutes les gouttes d'eau complètement évaporées, on l'enveloppe entièrement dans une couverture toute blanche, prêt à être conduit au « port le plus assuré du monde », comme le disait Montaigne.

Transport du corps à la tombe

Le corps d'un chef de famille n'est jamais conduit à la tombe tant que ses parents, hommes et femmes des environs ne sont pas encore là pour lui rendre un dernier hommage. Les parents s'inclinent devant le mort au visage découvert. Une fois ce protocole accompli, le corps est transporté à la tombe par trois à six hommes d'à peu près de même taille.

Deux méthodes sont utilisées pour le transport du corps : transport sur les bras ou transport sur un brancard fait avec des bambous ou des piquets de bois ; dans les deux cas, les transporteurs sont au nombre de six, avec trois de chaque côté (deux à la tête, deux au milieu et deux aux jambes). Ainsi, le corps est transporté et le cortège, composé de tous les hommes valides, suivi dans un vacarme de pleurs et de lamentations des femmes et parfois des hommes.

Alors se déroulent les derniers adieux des vivants à leurs disparus dans le Gnokholo d'autrefois.

L'enterrement

A l'arrivée, les hommes entourent la tombe. Le corps est placé dans le trou sur son côté droit, la face à l'est et la tête dirigée vers le sud. Ensuite, on place sur le corps quelques rameaux de figuier (soto), censé purifier le défunt comme il le faut et à tout jamais. Puis, au-dessus du trou contenant le corps, l'on place les morceaux de bois transversaux bien serrés. Selon la richesse du défunt, l'on couvre les bois transversaux avec une couverture, une natte ou des feuilles pour éviter ainsi que la terre ne passe entre les morceaux de bois et ne tombe sur le corps. Ensuite, le reste du trou est fermé avec toute la terre fraîche, formant alors une petite élévation régulière en longueur. Les manches en bois des creusoirs coupés d'avance et disposés à côté sont légèrement enfoncés dans la terre du côté de la tête. Si le corps est transporté sur un brancard, celui-ci est posé sur le monticule que constitue la tombe.

Pour mieux protéger la tombe, elle est couverte d'un secco maintenu par des pierres en ses bordures. A défaut de secco, la tombe est couverte de branches épineuses. Ainsi prend fin l'enterrement et les hommes retournent en silence à la maison; Ceux qui ont trempé dans la terre font leur toilette dans une douche de la maison avant de rejoindre la foule dans la concession du disparu. Les instruments qui ont servi à creuser la tombe sont aussi lavés.

Premier sacrifice au mort : sibayrangho (chasse-mouches)

Après l'enterrement, lorsque tout le monde a pris place, les adultes, par la voix d'un délégué, font part aux vieux de l'achèvement de l'enterrement. Après quoi, trois vieux, au nom de toute l'assistance, disent à tour de rôle des prières dans le sens que la terre soit légère au disparu, ils invitent les parents du défunt à se ressaisir, quelle que soit l'intensité de la douleur, car c'est une des conséquences de la loi de la nature contre laquelle les hommes sont faibles, qu'ils veillent davantage à l'unité des vivants de la famille et à l'éducation des enfants, au respect de la mémoire du disparu par la pratique du culte des morts. Les vieux se réjouissent de la présence spontanée de tous les habitants du village, magnifient la présence des délégations des villages frères comme la plus haute expression non seulement du respect des institutions et traditions, mais aussi et surtout en tant qu'expression de l'unité de tous les fils du pays dans le bonheur et dans le malheur. Ils réaffirment leur conviction que les fils du Gnokholo seront toujours dignes de leurs ancêtres dans la voie de l'unité pour tous et pour chacun, l'entraide, le respect des traditions et des coutumes.

Après ces paroles, on procède à la distribution des noix de kola fournies par la famille du défunt et les délégués venus aux funérailles. Ce kola est appelé *sibayranvoro*. Ces sacrifices sont faits dans le but de conjurer le mal, d'alléger les péchés du défunt. Les meilleures noix sont offertes aux jeunes qui ont creusé la tombe et aux hommes ou femmes qui ont lavé le corps. Le reste est distribué aux autres membres de l'assemblée. La cérémonie des funérailles prend ainsi fin et la foule se disperse.

Mais, s'agissant du décès d'une mère ou d'un père de famille qui a des enfants, en plus des noix de kola, une chèvre dite *sibayrang ba* (chèvre pour chasser les mouches) est immolée pour servir de condiment de repas pour les délégués venus des villages environnants.

Exemple de compte rendu de funérailles

Un délégué ou le chef de délégation aux funérailles d'un parent doit rendre compte de sa mission une fois de retour dans sa famille. Il commence souvent ses propos ainsi :

> Nous avons été au décès annoncé. Comme toujours, de pareilles nouvelles sont rarement fausses, celle-ci est vraie à son tour. En effet, tel ne vit plus. Notre solidarité dans le malheur aussi bien que dans le bonheur s'est, de nouveau, manifestée : en plus des habitants du village, d'importantes délégations sont venues de tous les villages environnants. C'est dire que notre disparu a eu du monde nombreux venu saluer une dernière fois sa mémoire. Toutes les cérémonies funéraires lui ont été faites. Et les sages ont de nouveau exalté notre solidarité spontanée qui reste encore encrée en nous. Ils ont réitéré l'appel à persister dans cette voie. Pour ce qui concerne la famille du défunt, ils ont donné de bons conseils allant de l'unité de la famille à l'éducation des enfants, sans oublier le respect dû aux parents disparus qui passent par la pratique du culte des morts.

Le compte rendu est fait devant toute la famille dans un silence complet, ponctué par des soupirs reflétant la consternation de l'auditoire. A la fin de l'exposé, chaque personne répète après le plus âgé du groupe la prière : Que la terre lui soit légère !

Toundjikho

Une pratique consiste à ouvrir et à refermer chaque tombe de toute personne âgée de vingt ans ou plus. Elle a lieu un an après le décès. A l'occasion, les parents ouvrent la tombe pour constater les restes du corps. Ensuite, ils la referment en la comblant complètement de terre jusqu'au niveau du sol. Pour reconnaître l'emplacement, on y dresse quelques pierres que l'on arrose avec de la bière sucrée de mil ou avec du dolo, bière de mil, comme offrande à la personne morte. Le reste de la boisson est bu par les membres de la famille présents à la cérémonie. Généralement, cette cérémonie se déroule en présence de la famille de la mère et des tantes du défunt. La tombe du chef de famille est ouverte en présence de tous ses enfants adultes et de ses femmes qui assistent à la cérémonie à distance. Les femmes ne sont donc pas autorisées à constater le reste du corps au fond de la tombe.

Le but de la cérémonie est de combler le souterrain où repose le corps, de niveler la tombe pour effacer le souvenir du disparu qui resterait plus vivace si la tombe garde toujours sa forme et qui pourrait motiver des inclinations de remords à l'endroit du disparu.

Il arrive qu'au cours de ces opérations l'on ne trouve aucune trace du corps et du linceul, ni même d'os, après une minutieuse inspection du fond de la tombe. Pour tenter d'expliquer ce phénomène, naquit l'idée populaire de la sortie de morts, après être insufflés de nouveau de leur vie, le troisième jour de leur enterrement. Dans un pareil cas, on dit que la personne enterrée serait ressuscitée et sortie de sa tombe sous forme d'air par un petit trou rond d'un diamètre d'un pouce du côté de la tête. Une fois entièrement au dehors, cet air prenait la forme physique antérieure de la personne morte qui se revêtirait de l'unique drap blanc qui lui a servi de linceul et elle s'en irait dans une région lointaine où elle continuerait à vivre à l'insu de ses parents. Si, par hasard, un parent la découvrait, elle disparaît tout d'un coup sans laisser de traces. Il va sans dire que cette découverte et son explication que voilà renforcent davantage l'idée de l'existence « d'une société parallèle des morts » et la croyance au culte des morts. On a développé ainsi un mythe autour de l'existence des esprits (*djinné*), aux personnes surnaturelles, et aux fétiches, avec leurs corollaires de superstition de toutes sortes.

Nous n'avons jamais été témoin de la sortie d'un mort de sa tombe, mais nous croyons fermement au fait qu'on trouve des tombes sans aucune trace du mort parce que des personnes de confiance, en l'occurrence des camarades de classe d'âge, de vieux amis nous ont conté à plusieurs reprises de tels cas, mais également parce que l'inexistence des restes de corps d'un mort est possible.

En effet, la disparition complète des os et du linceul pourrait s'expliquer par la composition des roches où la tombe a été creusée. Si ces roches sont riches en acide, comme cela peut arriver, il va de soi sans que les os et le linceul se trouveraient dissous après la décomposition du corps. Ou alors, le cadavre serait enlevé avec son linceul par des personnes pour aller le manger ailleurs ou en faire un autre usage.

Quant au petit trou dont nous faisons cas, nous en avons vu de nos propres yeux, mais son emplacement varie souvent. Pour ce dernier cas, il est possible que la décomposition du corps à l'intérieur du souterrain dégage des gaz qui, soumis à une certaine pression, arrivent à se frayer une issue pour s'échapper. Ce phénomène d'échappement de gaz s'appelle *houréhouyo*.

On cite parfois des noms de personnes revenues à la vie, mais on n'a jamais de preuve. Des personnes correspondant à une telle renommée ont la particularité d'être étrangères dans la zone et à leur arrivée dans un village, elles sont vêtues d'un seul pagne blanc. On ne sait d'où elles viennent exactement, cela parce qu'elles évitent les questions indiscrètes. Ces personnes sont généralement dépositaires de pharmacopée, des prédicatrices pratiquant la divination. Mais il nous semble qu'elles doivent être des personnes qui, pour une raison ou une autre, ont été bannies et chassées de leur société d'origine et sont allées très loin où elles ne peuvent pas être repérées par ceux qui les connaissent.

Croyances et cultes

La religion au Gnokholo traditionnel est l'animisme, croyance qui attribue une âme à tous les phénomènes naturels et sociaux. Elle est populaire, se pratique à tous les niveaux de la société : individuel, familial, villageois. Ainsi, tous les phénomènes naturels, toutes les entreprises de l'homme, tous les événements de la vie sociale s'expliquent par l'intervention des forces surnaturelles. Le désir de gagner leurs faveurs et leur protection s'exprime par des pratiques magiques ou, en d'autres termes, dans la coutume des sacrifices et d'incantations.

Ainsi, le Gnokholonkais croit aux « esprits », aux « génies », aux « forces invisibles » qui gouvernent l'univers. Alors, il adopte, dans son environnement social et naturel, des divinités auxquelles il consacre toute sa vie durant, depuis son adolescence, des cultes y afférents pour bénéficier de leurs faveurs et de leur protection. Chaque adulte, chaque famille, chaque village a ses croyances et cultes, comme ci-dessous rapportées.

Culte des parents

Selon la philosophie orale et populaire du Gnokholo, tout ce qu'un homme possède et peut posséder en termes de biens matériels, de qualités morales et de sociabilité, il le doit à ses parents vivants ou morts (père et mère, oncles et tantes, grands frères et grandes sœurs), c'est-à-dire à leurs bénédictions dites doukha. Car, chez les Malinkés en général et plus particulièrement au Gnokholo, la malédiction danka d'une des personnes parentes, ci-dessus mentionnées, peut rendre malheureuse momentanément ou éternellement la personne concernée. On peut dire que les parents sont divinisés.

Une personne sous la malédiction de ses parents réussit rarement dans ses entreprises. On dit alors qu'elle est maudite par ses parents ou à leur malédiction. Mais la malédiction la plus redoutable est celle de la sœur de son père appelée *binki danka*, puis vient celle du père et de la mère suivie de celle de l'oncle, du grand frère et de la grande sœur.

Obéissance, respect et honneur se traduisant par le bonjour matinal quotidien, l'accomplissement diligent et correct du service demandé, des cadeaux de surprises ou cadeaux d'affection en tant qu'expression matérielle du devoir et de l'amour envers ses parents, d'une part, et comme symbole de sa soumission à leur égard, d'autre part.

Un manquement involontaire ou non à ces règles entraîne le courroux du parent concerné ou de la parente concernée. Alors, celui-ci ou celle-ci maudit de l'une des manières suivantes, selon le cas :

- **pour un père :**

    A moins que tu ne sois pas mon fils, ou (ma fille) !
    A moins que je n'aie pas doté ta mère !
    A moins que j'aie offensé, un seul jour, les miens (père et mère) !
    Sinon, au regard des lois qui régissent les rapports entre père et fils, (fille),
    Que la malédiction tombe sur toi !

- **pour une mère :**

    A moins que je ne sois pas ta mère, celle qui t'a mise au monde !
    A moins que je ne t'aie pas portée durant neuf lunes dans mon ventre !

A moins que je ne sois pas fatiguée pour te mettre au monde !

A moins que je ne me fusse pas soumise à ton père comme une épouse le doit à son mari !

A moins qu'un seul jour, j'aie offensé les miens !

Sinon, au regard des lois qui régissent les rapports entre mère et fils (fille),

Que la malédiction s'abatte sur toi !

- **pour un oncle :**

    A moins que je ne sois pas le frère de ton père, (ou de ta mère) !

    A moins que tu ne sois pas le fils, (la fille) de mon frère ou (de ma sœur) !

    A moins qu'un seul jour, je me fusse rendu coupable d'un manquement quelconque à un oncle ou à une tante !

    Sinon, au regard des principes qui régissent nos rapports,

    Que la malédiction te frappe !

- **pour une tante :**

    A moins que je ne sois pas la sœur de ton père, (ou de ta mère) !

    A moins que tu ne sois pas le fils, (la fille) de ma sœur, (mon frère) !

    A moins que pour ces raisons tu ne sois pas mon fils, (ma fille) !

    A moins qu'une seule fois j'aie manqué une à tante ou à un oncle !

    Sinon, au regard des règles immuables qui régissent nos rapports,

    Que la malédiction tombe sur toi !

- **pour un grand frère ou une grande sœur :**

    A moins que je ne sois pas ton grand frère ou (ta grande sœur) à qui tu dois obéissance, respect et honneur !

    A moins que j'aie porté une seule fois atteinte à ces règles à l'égard d'un grand frère ou d'une grande sœur !

    Sinon, au regard de ces règles léguées par nos ancêtres,

    Que la malédiction soit ton cadeau !

Si un tel incident a lieu avec un parent ou une parente, l'on se doit, dans l'immédiat ou dans un avenir proche, d'apaiser son courroux par une autocritique suivie d'un don symbolique pouvant être des noix de cola, un poulet, de l'étoffe ou du tabac. Dès lors, le parent ou la parente se trouve réinstallé dans son honneur, sa dignité et son droit immuables. Alors, la malédiction est considérée comme effacée d'elle-même. Mais les principes exigent que le parent ou la parente sanctionne la fin de l'incident par une déclaration publique dont les grandes lignes sont les suivantes:

Je suis heureux ou heureuse que mon fils ou ma fille, mon petit frère ou ma petite sœur ait reconnu sa faute et veuille se réhabiliter. Cela me suffit et je considère la faute comme n'ayant jamais existé. Je renie tout ce que j'ai souhaité comme malédiction sous le coup de la colère et je le ou la pardonne pour toujours.

Après quoi, les parents présents, à tour de rôle, expriment leur joie du dénouement heureux de l'incident, rappellent les principes régissant les rapports parentaux, réaffirment les liens de parenté entre les « ennemis » d'hier, conseillent le fautif (ou la fautive) de ne plus jamais répéter la faute commise.

Ensuite, s'il y a eu don symbolique, il est remis au parent sollicité (ou à la parente sollicitée) qui le reçoit avec les deux mains tendues et jointes ; il (ou elle) se sert et remet le reste à l'assistance qui se le partage. Et la séance de réconciliation prend fin. C'est sur la base du respect de ces rapports parentaux que chaque personne des deux sexes envisage son avenir. Ainsi, à chacune de ces entreprises, elle commence par cette prière dite à haute voix ou non :

> En tel beau jour !
> Avec la bénédiction de mes parents, dans la dignité et dans la parenté,
> Je commence telle entreprise !
> Et, je souhaite qu'elle soit porteuse de bonheur et de prospérité !
> Et, je souhaite qu'elle soit garante de la consolidation de la parenté !
> Et, je souhaite qu'elle soit porteuse de richesse !
> Et, je souhaite qu'elle soit à l'origine d'unions fécondes avec de nobles femmes !
> Et, je souhaite qu'elle soit porteuse de prospérité dans la famille !
> Et, je souhaite qu'elle soit porteuse de longévité pour les membres de la famille !
> A moins qu'une seule fois, de jour comme de nuit, j'aie manqué de respect à mon père, que je lui aie désobéi ou l'aie déshonoré.
> A moins qu'une seule fois, de jour comme de nuit, j'aie manqué de respect à ma mère, que je lui aie désobéi ou l'aie déshonoré.
> A moins qu'une seule fois, de jour comme de nuit, j'aie manqué de respect, d'obéissance et d'honneur à mes oncles ;
> A moins qu'une seule fois, de jour comme de nuit, j'aie manqué de respect, d'obéissance et d'honneur à mes parents frères et grandes sœurs ;
> Sinon, j'ai leurs bénédictions de jour comme de nuit.
> Avec la bénédiction de mon père,
> Avec la bénédiction de ma mère,
> Avec la bénédiction de mes oncles,
> Avec la bénédiction de mes tantes,
> Avec la bénédiction de mes grands frères et grandes sœurs,
> Que tous mes vœux soient exaucés !
> Avec la bénédiction de mes parents,
> Partout où je serai, jamais je n'occuperai la dernière place,
> Partout où je serai, jamais je n'aurai honte,
> Partout où je serai, j'aurai toujours la tête haute,
> Que les parents, vivants ou morts, soient vénérés !

Comme nous le voyons, les parents, dans la société du Gnokholo traditionnel, constituent des divinités naturelles à qui nous devons vénération durant toute notre vie. A la mort des parents, cette vénération se poursuit sous de nouvelles formes que nous verrons dans les lignes qui vont suivre.

Selon la société du Gnokholo, la communauté des morts est organisée comme celle des vivants. Les morts reviennent dans le monde des vivants par le système de la réincarnation en une femme. On prétend que le mort se fonde sur l'expérience de sa dernière vie sur terre pour faire le choix de son sexe, de sa mère et de la famille où il va naître.

Les morts ont la peau blanchâtre (pour cette raison, les Européens sont considérés comme des revenants), avec de longs cheveux abondants et une voix nasillarde. Physiquement, ils ressemblent aux personnes.

Par ailleurs, les morts sont considérés comme détenteurs de l'ordre social : chefs véritables, gardiens des coutumes, ils veillent sur la conduite de leurs descendants qu'ils récompensent ou punissent selon que ceux-ci respectent ou non les traditions, les cultes. Leur non observation entraîne la colère des ancêtres qui se manifeste par des calamités diverses : maladies, mauvaises récoltes, stérilité des femmes et des troupeaux, et. Pour les calmer et obtenir leur grâce, ils leur font des offrandes ou sacrifices.

Ainsi se règlent les relations dans les familles. Tous reconnaissent ces règles. Le conformisme est total : la cohésion, l'ordre, la participation à la vie de la communauté familiale et à ses cérémonies, une certaine égalité des conditions matérielles. Le respect de chacun et de tous est ainsi assuré sans difficultés par l'influence des puissances supérieures, toujours attentives et dont la sagesse exprime la conformité de l'homme à l'ordre même des choses.

Ainsi donc, dans la société du Gnokholo traditionnel, les morts ont leurs autels familiaux. Les patriarches des familles ont la charge des autels, celle d'assurer les offrandes et sacrifices à l'occasion desquels des repas de communions ont lieu unissant vivants et morts.

A cet effet, chaque père de famille représente matériellement ses morts par des pierres dites *houré kouro* (pierre des morts). Il les dresse, groupées contre le mur de la case à l'extérieur du côté droit de la porte d'entrée, à 50 cm environ de celle-ci (voir photo ci-dessous) Il se doit de les arroser périodiquement ou annuellement, selon ses moyens et les circonstances, de la boisson *binco* ou du I, de sang de poulet ou de chèvre à l'intention de ses morts. *Houré so* ou *houré dialangho* se déroule, selon les cas, comme suit :

- *Houré sô binko ou dolo* : don de *binko* ou de *dolo* aux morts : la boisson est mise dans deux à quatre petites jarres en terre cuite d'un à quatre litres de contenance placées côte à côte près de l'autel des morts (*houré kouro*). Le chef de famille verse une partie du contenu de l'une des petites jarres dans une calebasse à queue dite *houré sô-kalama* ou *houré dialang kalama* pour procéder ensuite à la présentation, aux demandes et promesses. Pendant ce temps, les autres membres de la famille, à la fin de chacune de ses phrases, appliquent un jet prompt du liquide sur les pierres… Une fois terminées la présentation, les doléances et les promesses, il remplit à trois reprises sa bouche de la boisson qu'il crache trois fois de suite et boit le reste du contenu du *houré sô kalama*. Alors, le silence se rompt et les membres de la famille se mettent à boire à leur tour.

- *Houré so sissé*, don de poulet aux morts : En général, il s'agit d'une paire de poulets (un coq et une poule). Avant d'être égorgés, les deux poulets sont tenus ensemble par leurs pattes, par le chef de famille, les poitrines légèrement frottées, de haut en bas et de bas en haut, contre les pierres aux morts. Ce mouvement est ponctué à haute voix par la présentation des poulets aux morts, de demandes de leur clémence et de leurs bénédictions, pour de bonnes récoltes, la santé, la prospérité, la fécondité des femmes et du troupeau, etc., d'engagement répété de la part du chef de famille de rester fidèle aux traditions et coutumes léguées par les anciens. Ici, également, les autres membres de la famille observent un silence complet. Puis, il égorge les poulets sur l'autel et l'arrose immédiatement avec le sang coulé. La partie importante de la cérémonie est ainsi terminée et les membres de la famille vaquent à leurs occupations. Un dîner copieux, fait avec les poulets, réunit le soir toute la famille pour se régaler en souvenir de leurs disparus.
- *Houré sô bâ* : don de chèvre aux morts : La chèvre est tenue à l'aide d'une corde par le père de la famille au milieu de la cour de la concession. Tous les membres de la famille, grands et petits, hommes et femmes sont dehors, assis ou accroupis à côté, les bras joints et tendus vers l'animal. Alors, à haute voix, le père de famille présente la chèvre aux morts, sollicite leurs bénédictions, pour le bonheur, la prospérité, la fécondité des femmes, etc., réaffirme sa volonté de tout faire pour être digne d'assumer la mission en observant strictement les traditions et coutumes léguées, implore leur bonté pour qu'ils acceptent l'offre. Ici comme ailleurs, chaque phrase du père de famille est marquée par une pause de quelques secondes pour permettre à l'assistance d'intercaler leurs approbations en disant « amine ». Puis, avec l'aide de deux autres membres de la famille, la chèvre est étendue sur toute sa longueur et égorgée par le chef de famille lui-même. Ce dernier recueille une partie du sang dans une *dialankalama* pour le verser sur les pierres des morts. Après quoi, les membres de la famille se dispersent pour vaquer à leurs activités. Le soir, un grand dîner, fait avec la viande de la chèvre réunit les membres de la famille et les chefs de famille du village sont spécialement invités à venir manger en l'honneur des morts de la famille intéressée… Après le repas, les pères de famille, invités par la voix des trois plus âgés, remercient et félicitent la famille hôte en la personne de son chef d'être dans les traditions et coutumes léguées par les ancêtres, et par-là de leur

être dignes, souhaitent que ceux qui ne sont plus soient sensibles à cette offre et les assurent de leurs bénédictions pour le bonheur et la prospérité de tous et de chacun, rappellent et conseillent à tous les présents en la circonstance de poursuivre ce bel exemple vis-à-vis des ancêtres morts à qui les villageois doivent tout dans ce monde. Ensuite, pour le reste du temps, les invités, autour de l'hôte, continuent à disserter sur le passé, le présent et le futur.

Mais, en la circonstance, le passé occupe la plus grande place. C'est l'occasion pour chacun d'eux de faire revivre son père, sa mère, les personnalités qui ont jadis marqué le village en évoquant les belles pages de leur vie, les idéaux dont ils ont été l'incarnation, les règles de sagesse qu'ils ont enseignées, incarnées et, somme toute, leurs marques à l'histoire de la collectivité. Comme nous le voyons, c'est une véritable fête des morts, une communion avec eux. Ce jour-là, tout le monde est présent : morts et vivants.

- *Houré sô dékhé* : don de boules de couscous aux morts : Une autre pratique du culte des ancêtres morts consiste à ce que chaque père de famille, après chaque récolte de maïs et de mil, fasse du *dékhé* à l'intention de ses parents disparus. *Dékhé* est une sorte de couscous spécialement fait avec de la farine de maïs ou de mil modelé en boules à la main, sucré ou salé selon les moyens. La cérémonie a lieu dans la cour de la concession, le soir, un peu avant le coucher du soleil, en présence de tous ou de la majorité des membres de la famille. Les boules de *dékhé* sont placées sur deux ou six éventails juxtaposés par les soins du père de famille lui-même. Un éventail placé au centre sur lequel une plus grosse boule de *dékhé* tient le milieu, symbolise le père disparu. Cette boule est appelée *mamakoungho*. ec qui signifie « tête des grands-parents ». Une fois ces préparatifs terminés, les membres présents s'installent en formant un cercle autour des éventails et leurs charges, assis ou à genoux, les deux bras tendus dans leur direction. Puis, à haute voix, le père de famille présente les boules de *dékhé* aux ancêtres disparus, collectivement d'abord et ensuite individuellement, en les désignant par leurs noms et en expliquant que ceci est leur part de la récolte ; il demande enfin leurs bénédictions pour une longue vie, mais également la santé, le bonheur et que la prospérité dans la famille, la fécondité des femmes et du troupeau et la cohésion familiale règnent. Il promet de ne jamais les oublier et leur assure de sa fidélité aux coutumes et traditions de la lignée. Chaque phrase est ponctuée par des « Amine » de l'assemblée. Après quoi, le chef de famille pince à trois reprises avec ses doigts dans les boules de l'éventail central pour les jeter aux quatre points cardinaux. Alors, ses enfants se servent les premiers en commençant par la plus grosse boule dite *mama koungho*. Puis, les autres membres de la famille se servent. Et la cérémonie prend fin.

Précisons que les cérémonies d'offrande aux morts ont lieu seulement les jeudis et les dimanches, considérés comme des jours fastes.

- *Makhamakharo* ou *djibon houreyin* : si, pour une raison quelconque, on ne peut offrir ni binko, ni poulet, ni chèvre aux ancêtres disparus et que, malgré tout, la nécessité l'impose, on leur propose une offrande d'attente appelée *makhamakharo*. Cette opération consiste à verser de l'eau mélangée à de la farine de mil ou de maïs sur les pierres des morts. C'est une manière de dire aux ancêtres que nous ne les avons pas oubliés, nous sommes seulement contraints par des circonstances indépendantes de notre volonté.

Des jours de la semaine sont préétablis pour les dons aux morts. Ce sont lundi, mardi, jeudi et vendredi, ces jours sont aussi retenus pour débuter les activités humaines au plan social comme au plan individuel. L'autel aux morts constitué de pierres représente la statue des disparus de la lignée à l'exemple des statues modernes érigées par les sociétés et Etats de notre époque pour immortaliser leurs héros et personnalités sociales où on se rend périodiquement pour les commémorer et par delà ce rituel, inculquer aux générations présentes leurs qualités et leurs idéaux.

Photo 3 : Pierres des morts (*houré kouro*) dréssées sur le mur de la case du chef de famille à l'entrée de la porte du côté droit

Source : Sadio Camara, photo dans une maison à Bantata le 12 Avril 1990.

Quant aux cérémonies de culte aux morts, elles constituent des occasions pour se rappeler ensemble les disparus et trouver auprès d'eux un soutien dans les activités et les projets. Elles constituent, en outre, des manifestations de sympathie et de reconnaissance, éprouvées des vivants à l'égard des morts. Elles forment aussi la base de la vie religieuse dans la société du Gnokholo traditionnel, à l'instar de celle de toute autre religion.

Cultes des forces de la nature

Les rêves ont engendré la croyance aux esprits, aux objets (arbres, pierres) et, du coup, des cultes aux forces de la nature. Nous exposons ici les détails de ces cultes pour mieux les faire connaître.

Sollicitation de l'accord des esprits pour défricher un champ

Dans la société traditionnelle du Gnokholo, la terre est la propriété des esprits supérieurs *gnamandingholou et djinnélou*. Pour cette raison, nul ne peut défricher un champ sans au préalable solliciter et obtenir leur accord. La demande consiste à placer, au pied d'un grand arbre de l'endroit choisi, une boule de farine de mil accompagnée de la formule de sollicitation d'autorisation des esprits du lieu. Cette formule se dit à haute voix et est la suivante :

Kari kounda gnamanding bâlou
(Les grands diables de tel lieu)
Kari kounda gnamanding bétolou
(Les bons diables de tel lieu)
Nnata nkarihaloula
(Je viens me confier à vous)
Soutomou, tilitomou
(De jour comme de nuit)
Oyola bankouba boulangnin
(Accordez-moi votre noble terre)
Nna dimbaya dagnining kangho kanmala
(Afin de pouvoir nourrir ma famille)
Karikounda gnamandingholou
(Les diables de tel lieu)
Nbe Karaharing aloula
(Je viens me confier à vous).

Après quoi, le solliciteur rebrousse chemin pour y revenir quelques jours après. Alors, s'il trouve la boule de farine de mil cassée ou qu'elle a disparu, c'est le signe que la demande est acceptée ; dans le cas contraire, elle ne l'est pas et il y renonce.

Ce dernier cas est considéré comme le signe de la présence d'un *djinné* sur le lieu ou que c'est la propriété d'un *djinné* considéré comme difficile, qui cherche toujours à faire du mal. Alors, le solliciteur peut tenter de le faire chasser du lieu en y semant des graines rouges du hantaa dont il aurait peur en raison de leur couleur. Si à la prochaine visite, le défricheur trouve les graines déterrées, alors c'est le signe de la persistance du refus du *djinné* et il abandonne son projet une fois pour toutes.

Pour mieux comprendre le sens réel de cette pratique traditionnelle au Gnokholo, il convient d'apprécier l'inter-relation qui existe entre la nature et ces hommes. En effet, elle est la conséquence logique de la forte domination de la nature sur les hommes du Gnokholo, caractéristique propre aux sociétés primitives.

Gnamanding sô (don aux esprits dits gnamandingho)

Lors des travaux champêtres, du nettoyage des champs aux récoltes, en passant par le labour, les repas de la journée se prennent sur les lieux de travail. A ces occasions, chaque père de famille se doit d'offrir aux *gnamandingho* de son champ sa première poignée de repas qu'il dépose sur une feuille fraîche ou sèche ou sur une pierre plate. De même, à l'occasion des travaux champêtres s'effectuant dans la bière de mil ou de l'hydromel, il en verse au préalable quelques gouttes sur une pierre ou une souche à l'intention des esprits (*gnamandingho*) des lieux. Dans les deux cas, l'offre est accompagnée de la formule suivante :

> Les honorables diables de tel lieu,
>
> Voici votre part,
>
> Que ce soit pour moi une bonne période de culture,
>
> Dans la santé et la prospérité
>
> Que ce soit pour moi, une récolte abondante
>
> Qui pourra servir à doter de nobles femmes et servir à organiser des cérémonies de baptêmes,
>
> Les honorables diables de tel lieu,
>
> Voici votre part.

Ainsi, l'on croit faire un banquet aux esprits de son champ et l'on espère d'avance bénéficier de leur bonne grâce en vue de bonnes récoltes, du bonheur et de la prospérité dans sa famille.

Le *dialangho* est une force surnaturelle qui se loge dans un arbre appelé diala (caïlcédrat), d'où le nom. Le *dialangho* est une divinité familiale. Autrement dit, chaque famille se doit de faire des sacrifices à son *dialangho*, un lieu de culte derrière le village constitué de pierres dressées au pied d'un caïlcédrat – *diala* ou figuier – soto, une poule blanche et un coq rouge, voire un bouc selon les moyens.

La volaille blanche et rouge représente toutes les variétés d'être humaines ; le bouc est le symbole de la virilité et de la fécondité deux petites jarres de bière de mil sucrée.

Le père de famille dirige la cérémonie en présentant les offrandes au *dialangho* et en sollicitant ses faveurs pour la santé et la prospérité dans la famille, la fécondité des femmes et du troupeau, la protection de la famille contre le mal. Après ça, il verse, à l'aide d'une petite calebasse à queue servant de pot des gouttes de la bière de mil sucrée au pied de l'arbre sur des pierres servant d'autel et immoler les deux poulets ou le bouc. Ensuite, les poulets déplumés, le bouc dépecé sur place, le chef de famille les ouvre et examine les cœurs et les foies pour savoir si les sacrifices sont acceptés ou non par le *dialangho* : les cœurs complètement vides de sang et les foies propres avec leur couleur naturelle sont considérés comme les signes de l'acceptation des sacrifices par le dialangho et, partant, les doléances exprimées sont exaucées. Il en est de même si les feuilles et les branches de l'arbre *dialangho* s'agitent ou bougent. La bière de mil sucrée est bue sur place par les membres de la famille présents. Les corps des poulets et du bouc sont emportés à la maison pour servir de condiment au couscous du soir comme dîner.

Kira Tamba est le génie protecteur du village. Il réside dans un rocher, loin des habitations. Son culte est pratiqué par chaque village du Gnokholo, exception faite de *Bantata* et de *Magnankanti* qui, eux, comme nous le verrons un peu plus loin, ont en charge les génies protecteurs de toute la province.

Les cérémonies de culte de *Kira Tamba* sont dirigées par le patriarche de la famille fondatrice du village. On y sacrifie un coq rouge à faire griller et consommer sur place par les plus jeunes des adultes. La bière de mil, abondante à l'occasion est servie et bue ensemble par les anciens et adultes du village durant toute la durée. Cette libation est ponctuée de détonations de fusils.

Le Kignangho est aussi une force surnaturelle, mais qui se loge dans une grande masse de pierre ou une pierre mégalithique. Le *Kignangho* est le génie protecteur de tout le Gnokholo contre les calamités naturelles et sociales comme la sécheresse, les épidémies, les agressions extérieures. A l'approche de chaque hivernage, anciens et adultes du village y immolent un taureau ou des chèvres.

Photo 4 : Vue du fétiche du village de Magnankanti, à 300 m du côté est.

Source : Sadio Camara – Le fétiche se dit *Kignangho* ou *Dialangho,* photo prise le 13 mai 2002.

A notre connaissance, le culte du Kignangho a lieu seulement dans deux villages : Bantata et Magnankanti.

A Bantata, c'est une masse de pierre dressée au flanc d'une colline surplombée par de grands arbres touffus, à deux kilomètres environ du village. Il y est encore visible de nos jours.

A Magnankanti, c'est une pierre taillée plantée au pied d'un arbre qui aussi est également visible de nos jours (Voir photos).

A Bantata comme à Magnankanti, la famille fondatrice du village a la charge de l'entretien du *kignangho* et le patriarche dirige la cérémonie du culte. Celle-ci a lieu à date fixe après les récoltes : on y sacrifie des taureaux et des outres de bière de mil. La viande et la boisson sont consommées sur place par les seuls anciens et adultes du village.

Culte de la chasse

Les hommes du Gnokholo traditionnel voient en tout animal un esprit gardien gnama que le chasseur se doit de dompter au moyen de fétiches et libations pour pouvoir le découvrir, l'approcher et l'abattre.

En outre, certains animaux sont considérés comme ayant un pouvoir magique pour donner des maladies mortelles à ceux qui les tueraient. Il s'agit surtout du gros gibier comme l'éléphant, le buffle, le buval, l'antilope, etc. et certains petits animaux de conduite capricieuse, à l'instar de la biche dite *kountandingho*, autour du nom de laquelle des fables et légendes de chasseurs abondent, font état, entre autres exemples, de son pouvoir de se volatiliser à la vue d'un chasseur, de se gonfler pour que la balle ricoche sur son corps, de pousser une grosse hernie double ou triple du volume de son corps, etc.

Ainsi, les cultes de la chasse se rangent en deux catégories : les cultes de fétiches et libations servent à prévenir et à soigner les maladies supposées être inoculées par des animaux. Les fétiches de la chasse sont assez nombreux et leur qualité dépend généralement de leur grandeur et de leur grosseur. En voici les principaux dans l'ordre qualitatif croissant :

- *le doussou nombo i danna nombo* est une bourre d'écorces, de poils et de crottes d'animaux (généralement des fauves) dans un morceau de bande d'étoffe pour celle qui s'attache sur la crosse du fusil et dans une bande entière d'étoffe pour celle que le chasseur porte autour de ses reins. Ainsi, il y a deux sortes de doussou nombo : celle pour la crosse du fusil est entièrement nue, ornée ou non de cauris ; celle servant de ceinture à porter a soit un nœud en son milieu, soit trois nœuds à égales distances surmontés chacun de trois cauris cousus en étoile ;
- *le doussou kodé* ou *danna kodé* est un fétiche fait avec un coquillage de mer appelé kodé, bourré aussi d'écorces, de poils et de crottes d'animaux

choisis. Cette bourre se maintient par la cire dans laquelle se tiennent à moitié des graines rouges d'un arbuste du pays dit tégné. Le coquillage ainsi confectionné se porte grâce à une ficelle en bandoulière ou à la ceinture ;
- *le doussouké bina* ou *dannaké bina* se fabrique avec la corne d'une biche. Celle-ci est bourrée comme les deux premiers fétiches ci-dessus rapportés. Mais ici, la bourre se maintient par la couture d'un morceau d'étoffe sur la moitié de la corne du côté de son ouverture et sur lequel morceau d'étoffe, sont fixés, en son centre, en étoile ou en croix, des cauris. A l'autre bout de la corne, on pratique un trou par lequel passe une ficelle pour la fixer à la ceinture ;
- *le diouloudingho* est une espèce de doussouké nombo avec les caractéristiques suivantes : plus grand avec les nœuds décorés de cauris et portant entre les nœuds des grappes de ficelles en cuir. Il se porte en bandoulière ;
- pour le dioulouding kémé : il s'agit de deux diouloudingho, kémé signifiant le collier à la centaine de ficelles en cuir.

Les libations

Les libations visent à enlever les charges de maléfices jetées sur le chasseur, maléfices considérés comme étant les causes des chasses bredouilles. Ce sont :
- *Sito* : maléfice jeté sur le chasseur par un animal abattu ou par un sorcier quelconque. Le chasseur rencontre rarement le gibier, s'il le voit, il vise et le rate ou le blesse. Tous ces phénomènes malheureux du chasseur s'expliquent généralement par ce maléfice signifiant qu'il est « attaché ».
- *Koudio* : ce maléfice se contracte à cause de la bonderie d'une personne quelconque et, pour une raison quelconque, de la viande d'un animal abattu par le chasseur, généralement celle de la dernière chasse. La manifestation de ce maléfice pour le chasseur consiste à blesser les animaux visés et qui arrivent toujours à se sauver.

Les maléfices *sito* et *koudio* peuvent être annulés au moyen d'une libation dite *toukhou toukho* que seuls les vieux maîtres chasseurs ont le secret du récit catalyseur du pouvoir magique.

La *toukhou-toukho* est une tisane froide faite avec des feuilles fraîches de deux plantes appelées respectivement *kalakato* et *dioungho*, cueillies à quantités égales (une poignée de branches de chacune d'elles). L'ensemble des feuilles ont pour appellation *toukhou toukhou diamba* (feuille pour *toukhoutoukhou*). Celui qui la fait s'appelle *toukhou toukhou kéla*. La tisane se prépare dans une calebasse n'ayant jamais servi à l'usage humain et a pour nom t*oukhou toukhou héringho*.

Pour préparer la tisane, le *toukhou toukhou kéla*, assis à même le sol, place entre ses pieds le *toukhou toukhou héringho* contenant un à deux quarts de litres d'eau ordinaire. Alors, il arrache et jette dans la calebasse, à quantités égales, les deux variétés de feuilles et de leurs branches. Puis, avec les deux mains, il les brasse, en accompagnant son mouvement, à voix basse, du récit secret tout en les aspergeant de fins crachats jusqu'à l'obtention d'une tisane mousseuse. L'opération dure cinq à dix minutes.

La tisane *toukhou toukho* s'interprète comme suit :
- rapidité de la formation d'une mousse abondante : signe d'une chasse fructueuse dans un délai de quarante huit heures au maximum ;
- formation tardive d'une mousse abondante : bonne chasse dans un délai d'une à deux semaines ;
- mousse non abondante de la tisane : signe de la persistance du maléfice dans un délai relativement long. Dans ce cas, l'opération est à reprendre dans l'intervalle d'un ou de deux jours jusqu'à l'obtention de la mousse abondante.

Dans les trois cas, la tisane est toujours utilisée par le chasseur concerné de la manière suivante : il en prend trois petites gorgées et fait des ablutions avec le reste sur son fusil posé au sol près de la calebasse de tisane. Ces ablutions consistent à se frictionner avec la tisane la tête, la figure, les membres, notamment les articulations et les aisselles. Elles se déroulent soit dans un carrefour, soit au *kondorongho* que nous verrons un peu plus loin.

Signalons avant qu'il existe d'autres tisanes pour soigner les chasseurs atteints de maladies supposées être contractées à la suite d'abattage d'animaux.

Kondorongho : le sang des animaux abattus sert de « boisson » et « d'aliment » aux fétiches de chasse. Ainsi, à chaque occasion, ceux-ci sont entièrement trempés dans le sang de l'animal tué dès après égorgeage et placés au soleil pour séchage. Par ailleurs, toucher les fétiches de chasse est interdit aux femmes, au risque de les rendre stériles ou de faire perdre au chasseur ses talents.

Pour des raisons d'hygiène et du principe interdisant aux femmes de toucher des fétiches de chasse, le chasseur aménage un petit enclos dans un coin de la concession familiale auquel il est le seul à avoir accès. Il y dresse un gros piquet à plusieurs fourches, long de deux mètres environ. Ce piquet s'appelle *kondorongho* où le chasseur, en saison sèche, accroche ses fétiches pour les garder ainsi que les crânes et cornes d'animaux à sabots abattus. L'enclos entourant le *kondorongho* sert aussi de lieu de libations et de sacrifices du chasseur.

Ainsi, dans le Gnokholo d'autrefois, dès l'entrée dans un village, les concessions des chasseurs se distinguent par la charge de leurs *kondorongho*. Le *kondorongho* de celui qui porte plus de crânes, de queues, de cornes et même de sabots est considéré comme celui du plus grand chasseur du village. Ainsi, on distingue le chasseur du petit gibier de celui du gros gibier.

En fin de compte, les croyances et cultes sont à base familiale et même individuelle, sans clergé. Le culte des morts forme la base de la vie religieuse conduit par le doyen de la famille qui seul intercède auprès d'eux. Ajoutons ici que c'est la diversité des religions, appelée polythéisme, qui prévaut. Mais elle est marquée par la prédominance de l'esprit sur la matière. Ainsi, l'homme du Gnokholo traditionnel pense profondément qu'il ne peut arriver aux fins d'une entreprise quelconque que par des voies mystiques. C'est dire que le matériel se trouve ici sous domination totale du spirituel, planc au-dessus de tout, faisant de ceux qui prétendent en avoir le secret des tout-puissants sur des sociétés, voire sur le monde. Cet état d'esprit aliène davantage l'homme et le pousse à agir sur la matière, sur le matériel et le pousse à entrer en rapport avec différents esprits. C'est aussi la preuve que le polythéisme n'a pas manqué d'influencer notablement la conversion au monothéisme (islam et christianisme).

Savoir, systèmes d'organisation et de représentation du monde

C'est connu que dans toute société, à chaque étape de son évolution, correspondent des conceptions d'ordre social, politique, religieux, conceptions nées de la confrontation de l'homme avec la nature, son milieu social et son environnement. Il en a été ainsi pour la société du Gnokholo traditionnel. En effet, celle-ci a élaboré et développé un système de savoir, d'organisation et de représentation du monde. Concrètement, il s'agit d'un ensemble de connaissances pour s'expliquer les manifestations de la nature et de la vie sociale, se tracer des règles de conduite et se projeter dans l'avenir. Ces connaissances se répartissent en deux groupes principaux comme suit :

La divination comprenant :

- les rêves ;

- les présages ;

- la vision surnaturelle ;

- la géomancie.

La divinisation englobant :

- *Gnamandingho* ;

- djinné ;

- le totémisme ;

- le tabou ;

- la divinisation des chiffres ;

- la divinisation de la lune et de l'étoile la chèvre ;

- la sorcellerie.

La divination

Les rêves

Signalons tout de suite une pratique courante dans la société du Gnokhonlo d'autrefois et même d'aujourd'hui qui consiste à interpréter le rêve – *sibo* par analogie et à faire des sacrifices et aumônes *sadakha* dictés par des voix et personnages lors du rêve pour la réalisation d'une ambition ou d'une aspiration. Ainsi, certaines de leurs ambitions ou aspirations se réalisent : récoltes abondantes, chasses fructueuses, femmes stériles devenues fécondes ; alors, ces succès sont attribués aux personnages et objets de rêves. Ainsi, les hommes sont parvenus, dans cette société, à l'idée de personnages mistiques gnamandingho, gotte, djinné que nous verrons un peu plus loin.

La pratique de certains sacrifices et aumônes dictés par des voix et personnages dans les rêves implique des cultes d'endroits et d'objets matériels. Pour les premiers cas, ce sont des endroits inhabités aux abords des villages où les intéressés construisent de petites cases en paille avec des canaris à l'intérieur. Ces cases sont soigneusement entretenues et les canaris régulièrement remplis d'eau avec, à côté, de petites calebasses propres à l'intention des personnages rêvés, supposés y venir se reposer et étancher leur soif.

Quant au deuxième cas, il s'agit de grottes, de grosses pierres ou tout simplement de collines ou d'arbres où les personnes concernées immolent annuellement ou tous les trois ans des personnes qui leur sont chères (le fils le plus aimé ou la fille la plus estimée) ou des taureaux, des chèvres, des poulets…

Le fait de rêver d'avoir couché avec une belle femme inconnue entraîne automatiquement, durant toute sa vie, l'abstention pour ce jour de la semaine de coucher avec sa femme et d'avoir des relations sexuelles avec elle. Ce jour est considéré pour celui de la femme rêvée. L'on pense avoir une seconde épouse dans la société invisible parallèle à la nôtre. Aussi la stérilité d'une femme est-elle imputée à une pareille dulcinée de son mari, la punissant de la sorte parce que jalouse d'elle. En outre, la perte répétée à bas âge des enfants d'une femme est attribuée à son galant invisible, rival de son mari.

Comme il apparaît, les rêves constituent la première forme de divination, base des premières représentations religieuses dans le Manding et dans le Gnokholo traditionnel.

Les présages

Le présage est une des formes de divination dans la société du Gnokholo traditionnel. Il permet aux hommes de deviner l'inconnu, en particulier l'avenir, et de se comporter en conséquence dans leurs activités quotidiennes. Il s'agit des signes par lesquels on juge de l'avenir, on devine des événements heureux ou malheureux. Nous rapportons ci-dessous l'essentiel de ces présages.

Signes de décès : découverte de cadavre de lièvre ou de son petit. Dans ce cas, un décès aura lieu dans la famille ou dans le clan de la tribu (une personne parente). Pour faire annuler le futur décès, celui ou celle qui fait une telle découverte se met immédiatement à pleurer comme s'il s'agissait d'un vrai décès, consistant à pleurer à haute voix en ayant les bras croisés sur la tête. Cela s'appelle *sama-koumbo*, pleur d'éléphant, synonyme de pleur annonçant un décès.

Rêver du travail de la terre (bâtisse, labourage, creusage de puits et autres et du rassemblement de personnes). Ici, le décès aura lieu dans la maison, le quartier, le village où on a rêvé le travail de la terre où le rassemblement de personnes a eu lieu; non germination des graines semées d'un champ, mis à part les intempéries de saison comme la sécheresse. Le décès supposé interviendra dans la famille du propriétaire du champ.

Chant répété à trois reprises ou plus, dans un laps de temps, d'un couple de pics-verts appelés *doncandong*. Ces oiseaux vivent toujours par couple, un mâle et une femelle. Ils chantent en débutant en chœur par un roucoulement semblable à celui de la poule d'eau, mais plus aigu, pendant une courte durée (cinq secondes au maximum), suivi instantanément d'une musique composée de deux notes alternées typiques à celles obtenues sur un piano : la note Do, celle du mâle, et la note La, celle de la femelle. La personne dont le décès est annoncé reste inconnue. Il reste entendu qu'elle sera une parente proche ou lointaine, de sexe selon que le chant se termine par la note de l'oiseau mâle (Do) ou de celle de l'oiseau femelle (La).

Les cris de l'aigle accompagnés de battements de ses ailes : signe de décès d'une personnalité ou annonciateur de la viande d'un gros gibier abattu par un chasseur du village.

Certains phénomènes naturels périodiques ou annuels : propres à certains villages ils sont considérés comme annonciateurs de décès prochains de personnalités des villages concernés. Voici deux exemples :

- *le village de Bagnoumba* est situé au pied d'une colline de 426m de hauteur. A chaque fois qu'il y a un éboulement, les habitants s'attendent à la disparition d'une de leurs personnalités. La croyance à ce phénomène reste une réalité de nos jours pour les habitants de ce village ;
- *à Soukouta*, village situé sur la rive gauche de la Gambie, il existait un caïman à cet endroit du fleuve. Chaque fois qu'il poussait des cris, quelques jours après, un chef de famille dudit village disparaissait (aux dires des habitants).

Signes d'un bon voyage

- Sur le chemin d'un voyage, buter contre un objet du pied gauche pour un homme, du pied droit pour une femme ;
- avoir une jambe malade au cours d'un voyage à caractère économique ou financier ;
- rencontrer une fourmilière chargée de graines ou de cadavres d'insectes ;
- une perdrix levée sans qu'elle ait poussé de cris;
- rencontrer des phacochères, sur le chemin du voyage, des pintades, des cynocéphales, de singes roux et des éléphants.

Signes d'un mauvais voyage

- Sur le chemin du voyage, buter contre un objet du pied droit pour un homme, du pied gauche pour une femme ;
- rencontrer une fourmilière sans charges de victuailles traversant la route ; l'annulation s'opère par une offrande d'un petit bout de vêtement porté sur soi ;
- une perdrix qui s'envole en poussant des cris ;
- rencontrer sur le chemin des singes noirs, des antilopes, des biches rayées.

Signes d'un malheur : il s'agit de décès, d'accidents, de calamités et de cataclysmes naturels ou sociaux :

- peur intermittente sans motif ;
- rêver de la poudre à canon ou du port d'un fusil chargé ;
- rêver des arachides non décortiquées (signe de complot).

Signes d'un bon ménage

Pendant les cérémonies de mariage, le mari tue un phacochère ou un sanglier ou une biche rayée.

Signe d'un mauvais ménage (décès prématuré ou infirmité prématurée de la conjointe) : pendant les cérémonies de mariage, le mari tue une antilope quelconque.

Signes annonçant la viande : généralement, il s'agit de la viande de chasse :

- la tombée d'une mouche dans la bouche ;
- rêver des tas d'épis de mil ou de maïs (viande du gros gibier, donc de chasse).

Dans ce cas, le lieu sera où l'on a rêvé le tas d'épis ou de maïs, en conséquence le chasseur de la maison est tout désigné comme devant tuer dans un avenir proche un gibier à sabots.

Signes annonçant l'arrivée très prochaine d'un étranger ou d'une étrangère généralement un parent ou une parente :

- la visite d'un ou de plusieurs bousiers en vol dans la chambre ou au tour de soi : dans le premier cas, ce sera une seule étrangère et dans le second cas plusieurs ;
- le battement saccadé anormal des paupières signale l'arrivée très prochaine d'une connaissance.

Signes de bonheur

- ramasser une tortue est le signe d'un bonheur quelconque, indéterminé ;
- rêver de monter un cheval est le signe de devenir une grande personnalité, un Roi ou une Reine.

Baignant dans un monde où des phénomènes se déchaînent, répondant à sa qualité d'animal conscient, c'est-à-dire à la recherche du pourquoi et du comment des choses, l'homme du Gnokholo traditionnel, très attentif, observe tout ce qui se passe autour de lui. Ainsi, il constate que certains phénomènes naturels coïncident plus ou moins avec des phénomènes naturels, sociaux et vice versa. Alors, il les érige en lois naturelles immuables pour les adopter comme principes devant guider sa vie. Ainsi, par exemple, il constate qu'au cours d'un déplacement en quête de quelque chose, quand il bute le pied gauche contre un objet, il fait généralement un bon voyage, quand c'est le pied droit, il fait généralement un mauvais voyage. Il en est de même pour tous les autres présages ici rapportés.

Ce ne fut donc pas par fantaisie ou par simple volonté superstitieuse, inconsidérée, comme le penseraient certains, que nos ancêtres arrivèrent à se faire des croyances ; mais ils les fondèrent sur des bases objectives. Dans le cas relatif à ce chapitre, c'est à la suite des constatations de coïncidences de phénomènes naturels et sociaux, qui se répétaient le plus souvent, que les hommes du Gnokholo les érigèrent en lois absolues. Certainement, le fait d'ériger ces constatations en lois absolues qu'il faut prendre avec réserve et expliquer et non se contenter de la simple négation du phénomène. Faut-il rappeler à ces messieurs qui s'ignorent que toutes les sociétés humaines sont passées par-là et que la Rome antique, à l'instar de la Gaule, a eu et a encore ses devins, ses diseurs de bonnes aventures, ses enchanteurs et ses médiums?

De tout ce que nous venons de voir, les présages constituent la seconde forme de divination dans le Gnokholo traditionnel. C'est la première tentative des hommes de ce lieu de chercher à connaître l'avenir, désir qu'éprouvent tous les hommes de la planète terre.

Mais il faut remarquer que les présages restent sujets des circonstances indépendantes de la volonté de l'homme. Il en est de même des rêves. Somme toute, rêves et présages ne peuvent répondre aux questions du moment, aux questions urgentes et précises. Devant cette nécessité, sont apparues d'autres formes de divination pour combler ce fossé. A cet effet, la société gnokholokaise a hérité du Manding médiéval deux formes de divination : la vision surnaturelle ou le sixième sens, et la géomancie.

La vision surnaturelle, ou le sixième sens

La vision surnaturelle, ou le sixième sens, est la forme supérieure de la divination. Elle se dit *diéro* (voir) et la personne qui en est douée *diérila* (voyante) Mais d'où viennent ces concepts ?

Selon la philosophie du Gnokholo d'avant et d'après la colonisation, les personnes en général seraient dotées d'un sixième sens leur permettant de voir et de lire dans le temps et dans l'espace, à travers des objets (murs, troncs d'arbre), dans la nuit, l'intérieur des personnes, la société parallèle invisible par le commun des hommes.

Ce sixième sens serait généralement développé à l'enfance pour disparaître à l'âge de six à huit ans. Mais il arrive qu'il persiste chez certaines personnes des deux sexes durant une longue partie ou toute leur vie.

Une pareille personne ne se reconnaît que par un des traits caractéristiques suivants : marcher les yeux fermés à travers les obstacles ; voir à travers le mur d'une case et, en conséquence, désigner avec précision les objets et personnes à l'intérieur, voir comme le jour dans la nuit, dans l'obscurité, raconter des événements passés avant sa naissance, connus de vieilles personnes, prédire des événements qui se confirmeront après. Lors des déplacements, il lui arrive de voir des personnes invisibles par ses compagnons.

Dans la société du Gnokholo traditionnel, les personnes voyantes se recrutent généralement parmi les jumeaux et jumelles et particulièrement les personnes des deux sexes nées après les jumeaux ou jumelles, les « Sadio », qui sont considérés comme telles.

En raison du sixième sens de la personne « voyante » qui lui confère des qualités exceptionnelles ci-dessus mentionnées, celle-ci est considérée supérieure à toute autre création de la nature et, partant, comme gardienne de la société contre les sorciers et les mauvais esprits qu'elle châtie au moyen d'un pouvoir divin et contre les cataclysmes, calamités naturelles et conflits sociaux qu'elle prédit et dicte des sacrifices et aumônes préventifs individuels ou collectifs, prédit les événements heureux, dicte des sacrifices et aumônes accélérateurs de leur avènement. Pour ces raisons, la présence des jumeaux ou jumelles et Sadio, considérés, voyants, est appréciée comme bénéfique dans la société du Gnokholo.

Les personnes voyantes ne procèdent à aucune forme d'incantation, ni de manipulation d'aucune sorte de fétiche, mais simplement annoncent les événements à venir et dictent des sacrifices et aumônes nécessaires. Elles ne demandent rien dans ce sens. Elles ont cependant l'estime et le respect de toute la société.

Généralement, les personnes voyantes de sexe masculin exercent cette forme de divination sous un masque appelé *gankouran koyo*, qui est particulièrement sollicité par le pouvoir communautaire du village lors de sa cérémonie annuelle dite *gondalo* que nous verrons au chapitre sur les masques.

La géomancie

La divination par des tracés au sol se dit « héléro » et le praticien, ou devin, est appelé *hélérila*. Elle connaît deux formes : la divinisation par des tracés au sol uniquement et la divination par des tracés au sol avec des jeux de morceaux d'écorces fraîches.

- **La divination par des tracés au sol consiste en ceci** : le devin, après avoir nettoyé une surface carrée de trente centimètres de côté environ au sol, fait des tracés verticaux et horizontaux avec l'index et le majeur joints qu'il accompagne, à voix basse, d'un récit secret considéré comme catalyseur du pouvoir magique permettant de deviner. La formation de la figure ainsi constituée avec des tracés prend fin en même temps que le récit « divin ». Alors il dit au consultant le pourquoi et le comment de ce qui l'intrigue, lui dicte les sacrifices ou aumônes nécessaires. Cette forme de divination se dit *doukhouma héléro* (divination au sol).

- **La divination par des tracés au sol avec des jeux de morceaux d'écorces fraîches procède comme suit** : le devin coupe une branche fraîche d'un arbre dit *guéno,* branche lisse ayant trente centimètres de long, deux à trois centimètres de diamètre. Puis il nettoie une surface circulaire de 35 à 40 cm de diamètre, au centre de laquelle il tient verticalement le morceau de branche de guéno et, avec un couteau, il s'applique à enlever deux à trois lamelles d'écorce du bois de haut en bas jusqu'à trois centimètres de la base. Ensuite commence la divination. A cet effet, le devin, trois fois de suite, avec le bout de la lame de son couteau, prend de la terre fine dans le cercle et l'introduit dans les « blessures » du bois, dans l'accompagnement d'un récit catalyseur du pouvoir de deviner ; après quoi, promptement, il coupe en de petits morceaux de 2 à 4 centimètres une des lamelles d'écorce sur leur bois même, lesquels morceaux se projettent et tombent dans le cercle tracé.

  Alors, selon leur position géographique dans le cercle, d'une part, et selon qu'ils sont posés sur le « dos » ou sur le « ventre », d'autre part, le devin interprète et informe l'intéressé des causes de son malheur ou des résultats futurs de son entreprise, des sacrifices ou aumône à faire. Le divin recommence avec une autre lame de la branche du véne dit *guéno*. Cette forme de la géomancie se dit *guénou sékhé* (coupe du *guéno*), sous-entendue divination par guéno.

Ces deux formes de géomancie sont pratiquées par des personnes de sexe masculin.

Cette forme de divination, intervient à l'occasion d'une rencontre ordinaire (au cours d'un travail collectif, appartenance du devin et du sollicitant au même village), ne nécessite aucun prix. En revanche, quand le sollicitant se déplace spécialement de son village ou de son champ pour aller trouver le devin chez lui, ce premier ou cette première, sur sa propre initiative, lui apporte un cadeau. Ce cadeau peut être : pour les personnes des deux sexes, quatre à huit épis de maïs ; pour une femme, un *moudo* de mil ou de fonio ou d'arachide. Mais il faut mettre ces cadeaux au compte des principes qui régissent les rapports sociaux et qui veulent que tout visiteur et toute visiteuse apporte quelque chose à son hôte.

Dans ce sous-chapitre, une énigme est posée, à savoir l'existence du sixième sens chez l'homme, généralement développé chez les enfants et qui s'éteint presque chez tous les hommes à l'âge adulte, et sa persistance chez quelques rares personnes durant une grande partie de leur vie.

En tout cas, l'existence du sixième sens chez l'homme semble se confirmer par certains faits actuels que les sciences ne sont pas encore parvenues à expliquer complètement :
- la capacité pour un homme de voir à travers les épaisseurs telles que les murs ;
- la capacité pour un homme de voir, outre avec les yeux, avec d'autres parties du corps, comme cette fille russe ;
- la capacité pour un homme de se rappeler correctement sa généalogie.

L'idée du sixième sens doit être la base de tous les mythes comme la sorcellerie, la voyance dans le Manding primitif et féodal ainsi que dans le Gnokholo précolonial.

Quant à la géomancie, elle peut être une des formes de l'astrologie héritée, peut-être de l'Orient par le biais des Arabes avec qui le Manding eut des relations actives presque tout le long de son histoire. Elle est due sans doute au désir qu'éprouvent tous les hommes de connaître l'avenir. Chacun de nous a certainement ressenti ce désir qui est particulièrement fort lorsqu'on est dans le doute, quant à la ligne de conduite à adopter dans certaines circonstances, ou que l'on se trouve dans le désarroi ou dans l'insécurité.

La divinisation

En raison des différences physiques des figures rêvées et de leurs influences ou effets psychologiques et moraux, les hommes sont parvenus à classer les personnes de cette société invisible en trois catégories : *gnamandingho, gotte, djinné*. Cette société s'appelle *souto hingolou* ou *souto mokholou*.

Gnamandingho est un personnage semblable à l'homme avec qui il cohabite. Il est plus facile à voir ou à rencontrer par les hommes de notre société, particulièrement les enfants. Il est gros propriétaire de troupeaux et, à ce titre, est le dieu de l'élevage. Les grands éleveurs de notre société lui doivent leur fortune de bétail.

Gotte : personnage très court de 0,50 à 1m, ayant les doigts des pieds par-derrière et le talon par-devant, il a de très longs cheveux qui lui servent de coussins quand il s'assoit. Il habite un peu loin des hommes et se montre rarement à eux. Il est gros dépositaire de pharmacopée et, à ce titre, est le dieu de la médecine. Les hommes de notre société qui sont propriétaires de pharmacopée la lui doivent. Il est aussi grand chasseur et, pour cette raison, il est souvent vu avec un long fusil qui fait trois fois sa taille et des colliers de grosses coquilles appelées *kodé*. C'est aussi le dieu de la chasse et nos chasseurs lui doivent leurs talents et leurs secrets. La femme *gotté* est, elle aussi, une grande fileuse de coton et est la déesse de nos sœurs fileuses. L'homme *gotté* est également un lutteur de talent qu'il transmet ou inocule le pouvoir divin à celui qui le terrasse. Il est le dieu de la lutte.

De par ses nombreuses qualités, les hommes ambitionnent souvent à le rencontrer, à le voir ou à rêver pour suivre ou pratiquer ses conseils ou recommandations occultes.

Djinné : très beau personnage avec de très riches cheveux, pour cette raison, il est le dieu de la beauté. Il est gros dépositaire de métaux précieux et, à ce titre, est considéré comme dieu de la richesse. L'homme djinné a une barbe très abondante qui lui arrive jusqu'au nombril. Le *djinné* habite très loin des hommes, dans des forêts touffues, au cœur de grandes brousses.

La vue ou la rencontre du *djinné* entraîne des maladies parfois mortelles. C'est pourquoi il est considéré comme étant la cause des maladies en général et celles du cerveau en particulier (folies, crises).

Le totémisme

Le totémisme se dit *bouloufintikhiya* et le totem *bouloufintigho*. Dans la société du Gnokholo d'autrefois, il était fréquent de voir des hommes accorder l'hospitalité à des serpents, à des lézards, à des gueules tappées sans scrupule. Ces reptiles, pour des raisons de sécurité ou de commodité, se réfugiaient sous des greniers, dans des cases ou dans des toits des maisons assez calmes. Dès le constat de l'un de ces intrus, le propriétaire du lieu interdisait l'accès aux membres de la famille, notamment aux enfants, pour ne pas le déranger.

Car, selon le milieu social de cette époque, un tel comportement d'un tel reptile n'est pas fortuit, mais guidé par de bons esprits pour apporter le bonheur et la prospérité de par sa présence à la ou au propriétaire du lieu et, partant, à toute sa famille. Pour cette raison, une personne ayant une telle occasion s'applique à ce que le reptile ne puisse jamais plus la quitter.

Pour ce faire, il lui assure la tranquillité, aménage davantage l'endroit aux heures de son absence et lui place de la nourriture et de l'eau. Alors l'animal prend goût et s'y installe pour toujours à ses moments de repos et de sommeil.

Le totem pouvait être aussi un quadrupède à sabots et s'acquérait de la manière de l'exemple suivant :

L'histoire du clan de *diandian kounda* de *Bantata* connaît la possession par un de ses aïeuls, nommé Sara Camara, un troupeau de buffles vivant sur une colline au sud-ouest dudit village. Cette colline s'appelle Barassoubala-konko (la montagne de Barassoubala) Barassoubala est le nom d'une vallée au bas de ladite montagne qui fut le champ de la famille de Sara Camara. Un jour, au cours d'une chasse, le jeune Sara Camara aurait tiré à plusieurs reprises sur un buffle au sommet de la colline sans que l'animal ait eu à s'effrayer, ni être touché par une balle. Cela intrigua le jeune chasseur qui finit par continuer son chemin. Peu de temps après, un peu plus loin, il rencontra des antilopes et en tua. Depuis ce jour, Sara Camara ne revenait plus jamais bredouille d'une chasse et tout coup de fusil atteignait mortellement le gibier visé. Il devint un très grand chasseur, renommé dans tout le Gnokholo jusqu'au jour où il trouva la mort dans la guerre de Mangnankanti. Alors Sara Camara crut lui devoir ses mérites de chasseur et l'adopta comme son totem. Durant toute sa vie, annuellement ou périodiquement, il alla faire des sacrifices et incantations sur la colline à l'endroit où la rencontre eut lieu, à l'intention du buffle, son porte-bonheur. Depuis lors également, les buffles de la colline de Barassoubala venaient brouter jusque dans les cultures de la famille de Sara Camara en toute quiétude. Les membres du clan s'interdirent de les chasser.

Comme il apparaît, le totémisme fut engendré par des contingences, de circonstances et phénomènes mettant en cause des animaux et des hommes. L'exploitation de ces phénomènes aboutit au totémisme qui apparaît comme une conséquence ou une forme de présage.

Dans le Gnokholo pré-colonial, les possesseurs de totems sont enviés et respectés par leur entourage. Ainsi ils exercent une grande autorité sur les membres de leurs clans et même sur la collectivité villageoise.

En général, après la mort d'un possesseur de totem, l'animal totem disparaît avant que les membres de la famille du défunt n'arrivent à le considérer comme tel. Il en avait été ainsi pour les buffles-totems de Sara Camara rapportés ci-dessus. Après son décès, ils étaient devenus invisibles et personne d'autre de ses descendants n'a encore bénéficié des bénédictions de ces animaux.

La disparition d'un totem après la mort du possesseur trouverait son explication dans le pouvoir divin qu'aurait eu cet animal. Mais en réalité, l'animal totem disparaissait parce que la quiétude et les moyens d'existence favorables (eau, vivres) ne lui étaient plus assurés. Car il faut certaines qualités exceptionnelles pour un tel entretien : surveillance régulière des enfants, guetter ses heures de sortie et se rendre sans bruit à l'endroit pour déposer eau et nourriture. On se rend compte que ce sont des qualités d'un vieillard : permanence ou fréquence dans la maison, beaucoup de patience parfois. D'ailleurs, les possesseurs de totems demandant un tel entretien étaient des personnes âgées.

Précisons, pour terminer, que si, en Europe et ailleurs, le totem est l'ancêtre du clan ou de la tribu, au Gnokholo, il en est le double.

Le tabou

Le tabou, ou *tana*, est un animal auquel les membres du clan doivent respect absolu : ne jamais le toucher ni l'effrayer, à plus forte raison le tuer et manger sa viande de peur d'être victime du mauvais sort pouvant entraîner des maladies incurables, voire la mort. Réciproquement, l'animal était considéré par les membres du clan comme devant observer les mêmes règles vis-à-vis d'eux et, à ce titre, ils n'auraient pas et ne devaient pas avoir peur de lui, fut-il un lion ou une panthère.

Les familles patrilinéaires clanales ont continué à avoir leurs tabous hérités de leurs ancêtres du Manding. Entre autres exemples, nous citerons les Camara qui ont continué à conserver la salamandre comme leur totem, les Keïta le lion, les Sadiakhou le serpent. De nos jours encore, cela continue. Néanmoins, avec le temps et les circonstances, certaines de ces familles patrilinéaires clanales ont adopté dans le Gnokholo même de nouveaux tabous, sans pour autant abandonner les premiers de leurs lignées principales. Ainsi, le clan Camara de *Santessou* a adopté un deuxième tabou qui est le caïman de la rivière Sévala de Bantata. Les membres dudit clan ne doivent ni les toucher, ni les effrayer, ni les tuer, ni les manger. Ils les protègent même contre le reste de la société du Gnokholo.

L'origine de cette adoption :

> Le premier ancêtre des membres du clan Santessou en ce lieu a fait un champ au bord de la rivière Sévala. Un jour, il tua un des caïmans de cette rivière. Très peu de temps après ce trophée, une épidémie éclata dans sa maison : il mourut ainsi que beaucoup d'autres membres de sa famille. Alors, le malheur de la famille fut attribué à la mort du caïman et son interprétation aboutit à ce que les descendants de Santessou ne tuent plus jamais les caïmans de Sévala, ne mangent leur viande, ne les effrayer, ne les toucher, morts ou vivants. Ainsi, les caïmans de Sévala sont devenus les tabous-tana pour le clan Camara de *Santessou*.

Il ressort de cet exemple que le tabou-tana a pris naissance dans la coïncidence d'un malheur dans le clan avec la mort ou la rencontre d'un animal quelconque.

La divinisation des chiffres

Les chiffres et les nombres sont divinisés dans le Gnokholo. Ainsi, les chiffres et nombres pairs sont considérés comme porte-bonheur et les impairs comme porte-malheur. Pour ces raisons, dans les dons comptables, les nombres impairs sont bannis en faveur des pairs.

Le chiffre 3 est le plus redoutable parce que pris comme symbolisant la mort. Il devient plus redoutable quand il s'agit du chiffre 3 du jour du mois lunaire, jour interdit pour toute entreprise humaine, au risque de son échec ou de la disparition de la personne concernée. Ainsi, les hommes du Gnokholo précolonial s'interdisaient, le 3e jour de tout mois lunaire, d'entreprendre un projet: voyage, défrichage, activités de récolte, etc.

Le chiffre 7 qui s'obtient par d'addition de l'homme et de la femme (3+4), représente la perfection, le complet. A ce titre, il est recommandé aux personnes des deux sexes le port de boubou ou de pagne de 7 bandes d'étoffe pour se prémunir contre les mauvais sorts et les sorciers.

Le chiffre 7 symbolise également la virginité. A cet effet, les filles ne portent que des pagnes de 7 bandes d'étoffe.

Le chiffre 8 est source de vie, symbole du mouvement dialectique et de la sagesse. En conséquence, les hommes et les femmes se confectionnent des habits de 8 bandes d'étoffe ou son double, 16 bandes d'étoffe, pour la couverture d'un homme majeur, dite *diarangho*.

Le compte chiffré des animaux et des membres de sa famille est banni parce que considéré comme source de mauvais sort capable d'entraîner la mort des êtres vivants dénombrés. Ainsi, bon nombre de familles ignorent sciemment le nombre des têtes de leurs troupeaux et le nombre des membres de leurs familles.

La divinisation de la lune et de l'étoile de la chèvre

Le mystère de la nuit est propice au silence qui engendre les pensées profondes des peuples primitifs. Ainsi, les hommes du Gnokholo pré-colonial remarquèrent que l'astre de nuit, la lune, agit sur l'eau (flux et reflux des marées, pêche plus abondante à la pleine lune), sur les pluies (pluies plus abondantes à la pleine lune), sur la biologie (cycle menstruel de 28 jours en accord avec la lune, la femme qui garde dans son ventre l'enfant qui va naître pendant neuf lunes, menstruation plus nombreuses pendant la pleine et fort peu à la nouvelle lune).

Pour ces raisons, les hommes du pays prennent la lune *karo* pour une divinité, dispensatrice de bienfaits, de bonheur. Elle ne fait l'objet d'aucun culte cérémonial.

La chèvre ou l'étoile du berger, étoile du matin et du soir, appelée *sikhilolo* en raison de sa grande luminosité, est considérée comme symbole de la joie et de la beauté. A l'instar de la lune, elle ne fait l'objet d'aucun culte cérémonial. Mais les parents qui ont une affection particulière pour un de leurs enfants le baptisent du nom *lolo*, sous-entendu *sikhilolo*, l'enfant de leur plus grande joie, le plus beau pour eux. C'est ce que d'aucuns qualifient de nos jours « d'enfant désiré » ou « d'enfant fortement désiré ».

La sorcellerie (soubakhaya) et son corollaire le fétichisme (Kounda-gniningho)

La peur de la mort, des maladies et des cataclysmes sociaux et naturels a conduit les hommes du Gnokholo à recourir aux objets matériels pour leur protection. Il faut ajouter ici également l'influence des rêves des esprits et les habitudes qu'ils ont héritées de leur passé. Par la suite, à l'aube de l'apparition des classes sociales dans le Manding, certaines pratiques sociales eurent ainsi leurs marques qui restent encore profondes non seulement dans la société du Gnokholo, mais aussi dans toutes les sociétés ouest-africaines de notre époque.

La sorcellerie – *soubakhaya*, la pratique du sorcier – *soubakha*, selon l'explication du milieu, serait un pouvoir divin, un pouvoir inné en certaines personnes dites sorcières, capables de jeter le mauvais sort ou d'inoculer des maladies mortelles à leurs semblables. Les raisons de leurs comportements seraient les suivantes : goût prononcé pour la chair humaine, manque de respect à leur égard, refus de satisfaire à leurs demandes d'aide ou tout simplement par mépris de la personne humaine.

Une personne sorcière ne saurait agir que sur des gens de sa famille. Elle sucerait magiquement le sang de ses victimes, utiliserait aussi les cheveux ou les ongles d'une personne, un fil ou morceau de son vêtement ou l'empreinte de ses pas pour lui jeter un mauvais sort. En outre, elle serait capable de se transformer en hibou ou vautour, en luciole ou hyène, en fée ou en grand animal indéfini.

Les sorciers et sorcières formeraient des réseaux de liaisons pour la tenue de réunions nocturnes au cours desquelles ils pratiquent des danses orgiaques.

Une personne sorcière, pour sortir, se métamorphoserait en laissant sa peau ordinaire sur son lit et revêtirait une nouvelle spécialement conçue par elle et pour cette occasion, et ce, pour tromper ses compagnons de chambre. Elle sortirait toute nue pour répondre aux réunions et rencontres avec ses camarades de nuit de la même cause.

Le concept de sorcier était et est encore vivace dans le cerveau des hommes du Gnokholo. Pour se protéger contre les sorciers, ils ne se contentent pas seulement de la protection de leurs divinités *kignangholou*. En plus, ils recourent à des fétiches (*kounda-gningho*) qu'ils portent en permanence sur leurs corps et procèdent à des incantations lors des difficultés.

Autrefois, il était courant de voir, au milieu de la cour de chaque concession, un bambou très haut soutenant une clochette en métal (cuir rouge ou acier) et une étoffe blanche : le vent faisait tinter la clochette qui, ainsi, chassait les mauvais esprits et les sorciers.

Conclusion

Il est clair, par l'exposé, que les *gnamandingho, gotte et djinné* ne sont que des créations de l'esprit devant des phénomènes qui le dépassent. Dans *L'essence du christianisme,* Feuerbach a raison d'écrire que l'homme transforme le subjectif, c'est-à-dire fait de ce qui n'existe que dans sa pensée, de sa représentation, de son imagination quelque chose qui existe en dehors de sa pensée, de sa représentation de son imagination. L'homme qui rêve ou imagine des figures (*Gnamandingho, Gotté, Djinné*) après le réveil croit effectivement à leur existence et se soumet à eux, s'assigne comme devoir absolu de leur obéir en exécutant leurs recommandations, quelles qu'elles soient, jusqu'aux sacrifices humains. Ainsi, les choses rêvées ou imaginées étant devenues réalités en des pierres, grottes, forêts, plantes, etc. ont fait que les hommes du Gnokholo pré-colonial croyaient en l'existence dans les objets inanimés ou non, des pouvoirs de l'homme, leurs capacités imaginaires de réaliser magiquement pour l'homme ses ambitions, ses souhaits, et qui ne peuvent être en dernière analyse que le fruit de ses propres actions, de son travail concret. Le fait pour un homme d'avoir fait une bonne récolte de céréales ne saurait être venu du ciel, car il lui a fallu bien des journées de travail de débroussaillement, de labourage, de semis, de marcottage, de surveillance et, enfin, de récolte. S'il y avait un pouvoir indépendant de lui, hors de lui, capable d'accomplir ces journées de dur labeur et de privations, il n'aurait alors qu'à se coucher en permanence dans son lit, sous son toit. Mais alors tel n'est pas et ne saurait être le cas. Et il est juste de dire que seul l'homme est source de sa propre destinée, seul l'homme crée les objets nécessaires à son existence.

Faisons remarquer que les concepts *Gnamandingho, Gotté et Djinné* constituent au Gnokholo la deuxième source de l'aliénation de l'homme, car tous les événements de la vie sociale et même individuelle s'expliquent par l'intervention de ces forces surnaturelles ou imaginaires.

3

La société et ses organisations sociales

La famille

Nature et composition

La famille du Gnokholo traditionnel est patronymique. Elle s'établit en lignée patrilinéaire. Le lignage comprend toutes les familles descendant d'un même ancêtre. Les enfants portent le nom du père et dépendent de lui directement.

Plus précisément, la famille patrilinéaire du Gnokholo traditionnel comprend père et mère, frères et sœurs, oncles et tantes. L'on entend par frères et sœurs d'un membre de la famille patronymique les fils et les filles de sa propre mère, ceux des co-épouses de sa mère et ceux des frères de son père. C'est dire que les mères de ses frères et sœurs indirects sont aussi ses mères et leurs pères ses pères. Telles sont les dimensions de la famille du Gnokholo, une famille patrilinéaire clanale.

L'enclos familial patrilinéaire clanal se dit *louwo ou Korida*. C'est une unité sociale et économique, un sous-multiple du village. Il regroupe toutes les familles descendant d'un même ancêtre se définissant par une appellation tribale. Ainsi, l'on ne peut trouver dans un village plusieurs enclos familiaux d'une même tribu.

Généralement, la forme de l'enclos familial patronymique est circulaire. Son diamètre est fonction de l'importance du volume de la famille tribale. Les cases ou les maisons construites en cercles le limitent de sorte que la porte de chacune d'elles donne sur une vaste cour commune. L'enclos lui-même a une seule porte qui communique avec le au reste du village par une ruelle (voir figures ci-contre).

Organisation et fonctionnement

Toute la famille a pour symbole le doyen de ses membres en qui elle se personnifie et s'incarne. Ce doyen-symbole, quel que soit son état physique ou moral, est à la fois la porte d'accès à la famille et le lien entre elle et l'extérieur. Pour cette raison, la direction de l'administration de la famille et sa représentation à l'extérieur sont assumées par lui, avec lui ou en son nom, selon son état ou les circonstances. Ce phénomène trouve ses racines dans les principes du patriarcat attribuant la direction de tout groupe social par un homme, et dans les concepts philosophiques sur les rapports sociaux accordant une place prédominante aux personnes âgées dans la société. Il s'appelle, en malinké, *loukéba*. Il est secondé par le membre immédiatement plus âgé.

Le doyen est donc la personnalité centrale de la famille, ayant le respect de tous ses membres et faisant la fierté de tous. Pour cela, il s'entoure des membres les plus âgés (généralement les mariés ou, à défaut, les adultes) pour diriger les destinées de la collectivité familiale. En rapport avec ces éléments, il centralise et contrôle les activités, les doléances et suggestions, convoque et préside les conseils de famille, arbitre les conflits, négocie les mariages contre des dots, organise et dirige les cérémonies traditionnelles (baptêmes, circoncisions et excisions, mariages), est le dépositaire des biens et de la pharmacopée, assure en personne ou par délégation la représentation extérieure de la famille.

La plus âgée des femmes de la famille représente le doyen auprès de celles-ci et vice versa. A ce niveau, en rapport avec le doyen de la famille, elle traite les problèmes courants et spécifiques aux femmes. Elle s'appelle *loumoussou kéba* ou *Moussou kéba* tout court. Elle a pour adjointe la femme qui la suit en âge.

Le conseil de famille est convoqué par le doyen pour examiner les questions importantes ayant trait à la vie de la famille. Sa composition dépend de la nature des questions à débattre.

Quand il s'agit d'un conflit opposant des adultes, des problèmes de mariage, de certaines cérémonies de cultes et des questions extérieures à la famille, le conseil de famille regroupe alors les adultes des deux sexes ou les mariés membres de la famille. Dans le cas contraire, il s'étend à tous les membres, sans exception. Dans tous les cas, il rassemble toujours hommes et femmes de la famille sous la présidence du doyen.

Loukéba ou son mandant introduit le sujet de l'ordre du jour. Ensuite, il est complété par ses collaborateurs. Après quoi, chaque membre des deux sexes de l'assistance intervient pour exprimer ses opinions… Les conclusions communes lient tous les membres des deux sexes et, partant, toute la famille patrilinéaire clanale. Celles-ci sont tirées par le doyen d'âge ou chef de famille.

Les rapports familiaux sont régis par des principes tabous à base économique, philosophique et religieuse. En d'autres termes, la famille tribale ou clanale et les principes qui la régissent sont sacrés parce que légués par les aïeuls. Ainsi, il existe des concepts philosophiques oraux, servant de guide dans les rapports familiaux.

Un homme sans parents est un roseau facile à briser. En revanche, un homme ayant des parents est une poignée de roseaux difficile à briser.

Un homme sans collectivité est une bête de somme ; est homme celui qui a derrière lui une collectivité. L'homme et la collectivité se conditionnent mutuellement. L'un ne saurait exister sans l'autre. Ils constituent deux éléments d'un tout : la vie, la force, la puissance. « Tout ce qu'une personne possède ou peut avoir de biens matériels, moraux, sociaux, il les doit à la bénédiction de ses parents vivants ou morts ».

De ce concept, les obligations sacrées d'une personne envers ses parents sont dégagées et constituent les éléments de base de l'éducation de toute personne : obéissance, respect et honneur absolus se traduisant par le bonjour matinal quotidien, l'accomplissement correct et sans murmure du travail ou service demandé, des offres de cadeaux de surprise et d'affection pour les parents vivants, des cultes pour des parents morts que nous verrons au chapitre sur les cultes.

L'avenir d'un enfant dépend essentiellement de la soumission de sa mère à son père. Elle l'exprime dans l'adage suivant : « telle personne, telle mère ». C'est-à-dire qu'une personne sans valeur a eu une mère insoumise à son père et qu'une personne valeureuse a eu une mère soumise à son père. Ainsi, les femmes, soucieuses de l'avenir de leurs enfants, se soumettent volontiers à leurs maris.

Il faut préciser là qu'il n'y a aucun concept définissant les obligations de l'époux vis-à-vis de l'épouse. Cette situation unilatérale est le fait de la dominance du patriarcat sur le matriarcat, la victoire du premier sur le second. C'est dire que la famille du Gnokholo traditionnel est patriarcale. En d'autres termes, l'homme domine au point de vue économique et, partant, philosophique et social.

Nous avons vu plus haut qu'un enfant dans une famille du Gnokholo traditionnel était la propriété de tous ses parents : son père et sa mère, ses oncles et ses tantes, ses frères et ses sœurs. Ils ont tous les mêmes droits sur lui et les mêmes obligations envers lui et vice versa. Mais le droit du père direct précède celui d'un oncle, le droit d'une mère directe celui d'une tante et le droit d'un frère direct et d'une sœur directe celui d'un frère indirect ou d'une sœur indirecte. C'est-à-dire que, par exemple, si le père et un oncle ou la mère et une tante ou un frère direct ou une sœur indirecte lui demandent à la fois un travail ou un service quelconque, il s'acquitte d'abord de celui sollicité par l'oncle ou la tante ou par le frère indirect ou la sœur indirecte. Ainsi, l'égalité des enfants est assurée, le sentiment de n'appartenir qu'à sa mère, à son père, à ses frères et à sœurs directs est complètement éclipsé en faveur de celui de n'être que le fils ou la fille de tous et le frère ou la sœur de tous les enfants de la famille, somme toute, d'être la propriété de la collectivité tribale, avec les droits et devoirs égaux à ceux des autres membres.

Les enfants d'un homme et ceux de sa sœur sont des frères, mais des frères à plaisanterie, des frères qui ne doivent pas se fâcher, des chahuts et moqueries dans des rires joyeux et des tapes amicales. En d'autres termes, ce sont des cousins, les premiers considérés comme les « esclaves » des seconds et les seconds considérés comme les »maîtres » des premiers. Ils s'appellent entre eux comme tels avec grand plaisir.

Ainsi, l'on entend dire

n'na dionké	= mon « esclave » (masculin singulier)
n'na dionkélou	= mes « esclaves » (masculin pluriel)
n'na dion mousso	= mon « esclave » (féminin singulier)
n'na dion mousso lou	= mes « esclaves » (féminin pluriel)
n'marikhi ké	= mon « maître »
n'marikhi kélou	= mes « maîtres »
n'marikhi moussou	= ma « maîtresse »
n'marikhi moussoulou	= mes « maîtresses ».

Le devoir des « esclaves » vis-à-vis de leurs « maîtres » consiste à faire les bouffons derrière eux, à leur solliciter des cadeaux en chantant et en dansant, danse dite *diondongo* (danse « d'esclaves ») En contrepartie, les « maîtres » s'acquittent des doléances de leurs « esclaves » en leur offrant des cadeaux quand ils le peuvent. Tout se passe dans des exclamations de joie et de tapes amicales et fraternelles.

Peut-être est-il utile de préciser que lorsqu'un homme et une femme sont de même père et de même mère, leurs enfants ne peuvent pas contracter de mariage, ni avoir des rapports sexuels, parce qu'ils sont considérés comme des frères et sœurs de même sang. En revanche, peuvent le faire et le font les enfants de ceux qui n'ont pas le même père et la même mère. C'est là un progrès évident dans l'évolution de la famille du Gnokholo traditionnel.

Par ailleurs, la plaisanterie faisant des enfants du frère les « esclaves » de ceux de la sœur pourrait bien être aussi une séquelle du matriarcat madingue : prédominance de la femme sur le foyer de son frère et soumission de ses enfants aux siens. Ces rapports de soumission durent s'assouplir en rapports de cousinage après la victoire du patriarcat sur le matriarcat.

Les enfants d'une femme du Gnokholo voient dans le frère de sa mère, qu'ils appellent « *n'baring* », l'assurance de leur avenir et le considèrent religieusement comme leur fierté d'homme, leur fierté sociale. Car c'est chez lui, dans sa tribu, que les garçons prennent femme (la première épouse), une cousine, considérée comme la femme idéale par excellence, dite « *barinna mousso* », femme de chez l'oncle ou « *bato mousso* », femme centrale ou de confidences.

La maison du frère d'une femme est un lieu idéal pour son enfant des deux sexes et fait sa fierté suprême. On ne saurait définir la joie qu'éprouve le frère d'une femme recevant comme hôte l'enfant de sa sœur qu'il appelle « *kaou* ». Les enfants de sa sœur appellent sa femme *n'barimba*. Cette appellation signifie la mère de chez l'oncle. Son fils ou sa fille l'appelle comme sa propre maman :

- *n'ding kélou* = mes fils
- *n'ding ké* = mon fils
- *n'ding mousso lou* = mes filles
- *n'ding moussou* = ma fille.

Les fils d'une femme peuvent se permettre le plus naturellement de « voler » des poulets et des couteaux de son frère à l'occasion de leurs visites chez lui. Les filles, de leur côté, peuvent se servir à volonté dans le grenier à céréales de leur oncle sans aucune forme de procès, d'où qu'il vienne. C'est une manifestation de fierté pour tous et pour chacun des deux côtés. En effet, l'acquisition de ces objets et produits par de tels procédés n'est pas guidée par le besoin, la nécessité des auteurs, mais par l'honneur et la fierté que les deux familles y éprouvent face à leur environnement social.

C'est dire que les rapports des enfants d'une mère avec son frère constituent une base fondamentale de considération sociale dans la société gnokholonkaise.

Par ailleurs, le cou de tout animal abattu à la chasse ou à une cérémonie quelconque par un homme en présence d'un enfant de sa sœur revient de droit à ce dernier. Cette part de viande se dit *baring kangho* (« cou » de l'oncle) Ainsi, pendant les cérémonies et les travaux collectifs de leur oncle, ils se servent à volonté dans les boissons, si boissons il y a. Cette part de boisson se dit aussi *barin koungho* (« tête » de l'oncle) Celui qui le fait reçoit sur la tête, au moment même de l'acte, des coups de poings secs des fils de son oncle en guise de récompense. Tout se termine par des rires joyeux et des tapes amicales.

Mais si les enfants d'une femme sont libres et, dans une certaine mesure, maîtres de la maison et des biens du frère de leur mère, ils ont des devoirs vis-à-vis de celui-ci et de ses épouses. Ces devoirs sont les mêmes que ceux qu'ils ont envers leurs pères et mères. Ainsi, à la demande ou non de leur oncle, ils lui prêtent leur concours lors des travaux champêtres, des constructions et réfections de maisons, des cérémonies de circoncision par leur participation matérielle et physique à leurs préparatifs. A la demande d'un oncle, un enfant peut séjourner chez lui pendant les mois nécessaires à l'exécution du service demandé. Tous ces égards et considérations dus à sa personne le rehaussent socialement et resserrent les liens entre les familles.

La sœur d'un homme est pour ses enfants une merveilleuse fée. Pour attirer ses bénédictions sur eux, ils lui doivent respect et honneur absolus, afin de ne pas éveiller son courroux. Le courroux d'une femme contre les enfants de son frère peut les rendre malheureux, rendre infructueux leurs souhaits et entreprises dans la vie. Ainsi, l'on dit d'un malheureux ou d'une malheureuse, de quelqu'un ou de quelqu'une allant d'insuccès en insuccès qu'il ou qu'elle a la malédiction de la sœur de son frère, dite *bingki danka*. Consciente des conséquences malheureuses de ses attitudes fâcheuses, la sœur d'un père de famille évite autant que possible de se fâcher contre les enfants de son frère, de les gronder, à plus forte raison, de les corriger. Ainsi, les enfants d'un frère sont choyés par sa sœur.

Les obligations des enfants d'un père vis-à-vis de sa sœur sont : le bonjour quotidien quand ils habitent le même village et, dans le cas contraire, des visites périodiques, exécution sans délai des services demandés, concours volontaires pendant les travaux agricoles et la rentrée des récoltes ; offre de cadeaux divers (noix de cola, sel, produits agricoles, de chasse, de pêche, etc.). Acceptation franche de la médiation de la sœur du père dans les conflits en leur sein et avec leurs parents. Ces devoirs sont prioritaires sur ceux que les enfants ont envers leur propre père et mère. De leur côté, les sœurs du père leur servent de conseillères, de protectrices contre les châtiments des parents, de confidentes intimes sur les questions familiales et matrimoniales.

Ainsi, elles seules sont juges des litiges opposant les enfants à leurs parents et prennent leur défense en cas de nécessité.

Il ressort de ces rapports un concept religieux faisant de la sœur d'un homme une divinité, une « tante-taboue » respectable et respectée par les enfants de son frère. Ce serait là aussi une survivance du pouvoir matriarcal que connut la société mandingue. Des rapports de Mère-Dieu et d'enfants fidèles ou, en d'autres termes, des rapports d'assujettissement des enfants à leur tante dus à la domination de leur père par celle-ci se transformèrent en s'humanisant sous le pouvoir patriarcal.

Ce sont des rapports de belles-sœurs se devant mutuellement respect, honneur et conseil. Mais il s'agit surtout ici des rapports de sœurs de même famille ou de mêmes parents en raison de plusieurs facteurs dont la parenté de la sœur et du mari, de la nature des relations de leurs enfants et de celles qui les lient à ces derniers. Leur cohésion dans l'entente et vice versa est totale. Rien n'est étonnant à cela, car, entre autres choses, la sœur du frère joue un rôle déterminant dans le choix et la décision de ses mariages, ce qui fait d'elle la conseillère et la confidente absolue de ses belles-sœurs. A ce titre, elles lui soumettent discrètement leurs conflits et elle les règle discrètement, à la satisfaction de toutes. Ainsi, protectrice de ses belles-sœurs contre le courroux de leurs maris, elles sollicitent son concours où elle intervient librement pour y mettre fin. La sœur seule, en cas de nécessité, peut prendre partie pour ou contre son frère, dans les conflits l'opposant à ses femmes ou à l'une d'elles et impose la solution définitive. Ainsi, apparaît l'influence de la femme dans le foyer de son frère, que nous allons voir au paragraphe suivant.

Les rapports entre un frère et une sœur sont les plus affectueux et les plus féconds. Pour cette raison, le garçon ou l'homme heureux est celui qui a une ou plusieurs sœurs, et la fille ou la femme heureuse, celle qui a un ou plusieurs frères. En effet, ils forment deux éléments d'un tout : la réussite dans la vie et la continuité de la lignée dans le temps et dans l'espace, la garantie de la force, de la puissance de la tribu dans le présent et l'avenir. Cette raison sous-tend tous les rapports familiaux tribaux ou clanaux.

Dès l'enfance, le frère protège sa sœur contre la méchanceté des garçons. Au stade de la jeunesse, il lui procure comme cadeaux des produits de la chasse, de la pêche et de la cueillette. Entre autres choses, le bassin d'un animal abattu à la chasse par le frère appelé *Kolo* ou *bâringmoussoukolo bassin* revient à la sœur, le fond de l'outre de miel récolté par lui revient de droit à la sœur présente ou aux sœurs présentes. Mais le cadeau le plus marquant dans cette société pour une sœur est le bijou (bracelet ou collier de perles) ou le mouchoir de tête et même un pagne.

A l'offre d'un cadeau, sur-le-champ, la sœur entonne une chanson louangeuse et danse aux claquements des mains de l'entourage. C'est l'un des spectacles spontanés les plus sentimentaux faisant la fierté de la maisonnée.

Sur la décision d'accorder la main de la fille en mariage, la voix de son frère est prépondérante. La raison réside dans le fait que les parents (père et mère, oncles et tantes) ont leur jeunesse derrière eux et, en conséquence, se trouveront absents le jour où des problèmes se poseront à la fille dans son ménage. Ainsi donc, un frère est considéré comme le plus grand responsable du mariage de sa sœur et, à ce titre, endosse toutes les conséquences futures : la défendre contre les brimades et inimitiés éventuelles de son époux, lui venir en aide économiquement en cas de nécessité. Une autre responsabilité assumée par un homme vis-à-vis de sa sœur consiste à la recevoir dans sa maison avec ses enfants au cas où, pour une raison ou pour une autre, elle perdrait son mari et se trouverait sans soutien dans la famille de celui-ci. Il a le devoir de l'abriter et de l'aider à élever, à éduquer ses enfants orphelins qui se trouveraient sans soutien au sein de leur famille paternelle jusqu'à ce qu'ils deviennent majeurs. Il doit donner asile et protéger ses enfants qui, pour une raison ou par une autre, seraient proscrits par les habitants de leur village d'origine, etc.

Apparaissent clairement ici les raisons de l'espoir qu'une fille du Gnokholo traditionnel fonde sur son frère et de l'importance que lui accordent ses enfants comme garant de leur avenir.

Que représente une femme pour son frère dans le Gnokholo traditionnel ? Sa première « femme », l'auréole de sa vie, répondent les anciens. En effet, jeune fille, elle balaie sa case, fait son linge, donne de l'eau à boire et pour se laver, lui offre des cadeaux dont les plus marquants sont un boubou ou une couverture en cotonnade cardée et filée par elle. Ces dons ne sont pas fréquents, mais périodiques, selon l'abondance de la récolte du coton et les nécessités extérieures de la famille. Car l'étoffe, marchandise royale au début du Gnokholo, sert de monnaie d'échange et entre dans la dotation des jeunes filles de la concession. En plus de ses services rendus, la fille, par sa dot, contribue notablement à l'économie familiale et, partant, à la dotation des femmes de ses frères. Extraite de sa famille par nécessité conjugale, elle continue d'en être membre à part entière, avec tous les droits et avantages. Ainsi, elle est informée ou consultée sur tous les grands problèmes de sa famille comme les mariages de ses frères et sœurs, les baptêmes, les circoncisions. Confidente de son frère pour les questions familiales et matrimoniales, elle est sa conseillère, grande organisatrice des cérémonies de son mariage, elle règle les litiges l'opposant à son épouse. Tels sont les rapports d'un homme et de sa sœur. Ce sont des rapports de solidarité et d'entraide mutuelle dans la fraternité la plus totale.

Comme nous l'avons vu, les dénominations de père, mère, fils, fille, frère, sœur, oncle, tante ne sont pas de simples titres honorifiques, mais conditionnent avec elles des obligations mutuelles très précises et très sérieuses dont l'ensemble forme une part essentielle de l'organisation sociale de la famille du Gnokholo.

Par ailleurs, l'influence d'une sœur sur les enfants de son frère, la nature des rapports existant entre ce dernier et le frère de leur mère, d'une part, et entre les enfants de la sœur et du frère, d'autre part, sont quelques-unes des survivances du matriarcat mandingue dans la société du Gnokholo et constituent des preuves de l'existence de ce matriarcat où la famille, en plus des membres de la famille, les neveux et les nièces qui autrefois étaient des frères. N'est-ce pas là une confirmation de Morgan quand il disait : « La famille est l'élément actif ; elle n'est jamais stationnaire, mais passe d'une forme inférieure à une forme plus élevée à mesure que la société se développe d'un degré inférieur à un degré plus élevé »?

Le village

Dans le Gnokholo d'autrefois, chaque village constituait une unité sociale indépendante, régie par une structure communautaire. C'est là un retour en arrière du fait que le peuple ayant constitué le Gnokholo, vient d'un Etat à structures féodales, et retourne au passé, à ses anciennes structures communautaires. Jacques Richard Molard, dans son livre *Problèmes humains en Afrique occidentale* (1958), nous rapporte la juste explication de ce phénomène comme suit :

> Suivant les vicissitudes historiques au sein d'une même ethnie, c'est cette structure qui l'emporte ou l'autre (c'est-à-dire la structure communautaire ou féodale). Il y a cinq siècles, le Mali était le modèle du genre ; il en reste marqué. Pourtant, l'éclatement de cet empire a permis à bien des régions de manding d'en revenir à la structure primitive : on y voit refleurir avec l'animisme, les cellules locales de la société du Komo, et l'on retrouve la vieille communauté paisible (Molard 1958:73).

Tel fut le cas pour les clans et tribus fondateurs du Gnokholo. Le groupement des clans et tribus mandings en ce lieu contribua au rayonnement d'un dialecte (*gnokholonka-kan*) de la langue malinké et d'une civilisation locale, ayant pour substrat celle du *mandinka kan* originel.

Par ailleurs, pour se protéger et protéger le bétail des fauves, les champs des animaux pillards, les stocks d'aliments, les habitations et des velléités agressives des voisins proches ou lointains, les clans et tribus du Gnokholo traditionnel formèrent de gros villages.

Rançon, dans son ouvrage *Voyage en Haute Gambie,* nous rapporte les effectifs des villages qu'il avait visités dans les années 1890 et 1891 :

Sibikiling :	500 habitants
Badon :	700 habitants
Tomboronkoto :	450 habitants
Djikoye :	400 habitants.

Ces chiffres sont éloquents en eux-mêmes pour illustrer notre propos. Chaque village a un effectif assez important, comme ci-dessous rapporté.

Organisations politiques

Soukébaya est une organisation politique consultative. Elle regroupe les hommes âgés. Ses membres portent le titre de *Soukéba* au singulier et *Soukébalou* au pluriel. En somme, ce sont des personnes ayant déjà cédé la direction des affaires du village à d'autres plus valides. Ces derniers les consultent sur des problèmes délicats et complexes comme, entre autres, les guerres et meurtres, pour s'enrichir de leurs conseils. Les *Soukébalou* aident à résoudre les conflits divers, dirigent les cérémonies de mariages, de baptêmes, de cultes et de décès.

Bératikhiya ou *bantabatikhiya* est la deuxième organisation politique, l'organisation suprême, constitue le pouvoir législatif du village. Les membres portent le titre de *bératikholou* ou *bantabatikholou* (au singulier *bératikho*, ou *bantabatikho*), ont pour tâches de veiller sur le respect des institutions, règlements et coutumes du village, d'assurer la sécurité des personnes et des biens, l'ordre et la cohésion sociale, la protection des eaux et forêts classées pour des raisons d'utilité publique. A ce titre, les *bantabatikholou* sanctionnent les contrevenants, organisent et dirigent les travaux d'intérêt commun au village, fixent les calendriers des fêtes villageoises, des pêches annuelles de certaines eaux et de la chasse annuelle de certains sites. En outre, ils décident de la guerre et de ses clauses, forment le conseil de guerre, organisent et dirigent la défense du village et son apport à la sécurité des autres villages du pays.

Les *bératikholou* ne sont pas redevables, mais passibles d'amendes pour des infractions commises aux lois et règlements de la communauté villageoise, applicables par eux.

Gouloutalaya est le pouvoir exécutif, troisième organisation politique. Il sert de liaison entre le pouvoir législatif et les organisations administratives. On y accède à l'âge de 25 à 30 ans pour y demeurer jusqu'à 35 ou 40 ans. Les membres sont appelés *gouloutalalou* au pluriel et *gloutala* au singulier. Ils sont chargés de l'exécution des décisions des *bantabatikholou* dans les organisations administratives et militaires : notification et récupération des redevances et amendes infligées, organisation pratique des travaux d'intérêt commun et de la défense du pays.

Les *gouloulatalou* sont les officiers de l'armée du village et en constituent l'Etat-major général. Ils assurent la stratégie et mènent les opérations tactiques. Ils ne sont pas redevables, mais passibles d'amendes pour des infractions commises aux lois et règlements en vigueur.

A cela correspond une organisation féminine similaire appelée *moussoundingholou*, signifiant jeunes femmes. Ce groupe comprend les jeunes dames qui ont totalisé un à six ans de mariage. Elles sont chargées de la préparation des repas des cérémonies publiques.

Organisations administratives du village

Kamaring ya

Kamaring ya est la première organisation administrative parce que n'ayant pas de pouvoir politique. Elle est formée de tous les jeunes masculins circoncis appartenant à plusieurs organisations de classes d'âge. Ils portent le titre de *kamaringho* au singulier, de *kamaringholou* au pluriel. Leur âge varie de 20 à 35 ans. Ils sont redevables et passibles d'amendes. Ils constituent la force motrice du village et sont les piliers de toutes les activités économiques et sociales, comme nous le verrons plus loin. Pour cette raison, ils forment l'armée régulière et active du village.

Très disciplinés et dévoués, ils sont toujours prêts, à tout moment et en tout lieu, à répondre aux appels des *bantabalikholou* et à accomplir avec succès toutes leurs décisions pour en tirer une fierté sociale, une fierté collective et, par-là, se sentir membres de la communauté. Car, selon le milieu, ainsi seulement on reconnait son apport, sa marque indélébile à la vie sociale, collective, le fait d'avoir accompli son devoir envers la collectivité. En contrepartie, et à juste raison, ils sont les premiers et les mieux servis, toujours et partout, dans la restauration, à l'occasion des cérémonies et travaux collectifs. C'est là à la fois un encouragement, une reconnaissance de leur effort inestimable dans la vie de la communauté.

Solimaya

C'est la deuxième organisation administrative du village, composée des jeunes des deux sexes de treize à dix-huit ans, appelée communément *solimalou* au pluriel, *solima* au singulier, avec des appellations par sexes comme suit :

- *Solima kélou*   = les jeunes garçons adolescents
- *Solima sounkoutolou*   = les jeunes filles adolescentes.

Le *solimaya* dure trois à cinq ans, selon que le groupe y a accédé plutôt ou non. Toutefois, les jeunes y militent jusqu'à l'âge de dix-neuf ans environ pour voir leur demande acceptée d'accession au statut d'hommes ou de femmes par la collectivité (cérémonie de circoncision et d'excision).

Les *solimalou* sont sous l'autorité directe des *kamaringholou* qui les encadrent et assurent leur éducation et leur formation dans les activités économiques et sociales.

Les *solimalou* sont redevables, passibles d'amendes en cas d'infraction aux lois et règlements. En outre, en cas de fautes graves, ils subissent des corrections corporelles de la part des *kamaringholou*, car on pense que c'est le dernier stade de l'homme où il faut lui extirper tout comportement négatif par de telles pratiques.

Lorsque les jeunes adolescents accèdent au titre de *solimaya*, ils conaissent déjà les tâches d'intérêt public dévolues à leur groupe. Les obligations qui leur incombent sont spécialement la confection des masques, la propreté du siège du pouvoir législatif appelé place du village, la confection des tam-tams et l'animation régulière du village en collaboration avec leurs homologues filles, tout cela avec et sous la direction des *kamaringholou*.

Pour les *solima sounkoutolou* jeunes filles *solimalou*, elles fournissent de l'eau sur les chantiers des travaux collectifs et publics, préparent les repas de certains travaux et certaines cérémonies d'intérêt commun, éteignent le feu ayant servi à l'éclairage des manifestations sur la place public.

En outre, elles ont la charge d'inviter, à l'occasion des manifestations culturelles, les artistes vedettes de la chanson et de la musique, de les placer dans des conditions matérielles et morales leur permettant d'assurer de bonnes prestations.

Kountamboriya

C'est la troisième organisation administrative. Elle regroupe les jeunes des deux sexes de six à huit ans pour une durée de trois à cinq ans. Les jeunes y demeurent donc jusqu'à l'âge de douze à treize ans. Ils portent le titre de *kountanborolou* au pluriel et *kountamboro* au singulier qui signifie, « le groupe biche *Kountangho* ».

La *kountangho* est une biche de la brousse du Gnokholo, capricieuse, intrépide, capable de courir de grandes distances même quand elle a une des jambes fracturées. Le comportement de cette biche fait dire aux chasseurs du pays que « la *kountangho* doit être visée à bout portant, la tête écrabouillée sinon, c'est peine perdue de la poursuivre ».

Ainsi donc, la *koutangho* est considérée au Gnokholo comme un animal têtu, qui ne se résigne devant aucune difficulté, ni devant la mort ; elle est qualifiée de biche tenace et entêtée.

Donc, ces enfants tiennent le nom de leur groupe de cet animal, la *koutangho* comme un totem, ils ont ses qualités et ses défauts à la fois. Le groupe des garçons est appelé *koutantbori kélou* et celui des filles *koutantbori mousolou*. Ils sont placés sous l'administration directe de leurs aînés solimalou, sont redevables et passibles d'amendes. Les garçons subissent le plus souvent des corrections corporelles de la part de leurs aînées, les *solimalou*, pour les raisons suivantes :
- pour qu'ils mesurent bien la gravité des infractions commises ;
- ensuite, c'est une épreuve d'endurance physique et morale ;
- et enfin, c'est une méthode de dissuasion efficace à l'endroit des contrevenants à l'ordre établi.

Les jeunes *Kountangbori moussoloue* ne sont pas punies corporellement.

Mankaranboriya

C'est la quatrième organisation administrative. Elle compte en son sein des enfants des deux sexes de cinq à neuf ans.

Mankara est le nom d'une autre biche de la brousse du Gnokholo de la même famille que la koutangho, à la seule différence que la *mankara* est plus facile à abattre. Contrairement à la *koutangho*, elle n'est pas capricieuse et ne fait pas preuve de courage et de vigueur extraordinaires. Une fois sevrée, très vite, elle se détache de sa mère. Ce comportement de la *mankara* correspond à celui des enfants qui cessent d'être en permanence sous l'ombre de leur mère, s'assument de plus en plus de manière indépendante pour se retrouver entre eux, autour des jeux qui leur sont communs.

C'est une catégorie d'enfants qui sont tous des novices dans la vie, ignorent le danger et sont, en conséquence, vulnérables.

Ils ne sont soumis à aucune obligation sociale, constituent en fait un groupe indépendant d'enfants, liés principalement encore à leurs familles.

Comme nous le voyons, la *mankara boriya* est une gestation ou une sélection de jeunes se préparant à participer à la vie sociale et collective du village, à s'arracher de l'unique influence de leurs familles. Cette sélection ne se fait naturellement sans aucune intervention ni des parents, ni d'autres personnes du village. Les enfants sont à même de former ce groupe instinctivement et le scellent par l'appellation entre eux, *ké* mon égal, et par le titre qu'ils portent, *foulammalou*, les égaux. Signalons que, par extension, les mots *ké* et *foulamma* sont synonymes et signifient camarades de classe d'âge, camarades de même âge.

Soussoulaboriya

C'est la cinquième et dernière organisation administrative et elle compte en son sein les enfants des deux sexes de trois à cinq ans. *Soussoula* signifie le moustique et *boro*, le groupe, donc le groupe moustique. Ce groupe d'enfants s'appelle *soussoula boro* pour deux raisons :
- à cet âge, l'enfant est encore aux côtés de sa mère et est agaçant comme le moustique ;
- la deuxième raison est leur bas âge et, partant, leur fragilité. Ils se regroupent essentiellement autour des jeux. Comme le *mankara boriya*, ils forment un groupe indépendant et ne sont assujettis à aucune obligation sociale.

Fonctionnement des organisations administratives

Nous pouvons dire qu'un *boro* est une organisation de classe d'âge puisqu'il regroupe des personnes des deux sexes d'à peu près de même âge. La différence d'âge la plus courante est d'un an au maximum.

Les trois dernières organisations administratives n'ont pas de direction, c'est-à-dire que leurs membres ne forment pas de bureau qui les dirige. C'est pour cette raison qu'on les nomme ainsi, en faisant suivre le préfixe *boro* d'un suffixe qui est le nom de l'insecte ou de l'animal auquel le groupe s'identifie, comme dit plus haut et qui s'appellent comme suit :
- *soussoula boro* = le groupe moustique ;
- *mankara boro* = le groupe mankara ;
- *kountang boro* = le groupe kountangho.

Quand le groupe *koutang boro* accède à l'organisation *solimaya*, des changements interviennent dans la structure du *boro*. D'abord les membres changent de titre et devenaient *solimalou* en continuant d'observer la division par sexe. Alors, les *solimakélou* et *solima sounkoutolou* forment chacun un bureau dont les membres sont inamovibles et comprennent :
- un président ou une présidente dit *bori kountikho* ;
- un vice-président ou une vice-présidente, *bori kountikhi lankangho* ;
- un ou une responsable à l'organisation et aux relations, appelé(e) *bori madio* ;
- un ou une responsable-adjointe à l'organisation et aux relations dit(e) *bori madiou lankangho*. Si les membres sont assez nombreux, on double les responsables (deux responsables à l'organisation et aux relations, avec leur adjoint. Ainsi, le bureau peut compter de quatre à huit membres.

Bori kountikho est la personnalité morale du *boro* à qui les membres doivent respect et obéissance. Sa voix est prépondérante dans les questions litigieuses et sur avis de l'assemblée. Il représente le *boro* partout où c'est nécessaire, gère ses biens, convoque les assemblées et les préside.

Si, par exemple, le *boro* des *solima kélou* élit un *Mamadou* comme président et celui des *solima sounkoutolou* une *Fatou*, ils s'appellent et se font appeler respectivement :
- Mamadou *borolou* = le « *boro* de Mamadou »
- Fatou *borolou* = le « *boro* de Fatou ».

Ces divisions et ces appellations continuent jusqu'à la mort. La place publique, le siège du pouvoir législatif *béra* ou *bantaba*, devient désormais le siège permanent des *solima kélou* et peut être transféré chez le président en cas de pluie ou de nécessité. Quant aux *solima sounkoutolou*, la maison de leur présidente constitue le siège permanent. Pour traiter des questions communes aux garçons et aux filles, ils se réunissent dans la maison du président des garçons.

A la fin de l'assemblée ayant élu le bureau, le ou la *kountikho* (président (e)) est accompagné chez lui ou chez elle par ses camarades du bureau pour faire part à ses parents du choix de ses camarades. A l'occasion, les parents font la critique de leur fils ou fille (en mettant en exergue ses insuffisances) pour qu'ils en tiennent compte. Ces suggestions des parents sont portées à la connaissance de l'ensemble des membres au cours de leur réunion suivante.

Pour conclure, nous disons que le *solimaya* est la consécration par la formation d'un bureau en son sein, et par lui-même, du *boro* à ce titre (voir tableau II ci-dessous).

Quant à l'organisation *kamarinya*, c'est une structure informelle regroupant les membres circoncis de plusieurs associations de classe d'âge (*borolou*) attendant d'accéder à l'organisation politique *gouloutalaya*. Elle a pour direction formelle l'association de classe d'âge la plus âgée. Mais chacune d'elles continue d'y observer son autonomie interne et conserve son appellation propre comme auparavant.

Les *kamaringholou* forment avec les solimalou et les *kountamborolou* le mouvement des jeunes du village appelé *Kamaring touloungho*. Il a pour rôle l'animation du village.

Les tableaux II, III, IV et V résument l'organisation du village du Gnokholo traditionnel.

Tableau 6 : Organisation des classes d'âge (*borolou*)

Appellations des classes d'âge	Appellations des membres des classes d'âge	Noms des classes d'âge selon les sexes	Observations
Soussoula boriya	*Soussoula borolou*	*Soussoula bori kélou* (classe d'âge des garçons) *Soussoula bori sounkoutolou* (classe d'âge des filles)	N'ont pas d'organes dirigeants
Mankara boriya	*Mankara borolou*	*Mankara bori kélou* (classe d'âge des garçons) *Mankara bori sounkoutolou* (classe d'âge des filles)	N'ont pas d'organes dirigeants
Kountang boriya	*Kountang borolou*	*Kountang bori kélou* (classe d'âge des garçons) *Kountang bori sounkoutolou* (classe d'âge des filles)	N'ont pas d'organes dirigeants
Solimaya	*Solimalou*	*Solima kélou* (classe d'âge des garçons) *Solima sounkoutolou* (classe d'âge des filles)	Chaque groupe des deux sexes a son organe dirigeant

La société et ses organisations sociales   107

Figure 3 : Organisation politique et administrative du Gnokholo traditionnel

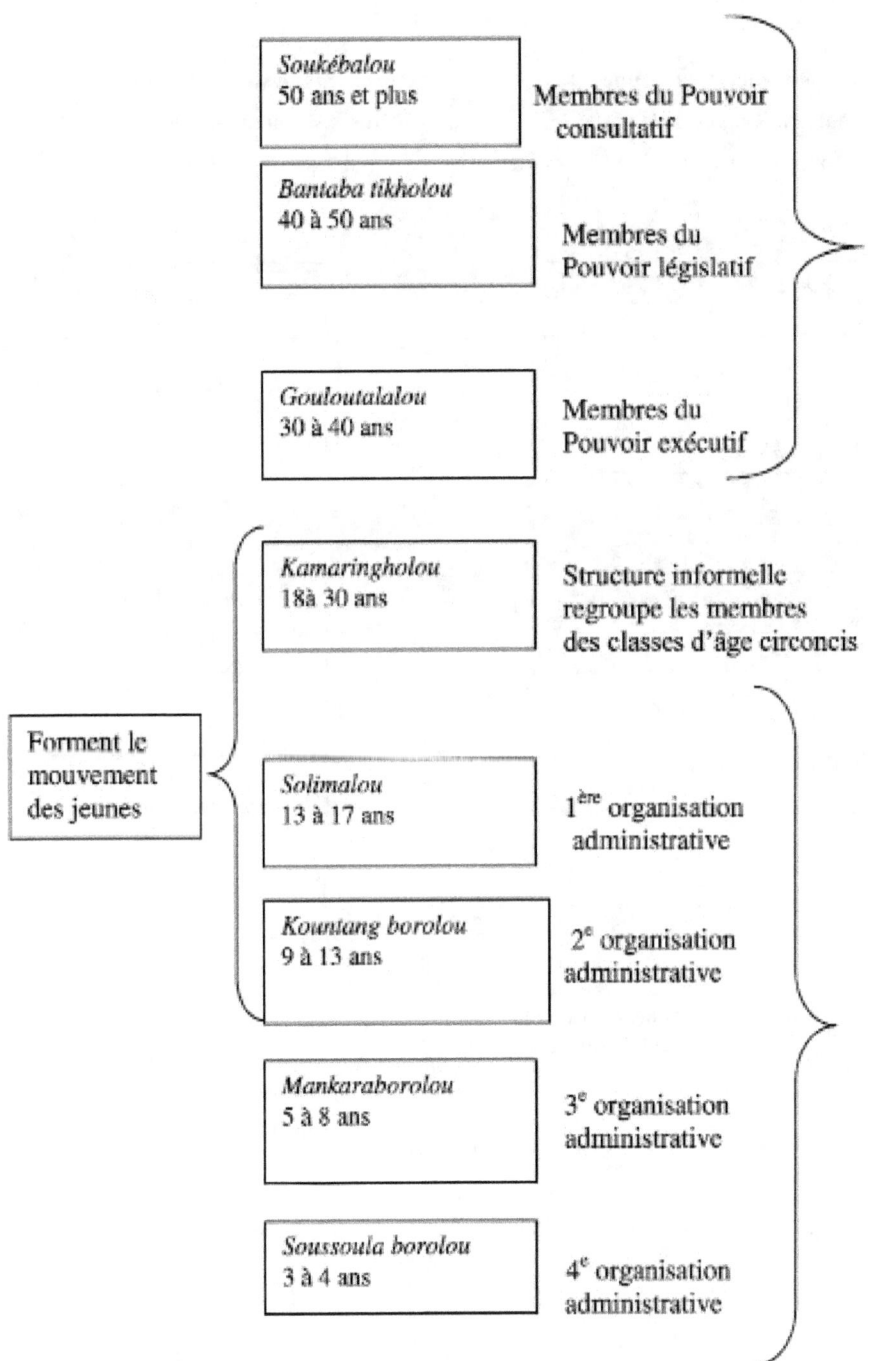

Figure 4 : Organisation politique et administrative du Gnokholo traditionnel (selon les sexes)

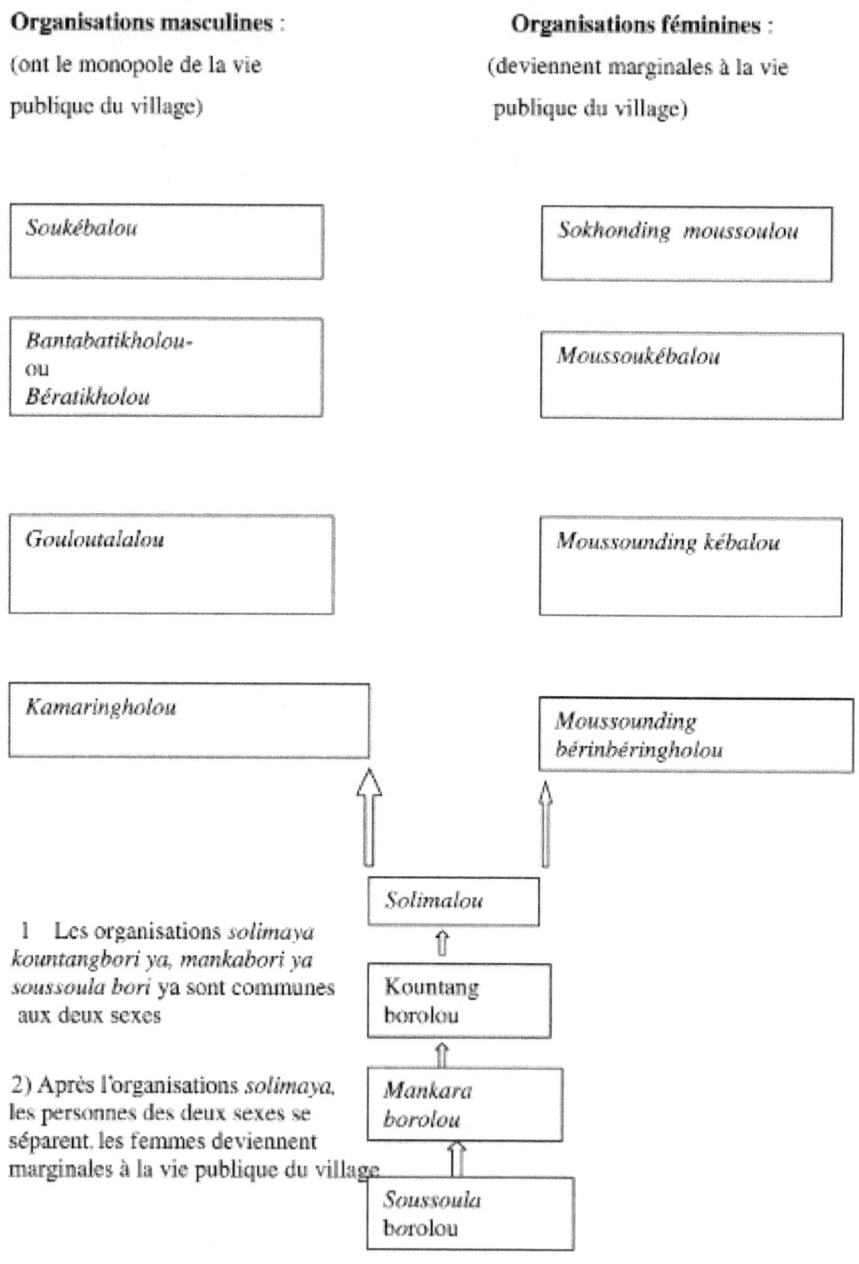

Le fonctionnement des organisations politiques

Les bamtabtikholou ou bératiholou (membres du législatif)

Ils forment un bureau de six à huit membres en leur sein, lesquels sont inamovibles. Mais ici, la présidence revient absolument au membre du clan détenteur du *gankourang* (voir titre sur les masques). A défaut d'un membre de ce clan, la présidence revient au membre le plus âgé des *bantabatikholou*. C'est dans le même ordre que les autres membres du bureau sont choisis. Mais il n'est pas indiqué que les clans détenteurs des masques (*gankourang* et du *sikka*) monopolisent toute l'organisation. Pour ce faire, la présidence et le secrétariat général leur reviennent et les autres responsabilités sont réparties entre les membres choisis parmi les autres par ordre d'âge. Le secrétariat a une fonction active et, pour cette raison, il est toujours confié aux membres les plus jeunes de l'organisation. C'est là une différence qualitative avec celle du *solimaya* et du *boro*.

Les membres du bureau sont les suivants :

- un président : *bantabatikhi kountikho* ou *bératikhi kountikho* ;
- un vice-président : *bantabatikhi kountikhi lankangholou bératikhi kountikhi lankangho,*
- un secrétaire : *bantabatikhi madio* ou *bératikhi madio* ;
- 2 à 5 secrétaires adjoints: *bantabatikhi madiou lankanglou* ou *bératikhi madiou lankangholou.*

Le président est la personne morale de l'assemblée et du village. Il les représente partout où c'est nécessaire, convoque les réunions, préside les séances de l'organisation. Il n'a la voix prépondérante sur aucune question, mais dégage ou conclut, après discussions, les points sur lesquels l'unanimité ou la majorité s'est faite. Il gère les biens de l'organisation.

Le vice-président de l'Assemblée législative seconde le président dans ses fonctions et le remplace en cas d'empêchement ou de décès.

Le secrétaire assure les liaisons avec les assemblées consultatives et exécutives, les convocations des réunions de l'organisation, les missions auprès des Assemblées législatives des autres villages, tient la comptabilité des redevances et amendes. Il organise et dirige la préparation des boissons et repas des cérémonies publiques, répartit, selon les règles établies, les victuailles à l'occasion de ces cérémonies. Les secrétaires adjoints assistent le secrétaire général dans ses fonctions.

Gouloutalalou - membres de l'Assemblée exécutive

Ils élisent une direction comme suit :

- un président : *gouloutala kountikho* ;
- un vice-président : *gouloutala kountikhi langangho* ;
- un secrétaire : *gouloutala madio* ;
- deux à trois secrétaires adjoints : *gouloutala madiou lankangolou.*

Les femmes ne participent pas aux organisations politiques (voir Figure 3). Celles-ci cessent d'appartenir aux structures administratives d'une manière directe après leur mariage, donc après le *solimaya*.

Dès lors, elles forment, parallèlement aux organisations politiques, des groupes plus ou moins marginaux, ne participant plus à la vie publique active du village (voir Figure 4). Quant aux *borolou*, ceux-ci finissent par se fondre dans les structures politiques.

Passage à une organisation supérieure

Le passage à une organisation supérieure se fait de manière différente selon qu'il s'agit des organisations administratives ou des organisations politiques. Cependant, l'accession à ces organisations se fait par palier, comme on monte les marches d'un escalier. Ici, aucune des marches ne doit être sautée par aucun membre de la collectivité. Chacune d'elle est obligatoirement vécue, pour un temps déterminé, par chaque membre de la communauté, afin qu'il soit digne et respecté de ses cohabitants du village.

Pour les organisations administratives

Après la cérémonie de circoncision, les *solimalou* deviennent des *kamaringholou* et intègrent automatiquement la grande structure d'attente *kamaringya*. Alors l'organisation *solimaya* se trouve vacante et dès lors, les jeunes qui jusque-là sont dans l'organisation *kountanboriya* y accèdent automatiquement pour devenir des *solimalou* et former leur bureau dès le premier mois de l'hivernage de la même année.

Ils laissent ainsi de la place dans l'organisation *kountangboriya*. Les jeunes qui, jusque-là, sont des *mankaraborolou* y accèdent automatiquement et prennent le titre *kountanborolou*, premier pas dans la vie sociale du village. Immédiatement, le groupe des enfants appelé *soussoulaborolou* deviennent des *mankaraborolou* et les *houlan malou*, *soussoulaborolou*. Ainsi, le renouvellement des membres des organisations administratives se fait simultanément à la même année, l'année de circoncision. Comme nous le voyons, l'organisation *kamaringya* se renforce d'un *boro* à chaque cérémonie de circoncision.

Pour les organisations politiques

Le mandat de *bératikhiya* dure de neuf à douze ans. Cette période correspond à celle de l'initiation de trois générations (*solima-ya*) Chaque génération *solimalou* fait trois à quatre ans de *salima-ya*, ce qui correspond au mandat du pouvoir législatif de *bératikhiya*. A la cérémonie d'initiation de la troisième où de la quatrième génération, ont lieu le renouvellement des membres du pouvoir législatif (*bératikhiya*) et en même temps celui des membres du pouvoir exécutif (*gouloutalaya*) qui se retirent pour laisser le pouvoir aux gouloutalalou. Ils

rejoignent alors les membres du pouvoir consultatif. Ce sont les membres du pouvoir exécutif en exercice qui accèdent au pouvoir législatif. Pour ce faire, ils s'acquittent des droits suivants :
- 33 gourdes de bière de mil (*dolo*) ;
- 1 taureau ;
- 12 boules de tabac ;
- 4 chèvres ;
- 12 mesures de sel.

Ces droits sont versés aux *bératikholou* qui doivent prendre leur retraite et à qui la demande d'accession est adressée. Cette façon se dit *bantaba sangho* ou *bera sangho* (achat de la place publique)

Photo 5 : Gourdes de *dolo* (bière de mil) sur la place publique à l'occasion d'une cérémonie de circoncision (*gnakha*) à Bantata le 12 avril 1990

Une fois donc ces conditions réunies, un jour de cérémonie est décrété par les ayants droit à laquelle ces derniers invitent leurs homologues des autres villages du Gnokholo. Celle-ci se tient derrière le village, sous de grands arbres bien touffus en raison de l'importance du nombre des invités. A cette occasion, des danses de masques *gankourangholou* sont organisées avec des compétitions régionales.

En principe, c'est une cérémonie des *bantabatikholou*, mais elles sont aussi pour les *gouloutalalou* et les *kamaringholou*, voire les *solimalou*. D'ailleurs, elles ne peuvent se faire sans eux parce qu'ils sont les porteurs de masques qui jouent un rôle important dans cette manifestation.

Durant une journée et une nuit entières, presque tous les membres des pouvoirs législatifs et exécutifs des villages de tout le Gnokholo sont réunis et ensemble, boivent, mangent, croquent et chiquent en l'honneur des *bantabakholou* sortants et entrants. Le partage des repas et boissons se fait par les *bératikholou* sortants eux-mêmes et de la manière suivante :

- *soukébalou* : une part d'honneur dit *bougna* est déposée chez leur doyen ;
- *bantabatikholou* sortants (y compris leurs invités) : une première grosse et bonne part ;
- *gouloutalalou* qui sont entrants (y compris leurs homologues venus des autres villages), la part moyenne ;
- *kamaringholou* (y compris ceux venus des autres villages) : la petite part.

Les *solimalou* et les *sokhoding moussolou* n'ont pas de part proprement dite. Chacune des organisations citées ci-dessus leur en donne. Mais cela est surtout vrai en boisson alcoolisée. Car, selon le milieu, la bière de mil est l'affaire des grandes personnes et le repas (le manger) celle des jeunes. Ainsi donc, les *solimalou* sont bien servis en repas et très peu en *dolo*. De même, la quantité de boisson fermentée décroît du sommet à la base des organisations citées ci-dessus. Là ce n'est que du point de vue du groupe social par rapport à un sexe ; ici par rapport au sexe masculin. Mais du point de vue des sexes, l'homme a la priorité et le privilège sur la femme en boisson fermentée, et la femme sur l'homme en repas. Ainsi, dans cet exemple, les femmes sont servies en repas et très peu en bière de mil.

Il faut remarquer cependant que les *soukébalou* ne sont pas limités dans leur part d'honneur. Ceux qui, parmi eux, sont encore solides pour se déplacer, peuvent se rendre derrière le village, aux côtés des *bératikholou*. Ces derniers se trouvent très honorés par leur présence et les comblent de nouveau de boissons, de tabac, de noix de cola et de mets.

Le transfert du pouvoir a lieu vers quatre heures du soir. En ce moment, le *tamtanba* (gros tam-tam de l'orchestre du pays) est sur place, couvert d'un pagne blanc, objet de compétition entre le groupe sortant et le groupe candidat.

La compétition commence par un signal, qui engage les deux groupes dans une course de fond avec des chances égales, pour savoir lequel réussira le premier à s'emparer du *tamtanba*.

En une pareille circonstance, ce sont toujours les membres entrants qui arrivent à leur but. Le premier arrivé prend le *tamtanba* et le frappe victorieusement aux exigences d'une danse rythmique et populaire du Gnokholo. A cette musique, les perdants de la course et qui sont les sortants crient : « Ils nous ont arraché notre jeune femme » et les victorieux de leur côté s'époumonent : « Nous leur avons arraché leur jeune femme ». Après l'échec des uns et la victoire des autres, les deux groupes retournent à leur place de départ au son de la musique du *gankourangho* soutenue par les membres de la nouvelle équipe. Arrivés là, quelques minutes de silence sont observées pour informer le monde présent, par la voix du président des membres sortants, de la victoire de leurs frères, de leur mérite. Ainsi, ils sont installés au pouvoir en même temps que les membres de deux ou trois *boro* détachés du groupe *kamaring ya* comme membres du pouvoir exécutif *gouloutalaya*.

Cette cérémonie constitue surtout des occasions idéales de contacts, d'échanges d'opinions et d'expériences entre les membres des organisations homologues des différents villages et ce, en vue de préserver, de développer les bons rapports entre eux dans tous les domaines sociaux. C'est également cimenter davantage l'unité du peuple du Gnokholo. Après donc le transfert des pouvoirs législatif et exécutif, ces échanges continuent pour prendre fin le lendemain matin.

Signalons que quelqu'un qui n'a pas suivi le processus normal, à travers les organisations administratives et politiques, pour s'acquitter de ces différents niveaux des devoirs assignés, ne peut pas jouir des avantages de cette cérémonie. Il nous faut indiquer aussi que les femmes, excépté *les sokhonding moussolou*, sont exclues des noces de cette cérémonie. Il en est de même pour les *kountanborolou*, les *mankara borolou* et les *soussoula borolou*.

Méthode et mode de prise de décisions

Dans les milieux du Gnokholo traditionnel, comme dans tout autre milieu du peuple manding, aucune décision concernant la collectivité ne doit et ne peut être prise arbitrairement par qui que ce soit et où que ce soit, en raison de la fidélité des hommes à leurs institutions et coutumes. C'est pourquoi il n'est pas étonnant de voir le malinké réagir, et parfois avec violence, contre l'injustice, même s'il n'est pas la victime. Son principe est de discuter dans l'esprit de justice, et d'égalité pour découvrir ensemble la vérité. Selon l'adage, la vérité est une. Au départ, elle peut paraître non évidente par une partie ou par l'ensemble de l'assemblée. Elle le devient par la discussion franche, et dès lors, l'unanimité se fait autour d'elle.

Selon la nature et l'importance des problèmes sociaux, ceux-ci sont posés et résolus au sein de l'organisation ou des organisations intéressées.

Dans le premier cas, la séance est présidée par le *kountikhi* du *boro* ou de l'organisation ; et dans le second cas, par le *kountikhi* (président) du *boro* supérieur ou de l'organisation supérieure.

Dans le cadre d'une seule organisation, le président ouvre la séance par l'exposé du sujet aux membres de l'Assemblée et demande leurs opinions. Chacun intervient alors pour dire ce qu'il en pense et la solution qu'il trouve la meilleure. En cas de divergences, les discussions sont poursuivies inlassablement ou rejetées à une nouvelle séance très prochaine jusqu'à complet accord des points de vue.

Quand il s'agit d'un problème concernant plusieurs organisations ou *borolou*, il est étudié au préalable par chacune d'elles, puis ensemble, en assemblée générale réunissant leurs membres, présidée par le *kountikhi* de l'organisation supérieure ou du *boro* supérieur. Le *kountikhi* de chaque organisation intervient au nom de ses camarades en exposant et en défendant le point de vue qu'ils ont auparavant adopté. Toutefois, en cas de nécessité, chaque membre peut intervenir tout en restant dans le sens du point de vue de son organisation. S'il y a manque d'accord, les organisations sont invitées à reprendre l'étude de la question pour une nouvelle réunion. En cas d'impasse, les organisations inférieures s'alignent sur le point de vue de l'organisation supérieure et c, de leur propre volonté, en s'engageant à exécuter les tâches dans l'esprit de la décision, mais en refusant d'assurer les conséquences néfastes qui en découleraient.

S'agissant de conflits dépassant un cadre familial mettant aux prises des membres de familles différentes, selon leur nature, et leur gravité, ils sont jugés par les *bératikholou* ou par les membres des organisations auxquelles appartiennent les antagonistes.

Dans les deux cas, les individus sont appelés à s'expliquer devant une assemblée générale de l'organisation intéressée ou des organisations intéressées convoquées à cet effet. Après audition des antagonistes, les témoins et autres personnes-ressources sur l'affaire sont entendus. Ensuite, les autres membres de l'assemblée sont invités individuellement à se prononcer, c'est-à-dire à exposer leurs opinions tout en déterminant celui qui a tort ou raison. Ainsi, l'unanimité de l'assistance prononce la sanction, résumée par le président de séance.

En général, un conflit tranché par les *bératikholou* est sanctionné par de lourdes amendes ou corrections corporelles, ou les deux sanctions à la fois pour les délinquants. Ces amendes et corrections corporelles ne peuvent s'étendre aux camarades de classe d'âge des victimes.

Pour les membres des organisations administratives qui n'ont pas fait la coutume, ils reçoivent des corrections corporelles, y compris ceux qui ne sont pas fautifs, mais les principaux responsables sont doublement sanctionnés.

Elle se fait séance tenante une fois la sentence prononcée ; autocritique qui s'avère loin d'être une humiliation, mais une fierté d'être un homme, dans le sens le plus large du mot et ce, pour s'être reconnu dans le tort ou la raison, ce qui est aussi un honneur et une joie de participer à l'harmonie et à la cohésion de la communauté. Avec l'autocritique, le courroux des antagonistes tombe tout d'un coup en laissant place à l'entente, l'entraide, l'union saine des cœurs.

La personne dans le tort reconnaît sa faute, dit les raisons qui ont motivé son attitude ou acte, le regrette en promettant à l'assistance de ne plus recommencer, demande pardon à son adversaire.

La personne qui a raison fait aussi son autocritique en commençant par se réjouir de la justice faite et, en conséquence, remercier l'assistance, ensuite se condamner pour avoir suivi son camarade dans son erreur et, par-là, de l'avoir encouragé dans son acte et excité dans son tort; il regrette son attitude ayant contribué à déranger les gens et à enfreindre la bonne entente dans la communauté, demande pardon à tous, remercie son adversaire d'avoir reconnu son tort lui-même et par-là même de s'être élevé au rang des hommes.

En général, après un conflit tranché de cette façon, les antagonistes deviennent de très bons amis de toujours et parfois pour le reste de leur vie. Cela peut se vérifier encore de nos jours.

Travaux, services, biens et coutumes relevant de l'autorité suprême du village

Les travaux, services, biens et coutumes communs à toute la communauté sont placés sous l'autorité du pouvoir législatif.

Travaux d'intérêt public

Equipement et entretien de la place publique du village (*béra* ou *bantaba*), entretien des tam-tams publics, nettoyage des alentours du village pour le préserver des feux de brousse, creusage de puits, construction de ponts, ouverture de routes ou pistes, etc.

Services d'intérêt public

Défense de la sécurité intérieure et extérieure du village et des coutumes.

Biens publics communs

Forêts et eaux à conserver, respect des cycles de pêche des eaux poissonneuses, des lieux d'eau de boisson, l'eau de cuisine et de linge, observation des règles pour éviter des incendies et des feux de brousse fâcheux.

Coutumes

Cérémonies de circoncision, cultes du village et masques, respect strict des mœurs.

Redevances et amendes

Les redevances sont des droits institutionnels que les membres des organisations administratives versent collectivement ou individuellement aux membres de l'assemblée législative (*bantalikholou*) par l'intermédiaire de l'assemblée exécutive des *gouloutalou*. Quant aux amendes, elles sanctionnent les infractions commises aux secteurs ci-dessus mentionnés.

Les redevances institutionnelles

Il y en a trois sortes : *haharo, gadero, kora.*

Haharo est une redevance dont s'acquittent tous les deux ans les *solimalou* et les *kamaringholou*. Cela se fait après la cérémonie du *gnonéné*. Les *bantabatikholou* leur exigent un certain nombre de gourdes de miel dans un délai déterminé. Et les jeunes partent en brousse le jour même de la demande chercher du miel. Le temps mis en brousse à cet effet est appelé *haharivoula*. Ils reviennent avant la date du délai fixé. Les gourdes de miel sont directement déposées chez le président de l'assemblée législative (*bantabatikhi kountikho*) En cas de non obtention du nombre de gourdes de miel demandées, les explications accusent en général la rareté pour cette année ou dans la brousse visitée d'essaims d'abeilles, l'incommodité de la période, appuyée de sollicitations de mansuétude et de pardon aux autorités législatives.

Un membre d'une organisation politique en infraction est seul frappé d'amende. Cette amende est en général lourde (une chèvre). Mais pour un membre de l'organisation administrative ayant commis une infraction, l'amende frappe tous les membres de l'organisation à laquelle il appartient. Chez les garçons, il arrive que la gravité de la faute commise entraîne une sanction beaucoup plus grande que le châtiment corporel. Comme l'amende, il s'étend à tous les membres de l'organisation à laquelle appartient le délinquant. L'exécution du châtiment corporel est confiée aux membres de l'organisation immédiatement supérieure à celle à laquelle appartient le coupable. Les exécutants forment une double haie pour passer à tabac, avec des cravaches, les inculpés. Ces derniers peuvent, en faire autant pour leur porte-malheur. Cette correction suprême pour le délinquant directement incriminé peut intervenir même dans le cas de simple amende, mais elle relève de l'unique volonté de ses camarades. Le châtiment corporel est appelé *doundiro* et le châtiment spécifique infligé au porte-malheur par ses camarades : *boussa kountouta*.

Le sexe féminin est épargné du *doundiro* et du *boussa kountouta* qui sont remplacés par des amendes.

Gadéro

C'est aussi une redevance, liée au *haharo*. En effet, au moment où les *bantabatikholou* exigent des *solimalou et des kamaringholou* des gourdes de miel, ils font de même pour le paiement, le même jour, des redevances fixées à chacune des organisations suivantes :

- *moussoundingholou* (jeunes femmes) : une chèvre commune et une quantité déterminée de riz individuellement ou collectivement ;
- *solima sounkoutolou* (filles solima) : une chèvre commune et une quantité déterminée de riz ;
- *kountang borolou* : un poulet pour chaque membre des deux sexes.

Kôra, appelé encore *bantabatikhi kôra* ou *bératikhi kôra*

C'est une redevance individuelle et circonstancielle. Elle ne concerne que les membres des deux sexes des *solimalou*. Il consiste, pour chaque membre de cette organisation administrative participant à un travail collectif quelconque et en quelque endroit que ce soit, de verser une partie de sa part de bière de mil aux membres présents de l'assemblée législative : c'est une redevance de test de soumission volontaire. Elle prend fin avec la circoncision.

Une fois les redevances et amendes rassemblées, les membres de l'assemblée législative, à l'approche de l'hivernage (qui constitue le début de la nouvelle année au Gnokholo), décident de la date d'une cérémonie appelée *gondalo*.

A l'occasion, ils invitent leurs homologues des autres villages. Mais cette invitation n'exclut pas les membres des organisations politiques et administratives des autres villages. Ils peuvent y venir mais à titre non officiel. Quant au village où à lieu la cérémonie, en plus des *gouloutalalou, kamaringholou* et *solimalou* y participent également les femmes dites *sokhonding moussolou*.

Alors, les *beratikholou* organisent un grand banquet avec les produits de *haharo* et *gadero*. Ils font préparer l'hydromel par leurs *madiolou* et le repas par les *sokhoding mousolou*.

La cérémonie *gondalo* se déroule derrière le village à l'ombre de grands arbres, en raison à la fois de la grande chaleur équatorienne de cette époque et surtout du grand nombre du monde invité.

Les membres de chaque organisation prennent ensemble les boissons et les repas, les restes sont gardés ensemble, au centre du cercle formé par le groupe. Ainsi, jusqu'à une heure tardive de la nuit, on mange, on boit tout en observant les exhibitions des masques. C'est aussi le moment, pour les différentes délégations, de procéder à des échanges pour raffermir davantage les liens entre leurs villages et, par-là, l'unité du gnokholo.

A partir de minuit, tout ce beau monde se rend à la place du village pour la deuxième partie de la cérémonie dite *gondalo*. Celle-ci consiste en une matinée culturelle se déroulant de minuit à l'aube, animée par le masque *gankourang koyo* (voir chapitre sur les masques ci-dessous) En effet, à cette occasion, avec une belle voix inimitable, ledit masque entretient son auditoire de la création du monde et de son évolution dont voici les grandes lignes :

- au début, une vaste étendue d'eau de laquelle ont émergé des îles, la première portant à son sommet le carpeau, première forme de la vie, ancêtre des reptiles, des oiseaux et des animaux ;
- des différentes formations sociales et économiques que l'humanité a connues, à savoir, la communauté primitive et le régime esclavagiste qui sont passés, le régime féodal en cours et le régime de l'échange ou du commerce qui va venir ;

- l'histoire du Gnokholo : son peuplement, les conflits avec ses voisins peulh, les figures historiques du pays comme *Nété koto Moussa, Bagnoun Dioula* et *Batranké Sandikhi* et *Honssa* ;
- ensuite, le masque fait le bilan de l'année qui s'achève et dégage les perspectives de celle qui commence. En cas de nécessité, il dicte des sacrifices pour conjurer les maux à venir.

Comme il apparaît, la cérémonie du *gondalo* est un moyen de brassage des populations, de consolidation de leurs rapports, d'éducation et de formation dans l'histoire de l'humanité et de celle du pays.

Les masques et leurs fonctions sociales

Un masque est un assemblage de feuilles vertes de certains arbres de la forêt comme le karité et le caïlcédrat ou d'écorces fibreuses traitées d'arbres de la brousse, à l'instar du somellier, ou encore de tiges de plantes molles comme le fonio.

Origine et description des masques

Un masque est porté par une personne ayant ou non des cris spécifiques très difficiles à imiter. Il impressionne par son physique apeurant ou attrayant. Il est appelé au Gnokholo *soumano* et sa pratique *soumaniya*.

Le *soumano* est entouré d'une philosophie mystique en vue de renforcer l'effet psychologique de son apparence physique et d'incarner dans le cerveau des autres hommes l'idée d'un pouvoir divin dont il serait détenteur. A cet effet, il est identifié au diable dont la vue entraînerait la mort ou des maladies incurables et héréditaires. On lui doit respect et soumission totale, sinon on subit ses châtiments corporels, voire le bannissement par la société, sous peine d'être « avalé » par lui. Les maladies et certains décès trouvent leur explication par son intervention magique à la suite de manquements à son endroit : curiosité de l'avoir regardé, rébellion observée ou hostilité à son égard.

Le *soumano* est donc une personne masquée, idéalisée et entourée du concept d'un pouvoir divin sur les administrés afin d'imposer son respect absolu. C'est la forme primaire de la police non seulement dans la société du Gnokholo, mais aussi dans celles ouest-africaines.

Origine et différenciations des masques

Le matérialisme historique enseigne que la première division sociale du travail a encore accru le rôle des femmes, car leurs activités ménagères constituaient une source d'existence bien plus sûre et régulière que la chasse dont s'occupaient les hommes. Par surcroît, la femme, la mère, était la maîtresse du foyer, et on la considérait aussi comme l'aïeule de tout le clan. Elle apportait la plus belle part des moyens d'existence, élevait les enfants. Cela rendait son autorité plus prépondérante. C'est pourquoi on a donné au régime social de cette époque le nom de matriarcat. Mais quand l'agriculture devient le secteur clé de la production sociale, ce sont les hommes que la communauté affecta au travail des champs... Quant au rôle de la femme toujours aux soins du foyer et, de source principale de production des biens matériels qu'il était jadis, il se transforma en activité secondaire. Avec l'essor de son rôle dans la production des biens matériels, l'homme (dont dépendait maintenant tout le bien du clan) commence à prendre la première place dans la vie sociale aussi. Les sociétés où la direction appartient aux hommes sont appelées patriarcales Mais comme l'enseigne le matérialisme historique, le passage de la direction des sociétés des mains des femmes à celles des hommes a été le résultat d'une lutte ayant mis aux prises les groupes sociaux féminins et masculins.

Cette vérité est reconnue par l'histoire orale populaire du manding. C'est dans cette lutte que le *soumaniya* vit le jour dans les sociétés clanales du Manding. Au début de cette lutte, les femmes recoururent aux moyens mystiques pour tenter de perpétuer leur pouvoir, c'est-à-dire la direction effective de la société par elles. Mais les hommes opposèrent également des procédés identiques, mystiques, qui finirent par s'imposer en éliminant ou en renvoyant au second plan ceux des femmes. Ces moyens ou procédés étaient le *soumaniya*, la pratique du *soumano*, une police mystique pour assurer l'ordre social.

Le *soumano* fut d'abord clanal, puis communautaire, toujours un moyen de gouvernement des mains du groupe social déterminé par le sexe et l'âge, s'adaptant aux concepts philosophiques dans le temps et dans l'espace, comme nous verrons aux chapitres suivants.

Au Gnokholo, il existe des survivances du pouvoir matriarcal, le *soumaniya* des femmes. Les pratiques de coercition de ce mode de gouvernement sont au nombre de trois.

Konkoto volo : « *la perdrix de montagne* » : C'est une jeune fille dont le corps est entièrement blanchi de cendre. Elle porte un petit cache-sexe à peine visible et qui pend par derrière, ayant sur la tête une touffe de longs cheveux en forme d'arc, du front à la nuque. Elle est dépourvue de toute autre parure. Elle se voûte en marchant, sur un long bâton qu'elle tient en son milieu.

La *konkoto volo* relève et est pratiquée par des jeunes filles *solimalou* et *kountamborolou* qui le font sortir le soir au clair de lune pour la faire danser aux chants et claquements de mains. Des épis de maïs lui sont offerts pour servir de banquet futur aux jeunes filles. La danse est acrobatique et très rythmique. La *konkoto volo* n'est pas agressive, mais effrayante par son physique et, de ce fait, apeure les adolescents des deux sexes, voire des grandes personnes ignorant le secret ou la coutume. L'idéologie qui l'entoure est contenue dans son nom *kontoto volo* : perdrix de montagne. Les filles sont seules détentrices du secret, qu'elles ont hérité de leurs aînées et délèguent à leurs petites sœurs, une fois devenues des mères. Dès lors, on se rend compte que seuls les hommes et les enfants des deux sexes ignorent le secret et ne peuvent assister à la danse. La préparation de la *konkoto volo* se fait avec le plus grand secret et le plus grand soin de manière à effacer toute trace reconnaissable de la fille ainsi transformée. La *konkoto volo* vient après les récoltes de maïs. C'est un masque à la fois de divertissement pour les filles concernées et de dissuasion pour les enfants.

Kobo diouba est un grand arbre de la brousse du Gnokholo ; *diouba* signifie gros pied de *kobo*. Par comparaison, on a donné ce nom à ce *soumono* qui s'identifie au gros pied de cet arbre (*kobo diouba*) et constitue l'idéologie l'entourant.

Le *kobo diouba* est une fille à qui on a fait de grosses fesses artificielles, portant là-dessus plusieurs pagnes lui tombant des reins jusqu'à ses pieds, de manière que son tronc apparaîsse sur de grosses fesses rondes inimaginables. Elle danse en tressaillant, les bras croisés sur la tête, aux chants et claquements des mains des jeunes filles. Comme la *konko volo*, elle danse de maison en maison. A l'occasion, on lui offre des restes de repas avec lesquels les filles se régalent après la soirée récréative. Celle-ci a lieu pendant la saison sèche au clair de lune. Seules les femmes connaissent également le secret et assistent à la danse.

Diankoundingholou : ce sont deux belles filles joliment parées de colliers et de perles que les filles du village s'ingénient à réaliser à l'occasion du *gnonéné*, le matin avant l'arrivée des masques dits *sikalou*. La danse commence à la place publique, puis dans les maisons et se termine au lieu où les filles se cachent durant les jours du *gnonéné* ; les deux *diankoundingholou* dansent à la fois et se tiennent à l'arrêt front contre front, toujours couvertes dans cette position d'un petit pagne joliment décoré. La danse se dit *diankoun diankoun dongho*.

La *diankoundingho* est vraiment une fée, ce qui fait qu'elle attire à ses danses tout le monde : enfants, adultes et vieilles personnes. La danse est belle, rythmique, de temps en temps acrobatique et majestueuse.

Chaque *soumano* a ses chansons et sa danse typiques. Les chansons ne sont jamais chantées par qui que ce soit et à aucune autre circonstance et il en est de même pour les danses.

Nous avons dit plus haut que le *soumaniya* était clanal, c'est-à-dire qu'il relève d'un clan qui en est détenteur. Et quand l'homme conquit le pouvoir des mains des femmes, le clan fut au stade de la communauté primitive, groupement social plus stable, plus vaste ou, en d'autres termes, le regroupement de plusieurs clans. A ce stade, comme ce fut le cas du Gnokholo, le *soumaniya* devient collectif, un moyen de gouvernement et d'administration de la commune. Néanmoins, les formes du *soumaniya* typiquement patriarcales clanales existent encore au Gnokholo que nous allons voir au sous-chapitre suivant.

Il en a existé et existe même de nos jours deux *soumanos* de ce genre : *loumbangho* et *nama*. *Loumbangho* est un *masque* de la famille patrilinéaire clanale de *sadiakhoukounda*. Il compte deux cérémonies annuelles à l'occasion desquelles il vient et que nous verrons un peu plus loin.

Principe du *loumbangho* : c'est un ensemble de cinq tam-tams de différentes dimensions et une grappe de clochettes que détiennent des membres masculins circoncis des familles du clan de *sadiahoukounda*, composant de la musique rythmique et mélodieuse typique dans leur genre et, par moments, avec des accompagnements de voix spécifiques très difficiles à imiter (une voix gravé accompagnée d'une fluette).

Philosophie *du loumbangho* : le *loumbangho* est un totem, considéré comme un diable *gnamandingho*. Il ne doit être vu par aucune femme de tout âge et par un homme non circoncis. La vue volontaire ou involontaire par une personne de ces deux catégories sociales entraîne fatalement sa mort. Une personne sorcière qui, dans le clan, n'a pas la vie longue, meurt prématurément par l'intervention mystérieuse du *loumbangho*. Le *loumbangho* n'aurait qu'une jambe, un bras, un œil, les pieds par derrière et se nourrit de grenouilles.

Origine *du loumbangho* : les familles Sadiakhou ont hérité le *loumbangho* de leurs premiers ancêtres à Koundouma, dans l'actuelle République de Guinée. Celui-ci le devait à un serpent et détenait également le secret du venin et soignait les morsures de serpents. Pour cette raison, l'ancêtre, qui s'appelait *Yonko*, eut un deuxième nom de ses semblables : Sadiakhou signifiant « ennemi des serpents ». Alors, ses descendants portèrent et continuent de porter ce nom commun à eux tous pour se distinguer des membres des autres clans et hériter la médecine du venin. En effet, de nos jours encore, ils sont les seuls à pouvoir soigner les morsures de serpents dans tout le Gnokholo. Ils continuent de garder jalousement le secret. Aussi le *loumbangho* est-il considéré comme l'ancêtre du clan Yonko. Un enfant du clan né pendant les cérémonies du *loumbangho* prend nécessairement le prénom Yonko, en souvenir de l'ancêtre de ce clan.

A Koundouma, le *loumbangho* comprenait six tam-tams. Le sixième était trop grand, lourd et contenait, dit-on dans le clan, le serpent donateur du système. C'est pourquoi il n'a pu être possible aux familles Sadiakhou de le transporter avec eux au cours de leur migration. Quant au serpent, ils seraient venus avec et l'auraient laissé dans la forêt de Koumpélari, aux environs de Sakoto, sur la route Bantata Batahassiba.

Cérémonie de *loumbangho* : il existe deux cérémonies :

Le *Loumbang doungho* est une cérémonie à l'occasion de la visite du *loumbangho* dans la famille du clan. Elle a lieu une fois tous les ans, dans le premier mois de la saison des pluies, en juin ou juillet.

Chaque famille du clan de chaque village fixe la date de sa cérémonie du *loumbangho* et lance des invitations aux autres familles du même clan des autres villages. Elle est dirigée par le membre le plus âgé de la famille et porte le titre *loumbang kountikho* : président du *loumbangho*; le membre qui le suit en âge porte le titre de *madio* (secrétaire).

Un jour est fixé pour la visite du *loumbangho*, ancêtre du clan de Sadiakhou Koundankolou. A cette occasion, de la bière du mil (*dolo*) est préparée. A la demande du *loumbantikho*, les femmes adultes du village pilent à la place publique, le mil servant à la préparation du *dolo*. Le premier coup de pilon est donné par la femme la plus âgée du clan Sadiakhoukounda.

Durant les trois jours que nécessite la préparation de la bière de mil, toute femme mariée du village se doit de lancer à haute voix les injures et grossièretés à l'endroit de ses cousins Sanakhou et Sarountoumé des deux sexes. Là également le coup d'envoi est donné par la femme la plus âgée de la famille Sadiakhoukounda.

Le troisième et le dernier jour de la préparation du *dolo*, au soir, tous les jeunes mariés du village vont à la chasse à la battue sous la direction de ceux de Sadiakhoukounda en vue de trouver du condiment (viande) pour le repas de la fête de *loumbangho*. Ils reviennent à la tombée de la nuit du même jour. Le départ à cette chasse se fait au milieu des injures des femmes lancées à l'endroit de leurs cousins. Celles-ci prennent fin une fois les chasseurs disparus derrière les buissons des abords du village. Quand les rayons du soleil éclairent encore l'horizon du couchant, le *loumbangho* se fait entendre quelque part, loin du village, sur le sommet d'une colline environnante. Dès lors, chaque habitant du village s'exclame : « *diaritoukhoun diarita yintara* ». Ce même jour, après dîner, le *loumbangho* se fait entendre une seconde fois, alors, à son tour, il donne le signal aux hommes de rendre les injures à l'endroit de leurs cousines à plaisanteries.

Le sens donné aux injures est que les injuriés des deux sexes auront à vivre toute la nouvelle année. C'est donc à la fois une fête de nouvel an, le Noël des Sadiakhoukoundakolou. Pour cette raison, les cousins et cousines à plaisanteries se donnent des cadeaux pour se féliciter et se remercier des grossièretés proférées, espérant vivre jusqu'à la cérémonie prochaine.

Quand le village tombe dans le sommeil, les hommes s'y retirent et vont en un point habituel sous la direction des Sadiakhoukoundankolou. C'est de là que commence le *loumbangho* pour entrer dans le village, accompagné de chants en chœur alternés (voix graves et voix fluettes) et d'une exécution artistique formidable que les femmes et les enfants écoutent sous leurs couvertures avec la plus grande admiration.

Le *loumbangho* est logé dans une case retirée dans la concession bien entourée de secos. C'est là que durant une semaine le *loumbangho* montrera ses talents, de jour et de nuit. Le matin et le soir de chaque jour de cette semaine, tous les hommes et femmes du village viendront manger et boire ensemble dans la maison de Sadiakhoukounda en l'honneur du *boumbangho*. Les repas et la boisson servis selon les groupes sociaux naturels et par sexe comme il suit :

kêkounda	- groupe des hommes
kêbalou	- les vieux

sakhatalou	- les adultes
kamaringhlou	- les jeunes
dindinglou	- les enfants
moussou kounda	- groupe des femmes
moussou kêbalou	- les femmes âgées
moussou sakhatalou	- les femmes adultes
moussou dindingholou	- les jeunes femmes
moussou sounkoutolou	- les jeunes filles.

Nous avons dit que la musique du *loumbangho* est accompagnée de deux voix difficiles à imiter. Il y a une voix grave qui est considérée comme celle de la mère du *loumbangho,* elle qui bat le gros tambour de l'orchestre, et une voix fluette considérée comme celle du fils aîné, et qui bat le tambour commandeur, long de deux mètres environ et portant à l'une des jambes une grappe de clochettes ; les autres petits tambours sont joués par les petits *loumbangho,* frères de l'aîné dont on n'entend jamais les voix.

En réalité, l'orchestre se joue à quatre ou trois personnes. Toutefois, le gros tambour et le tambour commandeur se jouent, chacun, par une personne ; les trois autres petits tambours se jouent à la fois par une personne ou deux selon les adresses. Les petits tam-tams donnent des notes et le gros tambour rythme ; le tam-tam commandeur donne de la musique à jouer, l'accompagne et la fait stopper par une note de pause. Pendant ce temps, par intermittence, les voix du *loumbangho* sont exécutées par d'autres hommes (au nombre de deux) plus à l'aise pour cela. Comme nous nous rendons compte, la musique se déroule harmonieusement que nous ne saurions rendre malheureusement ici.

Le fils aîné du *loumbangho* effectue des sorties chaque soir après le dîner et chaque matin aux premiers chants du coq, aux abords du village dans la direction des mares ou rivières. On dit qu'il va pêcher des grenouilles qui constitueraient leur nourriture. Après s'être régalé, il en remplirait son long tam-tam pour sa mère et ses frères restés dans la case.

A ces occasions, à l'aller comme au retour, il fait des sauts furtifs dans les maisons. En réalité, cette sortie s'effectue à deux avec le long tam-tam : un devant, avec la grappe de clochettes attachée à une jambe au bas du genou, porte le tam-tam, et un autre tient l'arrière du tam-tam avec une main. Les deux se déplacent ensemble en sautant de droite à gauche, en arrière et en avant au rythme du tam-tam commandeur.

A ses sorties qui ne surprennent personne, femmes et enfants s'enferment dans leurs cases, les yeux fermés sous leurs couvertures pour éviter d'être enterré le lendemain. Notons que ces sorties sont de véritables acrobaties artistiques qu'il serait intéressant de voir sur scène.

Dans la nuit du sixième jour de son séjour, au premier chant du coq, le *loumbangho* prend congé de ses descendants de la manière qu'il est venu, avec sa musique accompagnée de chansons mélodieuses jusqu'au point habituel derrière le village où il a été reçu pour rentrer. On retrouve, le matin, ses tam-tams suspendus, groupés, couverts d'une peau de panthère ou de lion dans la case où ils sont gardés jusqu'à la cérémonie de l'année suivante.

La musique et les cris du *loumbangho* sont exécutés par les seuls membres masculins du clan Sadiakhoukounda. Dans les préparatifs des cérémonies, sont associés les membres du clan Diandiankounda qui ont des droits d'honneur dans les repas et boissons en reconnaissance de leur hospitalité. En effet, selon l'histoire de Bantata, ils furent ceux qui les accueillirent et les hebergèrent dans le village.

Les autres hommes du village y assistent à titre d'observateurs, participent à l'exécution des chansons et aux festins, mais jamais à l'orchestre, ni aux cris du *loumbangho*.

Le gnékheling bara : C'est la deuxième cérémonie annuelle du *loumbangho*. Elle a lieu après les récoltes de maïs. C'est un banquet (repas et dolo) organisé autour d'un travail collectif dans le champ du *loumbantikko*. A cette occasion, tous les villages environnants sont invités, sans exception aucune, ni détermination de sexe. Les filles de Sadiakhoukounda, mariées à travers le pays y accourent avec de grands plats de mets : riz à la sauce de viande, du lait, etc.

Une fois le soleil au zénith, c'est le rassemblement de toutes les personnes des deux sexes ayant répondu à l'invitation en un point du champ sous de grands arbres, pour, ensemble, manger et boire une deuxième fois en l'honneur du *loumbangho*. Ici encore sont bannis absolument : le partage individuel, les droits des *beratikholou* et les dons de toutes formes et de toutes natures. Le *madio* (secrétaire), sous l'ordre du *loumbanghotikho*, aidé par les autres membres masculins circoncis du clan, procède au partage des plats et du *dolo* selon les groupes sociaux ci-dessus rapportés et selon l'importance de leur nombre. Alors, tous les membres de chaque groupe mangent ensemble dans leurs plats et boivent le *dolo* dans une même calebasse, à tour de rôle. Chaque groupe garde ses restes de repas et de boissons ensemble jusqu'à la seconde pause.

Après le repas, le travail est repris jusque vers quatre heures, temps à partir duquel se fait le second repas. Mais une fois ce dernier terminé, les femmes et les enfants rentrent au village ainsi que les vieux. Ce n'est qu'en ce moment que ceux-ci se partagent individuellement leurs restes de repas et de *dolo*.

Une fois les femmes et enfants rentrés, c'est la reprise du travail par les jeunes et les adultes au cours de laquelle le *loumbangho* vient, mais sans ses tam-tams cette fois-ci : chansons reprises en chœur par l'ensemble des hommes présents, dans des accompagnements de cris de *lumbagho* exécutés par les membres du clan Sadiakhoukouda. Dès lors, on ne travaille plus, c'est le moment d'apprendre les chants, les cris, la musique du *loumbagho*. Mais ici, pour l'apprentissage de la musique, les instruments d'orchestre sont remplacés par un ensemble de morceaux de bambou de différentes dimensions représentent les différents tam-tams ... Cela continue jusqu'à une heure tardive du soir.

Ce soir là après dîner, une danse populaire, *guirinha*, réunit tout le village sur la place publique. Cette manifestation dure jusqu'au premier chant du coq.

En conclusion, Le loumbagho est un moyen mystique de domination et de soumission dans le clan de Sadiakhakounda. Avec l'apparition du phénomène de sorcier, plus tard, il se transforma en un instrument de coercition contre les sorciers dans le clan.

Forts de cette méthode et de son idéologie, les hommes du clan se débarrassaient clandestinement sous ce couvert d'une femme têtue, insoumise à son mari.

A ce propos, l'histoire du *loumbangho* raconte un premier du genre: une épouse nommée Koumba Dialonké avait eu l'audace de regarder le loumbangho pour savoir ce que c'est effectivement, et dès lors elle a cessé de déserter la devanture de sa case pendant ses sorties. Mais elle est seule épouse et seule femme dans le clan pour faire la cuisine et le linge. Pour cette raison elle a été tolérée jusqu'au jour où elle eut une coépouse. Le jour de l'arrivée de celle-ci, peu de temps avant son entrée solennelle, Koumba Dialonké a été liquidée physiquement afin qu'elle ne puisse jamais communiquer le secret de *loumbangho* à la nouvelle épouse. Evidemment, l'histoire ne dit pas qu'elle a été liquidée physiquement, mais morte subitement d'elle-même par suite de l'intervention mystérieuse du *loumbangho*... En sa mémoire, par ironie, mais aussi pour mettre en garde les autres femmes et enfants présents et à venir, le chant suivant a été composé :

Moussou ma nté dié
(Aucune femme ne m'a jamais vu).
Ho Koumba Dialounka Kililing
(Sauf Koumba Dialonka seule)...

Nama ou **Komo** : c'est une introduction récente dans le Gnokholo, à l'époque de la Deuxième Guerre mondiale, par deux frères Cissokho venus du Sirimanna ou du Dantila.

Principe du *nama* ou *komo* : un ensemble de clochettes de formes et de dimensions différentes. Les cris sont ceux du chien, du coq, de la chèvre, du mouton et de la vache.

Philosophie du *nama* : il est aussi un *gnamanding* (diable) muni d'un pouvoir divin pour châtier les sorciers. Seuls les membres masculins circoncis du clan peuvent le voir parce qu'ils sont spécifiques dans leur genre. Il dicte des sacrifices et aumônes aux pères de famille ou à la collectivité villageoise en vue de leur protection contre les ennemis, les sorciers, les maladies, les calamités naturelles et sociales.

Pratique du *nama* : le *nama* est un ensemble de clochettes, toujours gardé soigneusement dans un sac couvert de fétiches apeurants, en vue de dissuader les curieux qui tenteraient de visiter le contenu. Il sort les soirs sans clair de lune après dîner et selon le bon vouloir du possesseur. En réalité, c'est un des membres masculins circoncis qui actionne l'ensemble des clochettes en parcourant tout nu les rues et les abords du village avec des cris d'imitation d'animaux cités ci-dessus. Il est suivi par un autre qui l'encourage dans sa lutte contre les sorciers et les mauvais esprits Il interprète les cris du *nama* par lesquels celui-ci dicte la présence d'une personne sorcière dans telle ou telle maison, la met en garde contre son pouvoir divin ou la menace en lui exigeant des sacrifices et aumônes à donner aux chefs de famille ou à la collectivité villageoise… Parfois l'interprète demande le pardon ou le calme quand le *nama* est déchaîné contre un sorcier en lançant de grosses pierres les unes contre les autres ou des troncs d'arbres pour provoquer des chocs violents, faire du bruit et montrer par-là que le *nama* lutte avec un gros sorcier très habile et difficile à maîtriser.

Possesseur du *nama* (*namatikho*) : il est un grand dépositaire de pharmacopée et de récits guérisseurs. Pour mystifier davantage, il dit et fait croire qu'il les détient de son *boulouhingho* ou de son diable c'est-à-dire de son *nama*. Il prédit aux hommes leur avenir, leur décrit les ennemis ou leur position géographique et leur vend en conséquence des fétiches pour leur protection.

De par les descriptions, on se rend compte de la similitude du *nama* et du *loumbangho*. Le *nama* pourrait donc être au départ comme le *loumbangho*, une méthode de mystification, d'administration du clan patriarcal et qui s'est transformé en association criminelle secrète sous les régimes féodaux mandingues.

Le passage à une vie sédentaire sous la commune a réservé les biens économiques et de production entre les clans et par-là, les biens sociaux. Nous avons dit plus haut que c'est du temps de la communauté primitive que le régime patriarcal a vu le jour avec le *soumaniya* patriarcal. Avec l'affirmation donc de la communauté primitive, le *soumaniya* clanal s'est transformé en *soumaniya* patriarcal collectif en tant qu'association ou regroupement des *soumanolou* des clans composant la communauté.

Ainsi se constitua le *soumaniya* collectif ou communautaire patriarcal structuré (selon les structures de la communauté) pour être un instrument collectif de coercition et d'administration du régime gérontocratique. Nous avons dit plus haut également que le *soumaniya* s'est adapté aux concepts philosophiques dans le temps et dans l'espace.

Ainsi donc, avec l'apparition du phénomène sorcier à la traînée, le spiritualisme et l'évolution sociale, il s'est transformé en un instrument de répression des sorciers, de dissuasion, de culture, d'éducation et de protection. Tel a été le cas dans la société du Gnokholo, partie intégrante du peuple de Manding. Mais pour mieux comprendre, nous commencerons par la description et le rôle de chaque *soumano* du *soumaniya* communautaire, puis leur organisation, selon les structures politiques et administratives du village, et enfin leurs provenances selon les clans composant la communauté villageoise au Gnokholo.

Le masque *mâmo* ou *mamadiombo*. C'est un grand voile fait avec l'écorce traitée du semellier d'une longueur de cinq mètres environ. Cette écorce est très souple et soyeuse au toucher par suite d'un travail d'art secret. La couleur est rouge vive.

La partie supérieure du voile est refermée et fixée solidement sur un cylindre de 8 à 10 cm de diamètre et d'une longueur de 25 à 30 cm environ. Ce cylindre se compose de tiges d'une herbe dite *tikoyo* avec, au centre, une grosse tige de bambou pour le rendre plus solide. Une corde tressée et teintée au *bimbiro* (voir titre, teinturerie) est roulée tout autour de cet ensemble de la base au sommet, à même de former le cylindre et de le rendre plus solide. Il est ensuite décoré de petits pompons de différentes couleurs (rouge et noir). Le voile porte aussi des colliers de pompons pendants à l'extérieur. Ce cylindre repose à l'intérieur du voile, sur un coussin de la même matière que le voile, servant de support à la tête du porteur de *mamadiombo*.

Le *mamo* n'est pas agressif, il est essentiellement culturel, artistique et éducatif. Il vient les années de circoncision à une étape de celle-ci au cours d'une cérémonie qui inaugure sa danse appelée *barangho* ou *baroundongho*. Sa voix et son langage sont spécifiques et très difficiles à imiter. Ils s'apprennent secrètement en pleine brousse à l'occasion des *haharivoula* et *lavoula*.

La danse s'apprend à son *tiroto*. Indiquons simplement ici qu'au cours de sa danse ou de ses exhibitions, le porteur de *mamo* peut augmenter sa hauteur, soit à l'aide d'un bâton introduit, avec soin, à l'intérieur. Aucune partie de l'homme n'est visible.

Cette augmentation et diminution à volonté de la hauteur du *mamo* est possible grâce au reste du voile qui traîne par derrière sur trois mètres au plus. Ainsi, les femmes et les enfants des deux sexes sont davantage mystifiés, car ils ignorent le secret, croient en fait que ce *gnamadingho* (diable) a un pouvoir divin pour se raccourcir et s'allonger à volonté, se mesurer à la hauteur des toits des cases. La vue est rendue possible par une fente étroite du masque en face de chaque œil. Le *mamo* relève de l'autorité des *beratiholou* (voir photo ci-contre).

Le masque *hinsa* est habillé d'un grand voile d'écorce de *hara*, à l'exemple du *mamo*. Ce voile, d'une longueur de deux à trois mètres environ, est resserré en sa partie supérieure sur le cou. Il prend corps avec une coiffure joliment décorée, faite de feuilles de rônier de pompons rouges et noirs portant deux petits trous en face des yeux. Aucune partie du corps n'est dehors et n'est visible, même pas les membres. Il porte sous l'épaule par derrière un sabre brillant et menaçant. Il vient lui aussi pendant les années de cérémonies de circoncision. Il ne danse pas, mais erre de maison en maison, de *biré* en *biré* (suivi d'un cortège fou de *kamaringho*, *gouloutala*, *beratikho*) pour demander sa part de la fête. Les *solimalou* des deux sexes et leurs parents lui offrent des mesures, de *dolo* et de *besso* et des noix de kola. Il ne frappe personne, mais son aspect agressif suffit pour mettre à l'écart les enfants des deux sexes, voire les femmes également. Il a aussi une voix et un langage particulier et difficile à imiter qui s'apprennent clandestinement en pleine brousse.

Il se déplace en titubant et s'assoit tous les cinq ou dix mètres pour grelotter longuement dans des cris de *kéta, kéta* de son cortège. Les dons qui lui sont offerts sont amenés au lieu de sa cachette derrière le village pour les *bératikholou*, les *gouloutalalou* et les *kamaringholou*. Mais les *bératikholou* ont la part du lion. Le *hinsa* relève de l'autorité des *beratikholou*.

Le masque *gankourangho* constitue l'instrument de coercition des sorciers et sorcières, des récalcitrants et des récalcitrantes aux lois de la communauté sur lesquelles veillent les *bératikholou*.

La philosophie entourant le *gnankourangho* est celle de tous les masques: gnamandingho (diable) ; sa vue volontaire ou non par une fille (femme et jeune femme) peut entraîner sa stérilité, la mort à bas âge de ses enfants. Il a le pouvoir divin de connaître les sorciers et sorcières et, partant, de les châtier à la fin de chaque année au cours d'une cérémonie ; il fait un bilan économique, culturel et social de l'année qui finit et dégage les perspectives de celle qui commence, dicte des sacrifices collectifs, s'il y a lieu, pour attirer le bonheur et la prospérité sur le village, arrêter le courant des maladies probables en direction de la communauté.

Le *gankourangho* lui-même est, en réalité, un masque constitué de feuilles de karité, d'écorce de semellier et de feuilles de rônier. Il existe en deux sortes : *gankourang hingho* (*gankhouran* noir) et *gankhouran koya* (*gankhouran* blanc)

Le *gankourang hingho* = *gankhourang* noir.

L'écorce traitée du semellier sert de bonnet, de boubou et de pantalon (à la manière des lutteurs), trois à quatre colliers de feuilles de karité tressés sont portés sur le boubou, couvrent tout le tronc ; un quatrième ou cinquième autour du cou complète la masse touffue, des genoux à la tête, laissant à peine apparaître cette dernière ronde dans un bonnet rouge au sommet duquel une petite touffe de feuilles sert de pompon. Chaque poignet de main et chaque pied porte un petit collier de mêmes feuilles. Les membres sont décorés de feuilles de rônier ; les parties nues noircies à la cendre d'herbe ou de poudre de charbon pour faire disparaître tout trait reconnaissable de l'individu. Le *gankourang hingho* est ainsi prêt et porte dans chaque main une cravache et une poignée de feuilles. Il se déplace en boitant sur une jambe et en ayant les bras pliés comme s'il se prenait les oreilles. Il a une voix et un langage particuliers qui s'apprennent comme ceux des autres masques ci-dessus traités. (Voir photo ci-contre).

Photo 6 : Masques *sikka* prêts à entrer dans le village

La *gankourang hingho* est un grand diseur de mythologie dans tous les domaines de la vie sociale à la place publique où il occupe passionnément les *beratikholou*, *gouloutalalou*, et *kamaringholou* et attire magiquement toutes les oreilles du village. Il distribue des amendes aux *beratikholou* en qui il trouve toujours des manquements à l'endroit de sa personne. Il termine ses causeries par des paroles bouffonnes pour détendre son auditoire, le laisser dans une atmosphère de gaieté et de bon souvenir de sa présence. Signalons que les *gankourang hingho* frappent les enfants et les jeunes femmes à sa portée. Les enfants très impolis et les contrevenants aux lois et règlements du village lui sont livrés de force pour être châtiés corporellement. Il indique le sorcier, en plaçant les feuilles de karité dans le toit de sa case. Alors on le lui livre de force pour être châtié copieusement. On l'oblige à avouer ses forfaits en lui appliquant le *kounlinlingho*, consistant à attacher ou à tenir solidement sa tête entre deux solides et lisses gourdins. Ainsi, la personne accusée est obligée d'accepter l'accusation sous l'effet de la peur et de la torture. En général, la personne trépasse quelques jours après.

Mais sa mort est interprétée comme étant la preuve évidente de sa culpabilité. Parfois, on lui fait prendre au préalable « le poison de la vérité » qui est un poison mortel. Dans le cas où elle échapperait à la mort, elle fuit le village pour se réfugier très loin tout en présentant des symptômes de folie. D'ailleurs, elle ne peut plus vivre longtemps en raison de sa conscience troublée par la conduite de ses semblables à son égard, d'une part, et de la continuation des effets de la torture ou du poison, d'autre part… Petit à petit, elle s'affaiblit et meurt.

La sortie du *gankourangho* fait l'objet de préparation minutieuse, absolument secrète de la part des *beratikholou* et des *gouloutalalou*. Les seuls à porter le *gankourang*, ce jour là sont choisis parmi eux et sont seuls à les connaître. En général, ce sont les *beratikholou* et *gouloutalalou* venus secrètement d'un autre ou d'autres villages à cet effet. Le *gankourankoyo*, que nous allons voir maintenant, participe symboliquement, mais ne frappe pas.

Le masque *gankourankoyo* : le gankouran blanc est plus joli, parce que plus artistiquement fait en raison du but qui lui est assigné : poète, prédicateur et danseur acrobate de haut talent. Il porte moins de feuilles : une seule rame de feuilles au milieu du tronc sur un fond rouge donné par le boubou en étoffe d'écorce de semellier et un bonnet de la même matière, tombant sur les épaules, tenu sur la tête par un collier de feuilles de rônier et un pantalon de la même matière à l'exemple des lutteurs (bouts pendants en arrière et devant). Les membres sont joliment ornés de feuilles de rônier et les parties nues couvertes de craie rouge (extraite de roches).Il porte comme le *gankourang hingho* au poignet de chaque membre un collier de feuilles. Ces feuilles sont coupées du poing pour les membres inférieurs. Il tient dans une main un morceau de branche d'un arbre dit *sounkoungho* de 14 cm de longueur environ, portant à chaque extrémité une touffe de feuilles et dans l'autre main un sabre tout brillant. Sa voix et son langage sont aussi typiques et s'apprennent comme les autres, secrètement, dans la brousse. Sa voix est excessivement difficile à exécuter. Il vient à l'occasion des cérémonies officielles des *beratikho* et de la cérémonie de circoncision. Il ne frappe pas, mais sa présence est magistrale et imposante. Il se déplace en balançant son sabre de gauche à droite et de droite à gauche en même temps que l'ensemble des bras et à la fois et par bonds, d'une pierre à une autre, d'un arbre à un autre. A l'arrêt, c'est un balancement de l'ensemble du tronc, des bras et du sabre de gauche à droite et de droite à gauche. Sa danse est acrobatique et gracieuse d'une extrême beauté artistique. Celle-ci ne s'exécute sans aucun chant, mais au rythme typique du *tamtanba* et du *varangho* accompagné de claquements de mains de vieilles femmes dites *sokhodingmoussolou*.

Le *gankourang koyo* est l'animateur spécial de la matinée culturelle du *gondalo*, comme rapporté plus haut. De par son rôle, il est le masque le plus admiré et respecté de toute la population.

Le masque *tambahatiyo* est habillé lui aussi d'un voile de semellier, de la tête jusqu'au-delà des pieds ayant pour pompons de petits fagots d'os. Il vient à l'occasion des cérémonies de circoncision du *gnakhaba* pour chasser et châtier les enfants des deux sexes, qu'il ne parvient jamais à avoir à sa portée, sauf par surprise, en raison de sa nature et de son caractère. En effet, son voile traîne par derrière environ sur deux mètres et il ne veut jamais que le moindre objet s'y accroche, sinon il passe un bon temps à le cravacher. Ainsi, il enthousiasme beaucoup les *bilakoro* (jeunes garçons non circoncis), qui le taquinent en l'attirant dans des endroits herbeux en vue d'assister à ses luttes contre les moulins à vent. Personne n'est à son abri, il frappe tout le monde, même les personnes adultes. C'est pourquoi son arrivée ne peut surprendre, car le premier qui le voit crie son nom *keta kéta* pour alerter la population. Heureusement qu'il n'est pas fort dans la course pour des raisons énoncées un peu plus haut. Il relève de l'autorité des *kéta*.

Le masque *sikka* est un habillement unique de feuilles de *santangho* ou de *diala* (caïlcédrat) des genoux à la tête. Il est fait artistiquement avec un joli grillage fait de roseaux, de forme rectangulaire à de la figure pour permettre la vue. C'est un habillage soigneusement et solidement fait pour donner l'impression que les feuilles poussent sur le corps et ne sont nullement tenues par des cordes ou écorces, quelles que puissent être les acrobaties exécutées par le porteur. Les parties des membres qui sont visibles sont noircies de la cendre blanche. Il porte dans chaque main un gourdin de liane de 80 cm de long environ lui servant d'appui pour s'asseoir et se relever. Il se déplace en foulées et tremblote à l'arrêt, ce qui donne une douce musique aux oreilles et des reflets d'argent aux yeux des observateurs. Il n'a pas de cris, ni de langage. Il vient à l'occasion de la cérémonie, dite *gnonéné*, qui est une véritable fête nationale au Gnokholo. Il est suivi dans ses déplacements par les *solimalou* qui constituent sa garde rapprochée.

Photo 7 : Entrée des masques sikka dans le village

Il est purement culturel. La danse s'apprend à son *tiroto* pendant la période de fête du *gnonéné*. Il ne frappe pas, mais donne des coups de poings secs sur la tête des *bilakorolou*.

Le *sikka* comprend deux sortes : *santamba* (gros pied de l'arbre appelé localement *santagho*). Il est ainsi appelé parce que habillé de feuilles de cet arbre. Ils viennent en groupes de 19 à 30 le premier jour du *gnonéné* pour danser toute la journée à la place publique.

Dialandingho (petit pied de caïlcédrat) est, lui, appelé ainsi parce qu'il est habillé des feuilles de cet arbre. Il vient dans les deux derniers jours du *gnonéné* pour chasser les enfants et demander des cadeaux par des visites dans les maisons. Hommes et femmes lui offrent des cadeaux de noix de cola, de *dolo*. Ces cadeaux reviennent aux membres de sa garde rapprochée constituée de *solimalou* qui les consomment collectivement. Le *sikka* relève de l'autorité des beratikholou.

Kossa : C'est un masque fait avec une jolie herbe blanche, appelée *tikoyo*, soigneusement tressée en forme comique, aux dimensions des jeunes qui s'en occupent, de la ceinture à la tête à partir de laquelle le cône se forme pour se terminer progressivement en une queue d'une longueur de deux mètres environ que l'on décore de fleurs de liane de *saba senegalensis*. Le porteur du *kossa* est vêtu d'un pantalon teint au *bimbiro* ou au *kéré*, ses membres frottés de cendre blanche pour faire disparaître les marques ou traces pouvant l'identifier aux femmes et aux enfants. Le *kossa*, une fois porté, l'individu a dans chaque main une longue cravache, se déplace en foulées et en course de fond pour tournoyer à l'arrêt comme une toupille et pivoter sur les jambes de gauche à droite, et inversement. Il ne parle pas et n'a pas de langage. Il ne frappe pas les femmes, mais les enfants des deux sexes à sa portée, le *kossa* vient au lendemain du départ des *sikka*.

Le premier jour au matin, ils viennent nombreux et dansent de maison en maison pour terminer à la place publique. Pour le reste du temps (d'une durée de moins d'un mois), ils viennent à deux chaque midi le lundi et jeudi de chaque semaine pour surprendre et chasser les garçons et les jeunes filles. Il a pour garde rapprochée les *kountamborolou*.

Souto kossa (kossa de nuit) : il vient dans la même période que le *kossa*, mais pendant la nuit après dîner, d'où son nom de *souto kossa*. Il est une application de tampons de coton de la tête aux pieds sur le corps tout nu. Les tampons de coton sont maintenus sur le corps à l'aide de la colle de miel. A défaut du coton ou du miel, les tampons sont remplacés par de la cendre blanche. Une fois la décoration faite, le jeune décoré prend de longues cravaches pour guetter, le long des murs à l'ombre des toits des cases, les garçons et les jeunes filles. Il ne donne qu'un ou deux bons coups de cravache pour disparaître. Il n'entre jamais dans une case et ne danse pas. Sa présence s'annonce par des pleurs d'enfants. Dès lors, ceux-ci deviennent vigilants pour éviter ses longues cravaches. Il est sans garde apparente et est presque invisible. Il relève aussi des Kamara de Santessou.

Le masque *koutou boumboungho* : il est semblable au *tamba hatyo,* avec la différence qu'ici, le voile est fait de vieux chiffons. Lui aussi vient quelques jours après le *gnonéné* et fait la chasse chaque midi aux garçons et jeunes filles du village. A son arrivée, il danse à la place publique aux chants et claquements de mains des garçons *kountanborolou*. Il n'a pas de langage. Sa danse s'apprend à son *tiroto*. Sa garde est constituée des *kountamborolou*. Son nom est kanouté par lequel on annonce son arrivée et on l'encourage dans ses actions de châtiment des enfants.

C'est un masque qui relève des Kanoute. Précisons que là où il y a le *kossa*, il n'y a pas le *koutouboumboungho*.

Le masque *tountourgna* : c'est un habillement d'herbes de fonio de la tête aux genoux, un autre, considéré comme la femme du *tountourgna*, et entièrement couvert d'étoffes blanches, ressemblant à un garde-cercle en tenue de l'époque coloniale, est appelé *sorobotisoboto*. Leur danse a lieu au clair de lune (de la période d'après les récoltes du fonio) à la place publique. Il est purement culturel et artistique. Elle est l'une des danses les plus endiablées du Gnokholo. Le *tountourgna* est du domaine des *kountamborolou* et des solimakélou.

Le masque *mansa koulokoulo* est identique au *sorobotissoboto*, avec la différence qu'il a des cravaches pour châtier les garçons et jeunes filles à sa portée. Il vient pendant les récoltes de mil et de riz, le soir après dîner, au clair de lune. Il danse dans les maisons aux chants et claquements des mains de ses *sokhondingholou*. Des dons des restes de repas lui sont offerts avec lesquels les jeunes *kountanborlou* et solimalou se régalent après la soirée dansante. Comme on le voit, il est culturel et dissuasif pour les petits enfants.

Répartition des masques entre les organisations politiques et administratives du village

Les masques sont organisés et répartis selon les structures politiques et administratives du village et selon le rôle assigné à chacun d'eux. En principe, tous les *soumanolou* relèvent de l'autorité suprême des *bératikholou*. Mais celle-ci détient sous son autorité directe les plus importants et les autres confiés aux organisations de base (masculines) avec leur autonomie interne. Ces dernières sont responsables devant les *bératikho*, en dernière analyse, pour leur bonne tenue, d'une part, pour la bonne exécution des cérémonies, de l'autre, et surtout la préservation du secret. Les moindres fautes commises dans ces domaines (divulgation du secret, défectuosité d'un habillage de masque au cours des cérémonies, maladresse, etc...) sont châtiées rigoureusement. Tous les membres de l'organisation à laquelle appartient le fautif sont collectivement châtiés corporellement par les membres de l'organisation immédiatement supérieure. Pour des fautes très graves, ceux-ci sont de nouveau corrigés par les *gouloutalalou* sur la place du village qui leur infligent en plus des amendes. Dans ce dernier cas, les masques *gankourangholou* remplacent les *goutoutalalou* ou participent à leurs côtés. Mais en général, la divulgation du secret entraîne la liquidation physique du fautif par un moyen secret mis au point par les *bératikholou*, et exécuté par les *gouloutalalou*.

Pour voir clair dans la répartition des masques selon les organisations politiques et administratives du village, servons-nous du tableau de la page suivante... Nous remarquerons la participation des kamaringholou au *soumaniya* relevant des pouvoirs législatifs (*bératikhiya*) et exécutifs (*gouloutalaya*) et celui relevant des autres organisations administratives (*solimaya* et *kountamboriya*). Ils servent de liaisons entre les deux camps. Dans le premier, ils sont actifs, praticiens sous les ordres des *bératikholou* et *gouloutalalou* et, dans le second cas, ils sont responsables.

Photo 8 : Masques *gankourangho* (à droite : *gankourang koyo* ; à gauche : *gankourang hingho*)

La société et ses organisations sociales   135

Photo 9 : Masque *mamo* ou *mama diombo*

Figure 5 : Répartition des masques selon les organisations politiques et administratives du village

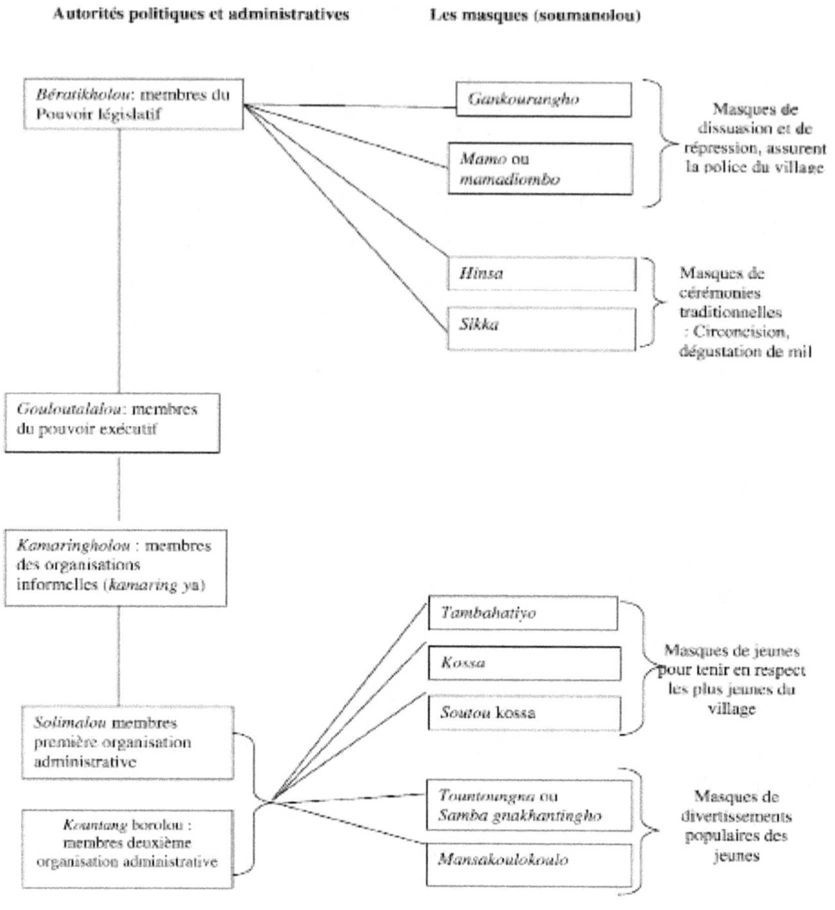

Autorités politiques et administratives	Les masques (soumanolou)	
Bératikholou : membres du Pouvoir législatif	Garikourangho / Mamo ou mamadiombo	Masques de dissuasion et de répression, assurent la police du village
	Hinsa / Sikka	Masques de cérémonies traditionnelles : Circoncision, dégustation de mil
Gouloutalalou : membres du pouvoir exécutif		
Kamaringholou : membres des organisations informelles (kamaring ya)		
Solimalou membres première organisation administrative	Tambahatiyo / Kossa / Soutou kossa	Masques de jeunes pour tenir en respect les plus jeunes du village
Kountang borolou : membres deuxième organisation administrative	Tountenengna ou Samba gnakhantingho / Mansakoulokoalo	Masques de divertissements populaires des jeunes

Mode d'accession aux secrets des masques

Le mode d'accession au secret des masques se dit *sokhondiro,* qui signifie « déchiffrer » ou « découvrir » dans le sens exact du mot et celui qui y accède est appelé *sokhondingho.* Le *sokhondiro* ne concerne en général que les membres masculins des organisations administratives et se fait graduellement au fur et à mesure que l'on accède à ces celles-ci. Il consiste, pour le candidat dit sokhondiro, à passer un nombre déterminé de *doundiro,* lesquels *doundiro* sont assurés par les membres de l'organisation administrative immédiatement supérieure, et à recevoir d'eux des conseils sur le secret à garder et les conséquences pour eux d'une divulgation à qui que ce soit. Cette façon de conseiller est dite *damatountoungho,* signifiant lavage de cerveau.

Chaque masque a son *sokhondiro* et son nombre déterminé de *doundiro*. Il se fait à l'occasion de sa cérémonie ou de sa première sortie. Les membres d'une organisation de classe d'âge passent en même temps le *doundiro* de chaque masque. Tout homme débute le *sokhondiro* quand il est *kountamboro* et le termine quand il est *solima*. Le *sokhondiro* commence à la première ou à la deuxième année du *kountamboriya* par les *kosa, soutokosa, koutoubougho, mansakoulokoulo, sambagnakhantingho* pour se terminer à la première ou deuxième année du *solimaya* par le *sikka* et le *gankourangho*. Les autres *soumano* ne font pas l'objet de *sokhondiro* ; on y accède sans protocole à la circoncision. Mais *jusqu'à l'étape du solimaya on n'est qu'un gardien de masques comme suit:*

- *Kossa sokhondingho*
- *Soutokossa sokhondingho*
- *Koutoubounboung sokhondingho*
- *Tountourgna sokhondingho*
- *Mansa koulokoulo sokhondingho*
- *Samba gnakhating sokhoding*
- *Sikka sokhondingho*
- *Gankourang sokhondingho.*

Les *sokhondingholou* d'un masque s'occupent et de la confection de son accoutrement et du puisage de l'eau (clandestinement) pour le bain après les cérémonies de celui ou de ceux qui le portent.

Le *sokhondiro* dans le *gankourangho* implique, pour chaque garçon, le versement des droits suivants : 5 à 10 kg de riz, 2 kg de pâte d'arachide et 0,25 g de sel.

Les femmes accèdent également aux secrets du masque communautaire, mais quand elles sont adultes et n'enfantent plus. Elles sautent tout le cycle et accèdent directement au secret seulement du *gankourangho*, le masque suprême du village communautaire. C'est à partir de celui-ci que la déduction logique de ce que sont les autres masques leur est faite. Elles ne subissent pas de châtiments corporels et sont protégées par les *bératikholou* pour la circonstance jusqu'au *tiroto* du *gankourangho* où on leur donne des noix de kola blanches pour leur faire croire qu'en cas de divulgation du secret, elles perdraient leurs fils (petits et grands) et leur propre vie. Mais elles aussi paient des droits aux *bératikho* et sont, à peu près, les mêmes que ceux des garçons *solimalou* rapportés ci-dessus.

Disons, pour terminer, que le *sokhondiro* dans le *gankourangho* fait l'objet de cérémonies officielles auxquelles tous les hommes circoncis du village prennent part et des délégations des *bératikholou* et *gouloutalalou* des autres villages environnants. A toutes les cérémonies du *gankourangho* ou des *bératikholou*, ce sont les *sokhonding moussolou* qui amènent de l'eau de boisson et de bain, font la cuisine. Elles assurent aussi le puisage de l'eau au marigot ou à la rivière pour leurs familles, aidées parfois par des jeunes hommes, car, à ces occasions, les femmes et les enfants des deux sexes ne sortent pas des maisons. Donc, on se rend compte que c'est pour résoudre certains problèmes sociaux nécessaires que les hommes ont permis cette possibilité aux femmes d'âge adulte.

Tableau 7 : Appellations et noms des masques

Appellations des masques	Sens des appellations	Noms des masques	Observations sur les noms des masques	Clans détenteurs ou familles détentrices
Hinsa		*Kéta*	Nom de famille	Kéta
Tamba hatyo	Tamba le trépidant	*Kéta*	Nom de famille	Kéta
Mamo ou mamadiombo		*Ninki nanka*	Nom du dragon en malinké	Camara
Gankourangho		*Thiori*		
Sikka		*Dioldiol*	Nom de la mouche tsé-tsé	Camara de santessou
Kossa	Gratte dos	*Kondé*	Nom de famille	Camara de santessou
Souto kossa	Gratte dos de nuit	*Kondé*	Nom de famille	Camara de santessou
Koutou Boumboungho	Boule qui saute		Nom de chose	
Mansa koulokoulo	L'os du roi	*koulokoulo*	Onomatopée composée avec le nom os koulo en malinké	Camara de nétékoto
Tountourgna	La grosse termitière			Camara de nétékoto
Samba gnakhantingho	Sambou le gai		Prénom de personne	Camara de bantadé

Conclusion

L'étude des masques nous a permis d'affirmer l'existence du matriarcat avant le patriarcat dans la société mandingue. Les masques des femmes au Gnokholo traditionnel sont des vestiges du pouvoir des femmes, de la société matriarcale mandingue. Même dans les sociétés primitives moins évoluées de notre époque, à l'exemple des Bassari et Kognadji, ce sont les femmes qui occupent la première place dans la pharmacopée et les cultes divers dont le pouvoir divin est si redouté des hommes. Par ailleurs, la philosophie du peuple mandingue en général et du peuple du Gnokholo en particulier ne minimise pas non plus le rôle joué par les femmes dans le passé des sociétés humaines. C'est pour cette raison que la femme est entrée et tient la vedette dans la mythologie, la légende et les contes ouest-africains, avec des qualités et les attributions qui lui étaient propres aux premiers âges de l'humanité : enchanteresse, jeteuse de mauvais sorts, initiée, messagère de l'impénétrable, dispensatrice du merveilleux, l'incarnation des puissances de l'au-delà, l'inconnu, des forces magiques et occultes.

Le *soumaniya* patriarcal dans le Gnokholo traditionnel est une des preuves du passage du clan à la commune des sociétés de manding et son mode de partage à l'exemple des cérémonies du *loumbangho*, l'échantillon type du mode de répartition des biens de consommation dans ces sociétés. Il fut également un moyen de conquête du pouvoir des mains des femmes par les hommes. Sous la commune patriarcale, le masque devint un puissant moyen de gouvernement et d'administration de la société mandingue. Ainsi, il y eut ses multiples aspects : organisationnel, policier, éducatif, culturel et artistique. Dès lors, nous distinguons les masques sous administration des *bératikholou* et *gouloutalalou* dont le but dissuasif était d'assurer le maintien de l'ordre, le respect des lois, des institutions du village et de la sauvegarde de la société contre les maladies, cataclysmes naturels et sociaux. Les masques sous administration des *kamaringholou solimalou* et *kountamborolou* dont le rôle se limitait au châtiment sans raisons, des enfants des deux sexes, cultivait chez ces derniers l'esprit de vigilance, d'attention et de discipline collective, la notion du temps et de l'espace, les formait physiquement, d'une manière obligatoire, par la course à fond, le saut des obstacles, le grimper pour se sauver et leur donnait l'idée de s'entraîner opportunément à ces exercices.

Bien qu'il éduque physiquement, intellectuellement et moralement les enfants, il présentait aussi des côtés négatifs : maintien des enfants dans la peur, la crainte permanente et le mythe, ce qui ne pouvait pas aider assez suffisamment au développement de leurs facultés mentales d'une manière matérialiste et scientifique. Et de là, on peut dire qu'il constituait, à un certain degré, une source d'aliénation.

En plus du côté policier du masque pour le maintien de l'ordre social, remarquons cependant le côté éducatif et culturel. Et c'est le côté le plus intéressant, de notre point de vue, car celui-ci l'emporte de beaucoup sur le côté répressif et mystique.

Avec l'affirmation de la propriété privée ayant engendré la division des sociétés en classes (exploiteuses et exploitées) et, par là, la lutte de classe, le masque se mit au service des classes dominantes et se transforma en des associations criminelles secrètes. Ou encore, en d'autres termes, là où les structures communautaires de l'Etat s'affirmaient ou existaient, à l'exemple du Gnokholo, le *soumaniya* devint communautaire et se mit au service du pouvoir communautaire pour devenir un puissant moyen de gouvernement et d'administration du village. Et là où les structures communautaires furent entamées ou remplacées par des structures esclavagistes ou féodales, donc de classes, le *soumaniya* devint un instrument de domination et d'exploitation des classes dirigeantes en des associations criminelles secrètes.

Signalons cependant que le *soumaniya* subit de grands revers dans les régions où l'islamisme fut victorieux. Ainsi, les *diakhanké, maninka mori* et *dioula*, parties islamisées du peuple mandingue, n'en gardent même plus les moindres traces. C'est pourquoi il nous paraît intéressant de le savoir pour mieux apprécier l'évolution des sociétés humaines en général et de celles africaines en particulier.

Organisation sociale du travail

La forme collective du travail est prédominante tant dans le village que dans la famille.

Dans le village

Dans l'agriculture proprement dite

La forme collective du travail agricole est le moyen le plus sûr pour décupler les énergies, opérer les travaux qui dépassent les forces individuelles, et ce d'autant plus facilement que ce travail, rythmé par le tam-tam, commenté avec flamme par des cantatrices, entrecoupé de rasades de *dolo* (bière au mil) ou de *besso* (hydromel), constitue une fête de premier ordre qui exalte encore la vitalité du groupe. Ainsi donc, on trouve au Gnokholo les formes de travail collectif suivantes :

- *Kibara* est une forme de travail collectif qui rassemble tous les mâles du village dans le champ d'un de ses membres, à charge pour lui de fournir la boisson et le repas de midi ;
- *Kahou bara* est une communauté de jeunes volontaires qui cultivent à tour de rôle sur les champs des participants. Cette forme de travail collectif permet à chacun de profiter des aptitudes variées des membres et compense heureusement les inaptitudes des plus faibles ;
- *Bitang bara* rassemble des jeunes célibataires qui vont cultiver ensemble les champs de leurs futures belles-familles. L'honneur exige alors que chacun se surpasse, surtout le futur époux qui doit pousser l'ardeur jusqu'à refuser le repas et mépriser la fatigue ;

- *Gomgha* est une forme collective du travail pour labourer de vastes champs de fonio. Elle rassemble principalement les femmes valides de tous les villages proches et a lieu sur invitation d'un membre du village qui veut se faire un grand champ du type et qui a les moyens d'assurer en quantité suffisante et en qualité le repas, le *dolo* ou l'hydromel, ou les deux à la fois, les noix de cola, les boules de tabac. Le labour s'effectue du lever au coucher du soleil dans l'émulation et la compétition, de félicitations et de récompenses des plus méritant (e)s ;
- *Houlang bara* : forme de travail collectif plus large. En effet, elle rassemble toutes les personnes valides des deux sexes, jeunes et adultes, pour défricher de vastes étendues de terre en vue des cultures de l'hivernage prochain. Le défrichage, dit *diasso*, et l'action *diassibo* sont considéré comme un travail masculin. Pour cette raison, les forces composantes sont essentiellement des hommes. Cette forme de travail collectif a lieu à la demande d'un membre du village dont les champs de la famille sont lessivés et qui a les moyens économiques de fournir aux invités le repas et la boisson. A cet effet, il bénéficie du concours précieux des parents et alliés non seulement du village, mais aussi ceux des autres villages environnants. Les jeunes femmes et les filles sont mises à contribution pour la préparation et le transport des repas. Il en est de même de la corvée d'eau. En outre, elles assurent l'animation par la mobilisation des tapeurs de tam-tam, les cantatrices de la chanson et de la danse. Ainsi, à l'occasion, des chansons sont composées ou reprises, faisant l'apologie du travail, des génies de la terre et de l'agriculture, d'autres exaltant le travail créateur et l'ennoblissement de l'homme; chansons et danses entrecoupées de proverbes et de dictons louant les travailleurs et flétrissant les paresseux. A partir du coucher du soleil, tous les participants entrent ensemble en chantant en chœur jusque dans la maison de l'intéressé. Un tel événement reste un souvenir mémorable parmi tant d'autres, caractérisant la fleur de la jeunesse pour le conter aux générations futures.

Pour la coupe du fonio

La coupe du fonio nécessite beaucoup de bras. C'est pourquoi elle regroupe tous les hommes valides du village dans les champs d'un des leurs. Ce travail se fait avec la faucille, instrument pour couper les herbes et qui est une lame d'acier courbée en demi-cercle montée sur une manche en bois.

A l'occasion de la coupe du fonio, les jeunes entrent en compétition et font preuve de prouesses remarquables. Dès les premiers chants du coq, ils vont au champ de fonio pour s'y tailler, chacun, une superficie avec un des objectifs suivants, selon les classes d'âge.

Avant le coucher du soleil ;
- pour un jeune « *kamaringho* » : couper 110 à 220 ballots de fonio ;
- pour un jeune « *solima* » : couper 66 à 110 ballots de fonio.
- pour un jeune « *kountangboro* » : 22 à 40 ballots de fonio.

Cet engagement individuel à couper un nombre déterminé de ballots de fonio s'appelle *boularo* et l'action, *kéboula*.

Chaque jeune qui prend le serment du *boularo* se choisit d'avance un attacheur de ballots en la personne d'un adulte qui dès lors porte le titre de *hindi-sitila* Les candidats à ces prouesses portent, quant à eux, les appellations suivantes :
- *keme-houla tekhela* : coupeur de deux cents ballots (sous-entendu de fonio) ;
- *keme tekhela* : coupeur de cent ballots ;
- *diourouma saba tekhela* : coupeur de soixante ballots ;
- *diourouma houla tékhéla* : coupeur de quarante ballots ;
- *diourouma tékhéla* : coupeur de vingt ballots.

Comme il apparaît, le *diourouma* est un tas de 20 ballots et 2 autres représentant chacun une dizaine de ballots, posés sur le tas de vingt ballots en sens inverse.

Ainsi donc, 110 ballots constituent 5 *diourouma*, soit 100 ballots et 10 autres représentant chacun une dizaine. Dans les 220 ballots de fonio, il y a 10 *diourouma*, soit 200 ballots et 20 autres représentant chacun une dizaine.

Le *diourouma* est donc l'unité de mesure dans le comptage en comptabilité des ballots de fonio. Ainsi donc, les plus grands producteurs de fonio de l'année en cours sont déterminés par le nombre de diourouma de ballots coupés dans leurs champs.

Mais, à côté de ces prouesses, il y a d'autres aussi sensationnelles, comme, entre autres, celles qui suivent. Un jeune *kamaringho* ayant pour fiancée ou amie une fille *solima* dans la famille où se déroule une telle activité se fait fixer à sa ceinture par celle-ci une branche d'oseille fraîchement coupée. Après quoi il se baisse pour couper le fonio et ne se relèvera que quand les feuilles de la branche d'oseille se seront fanées, ce qui a lieu, en général, au milieu de la journée. A ce moment précis, arrive l'amante porteuse de l'eau et d'un plat dit *dabéré* bien assaisonné à son intention. Alors, elle enlève la branche d'oseille, essuie la sueur de son front, s'agenouille pour lui donner à boire. Ensuite, elle lui déclare le plat apporté placé à l'ombre d'un arbre. Et le jeune *kamaringho* et ses camarades de classe d'âge, dans des exclamations de joie, de félicitations se retrouvent autour du plat d'honneur pour s'en régaler en attendant le déjeuner commun.

Vers dix-sept heures, la coupe du fonio est terminée ou suspendue jusqu'au lendemain, pour transporter les ballots et les rassembler sur un vaste et bas mirador pour séchage au soleil. Cela occasionne une nouvelle animation d'émulation : il faut, sans aide, porter sur son épaule un fagot de six ballots pour un jeune *solima*, dix ballots pour un jeune *kamaringho*. Ceux qui réussissent sont applaudis et félicités ; ceux qui échouent sont chahutés, mais dans un esprit de camaraderie ; les plus forts ou hors classe superposent des ballots de fonio du sol à la hauteur des mamelles de leurs amies demoiselles et d'un prompt balancement, portent la charge sur l'épaule pour prendre la direction du mirador dans des exclamations de louanges et de flatterie de l'assistance, notamment de leurs camarades de classe d'âge. Pour récompense, il bénéficiera de la part de leurs filles amies de l'eau chaude pour leur bain du soir et des massages au beurre de karité.

Après les travaux de la journée, il est offert à la délégation de chaque famille (quel que soit le nombre) quatre ballots de fonio. C'est un principe obligatoire qui fait que même ceux qui n'en ont pas besoin sont tenus d'emporter leur part.

Il existe d'autres formes de travail collectif effectuées par le mouvement de jeunes du village dit *kamaring touloungho*, réunissant l'ensemble des membres des organisations administratives. Ils travaillent dans des champs de paysans, moyennant des bêtes et des quantités déterminées de céréales pour leurs fêtes. Ce mouvement est minutieusement organisé avec leurs hiérarchies de dirigeants, de secrétaires, de policiers, etc. Avec la tenue correcte de leur comptabilité.

Dans la famille

L'organisation du travail dans la famille est collective, s'étend à tous les membres des deux sexes, de tout âge. Les travaux se répartissent selon le sexe et l'âge.

Les hommes

D'une manière générale, les hommes ont spécialement la charge des travaux de construction, de réfection, d'artisanat (tissage de l'étoffe, des paniers, nattes, éventails, ruches d'abeilles, etc.), de chasse, de pêche et une partie de la cueillette comme nous le verrons dans la quatrième partie. Ils assurent l'éducation et la formation des jeunes garçons dans les activités ci-dessus mentionnées.

Le doyen de la famille, *lou-kéba*, tient l'enclos familial ou jardin potager familial dit *sansangho* où il cultive du maïs, de la patate, du manioc et du coton comme sa contribution à la production familiale. Il tient également un champ de mil où tous les membres adultes travaillent deux jours de la semaine (le mercredi et le samedi). Ce champ de mil s'appelle *hourba kéna*, champ collectif. La journée de travail collectif à y effectuer se dit lokhooba et le travail lui-même « *lokho-bara* ».

Un marié tient, juxtaposé, un champ de mil (moins important que le *hourba kéna*), un champ d'arachide et un champ de fonio. Un tel champ se dit *kamaring-kéna*, champ de jeune. Les *bilakoro* sont répartis entre les adultes pour leur éducation et leur formation, principalement dans les branches de l'agriculture. Ils assurent également la garde des cultures contre les animaux et les oiseaux pillards.

Quant au membre circoncis et célibataire, celui-ci tient également un champ d'arachides et un champ de fonio à côté de celui de son père, de son oncle ou de son grand frère selon le cas. Ce champ s'appelle *kamagnan-kéna*, champ de la soirée, car il le cultive les après-midi seulement parce que consacrant les matinées dans le champ de celui à qui il est affecté pour assurer son éducation et sa formation. Quand il sera marié, il se fera en plus un champ de mil pour avoir un *kamaring-kéna* et disposera en conséquence de ses journées entières à part celles destinées au champ collectif *hourouba-kéna*.

Les femmes

Elles sont spécialement affectées à la cuisine, à la quenouille, à la culture du riz, des plantes potagères et maraîchères, à l'industrie du coton, du beurre et de la potasse, à la cueillette des champignons et tubercules, au ramassage des noix de fruits, etc. Elles ont en charge l'éducation et la formation des filles.

La doyenne seconde le doyen dans l'enclos familial où elle cultive pour toute la famille les plantes condimentaires : aubergine, gombo, tomate, cerise, tarot, piment, pomme de terre noire, etc. Elle s'acquitte aussi de la culture maraîchère des oignons et haricots, aidée des autres femmes et enfants pour l'arrosage, s'occupe de la teinturerie et de la savonnerie familiale.

Dans la famille, la plus jeune femme, souvent la dernière mariée, est chargée de la préparation du dîner et l'avant-dernière, de celle du déjeuner. Dans une grande famille où les femmes sont nombreuses, les plus jeunes d'entre elles sont affectées à la cuisine et elles l'exécutent à tour de rôle. En conséquence, il leur incombe de piler les grains, de ramasser les noix et les fruits de la forêt, de cueillir des champignons et des feuilles condimentaires. Pour cela, elles bénéficient du concours des enfants de la maison. En raison de leurs charges, elles sont exemptes des travaux champêtres. Les femmes qui ne sont pas mobilisées à la cuisine s'occupent essentiellement de la production agricole, de la savonnerie, de l'huilerie et de la parfumerie.

S'agissant de la production agricole, chacune d'elles cultive bien son champ à elle, généralement à côté de celui de son mari. Souvent, c'est un champ de riz avec, à côté, un petit terrain non rizicole divisé en trois parties et réparti comme suit : sur une première, sont semés çà et là du maïs hâtif, des arachides, du gombo, de l'oseille, des courges, du coton et d'autres petites plantes alimentaires; sur une seconde, est cultivée du pois d'angole; sur la troisième, du fonio à cycle court. Le filage du coton incombe à toutes les femmes sans exception et chacune d'elles s'en acquitte dans la mesure de son temps disponible.

Les enfants

A sept ans, les enfants des deux sexes entrent dans la production sous des formes variées et proportionnelles à leur capacité. Leurs activités croissent avec leur âge. Les tâches communes aux enfants des deux sexes sont : les commissions, la surveillance des champs contre les animaux et oiseaux pillards, le ramassage du bois mort pour la cuisine, le nettoyage des champs de riz et de fonio; les petits portages pendant les récoltes (rassemblement d'épis et de ballots d'épis de céréales).

La société et ses organisations sociales 145

Les filles aident les cuisinières à piler les grains, à puiser de l'eau, à faire le linge et la vaisselle, à balayer la cour de la maison et les cases, à préparer les aliments. Quant aux garçons, ils conduisent le troupeau au pâturage, entretiennent la volaille, s'initient à la chasse et à la pêche. Donc, les enfants des deux sexes s'occupent à des activités productives secondaires, généralement en rapport avec leurs âges ou forces.

Dès après le sevrage d'un ou d'une enfant, il est affecté à une personne mariée de la famille responsable directement de son entretien, de son éducation et de sa formation jusqu'à son mariage.

Conclusion

La production dans la société du Gnokholo traditionnel est essentiellement collective : par des formes de regroupement diverses des familles de tout un village se prêtant mutuellement assistance pour défricher des terres, cultiver leurs champs, récolter, entrer les récoltes, etc.

En outre, il faut mentionner que la jeunesse joue le plus grand rôle dans le travail. Pour cette raison, les adultes et les vieilles personnes lui accordent la plus grande attention en le gratifiant des félicitations et encouragements.

Il est à remarquer aussi la place omniprésente de la chanson, de la musique et de la danse dans la production, montrant ainsi que celle-ci a été, est et sera toujours la base des idées sociales, du progrès humain. N'est-ce pas que ce fut dans ce sillage qu'apparurent le langage, l'écriture, les découvertes et inventions, somme toute la culture comprise comme la somme des valeurs matérielles et spirituelles créées par une société dans le creuset de la production.

Les formes de travail collectif ci-dessus exposées sont des prémisses du collectivisme qui doivent inspirer le Gnokholo d'aujourd'hui et de demain, dans un ensemble plus vaste, un ensemble national, voire ouest-africain, pour propulser le développement économique et social. Autrement dit, il s'agit de procéder à une nouvelle organisation sociale de la production de façon à ce que les conditions à créer procurent non seulement aux paysans pauvres tous les avantages de la grande exploitation et de l'utilisation des machines agricoles, mais encore leur offrent les moyens de fabriquer, en dehors de l'agriculture, la grande industrie avec l'apport de l'énergie à vapeur, de l'énergie hydraulique, électrique, solaire et même atomique. C'est ce qui est le plus bénéfique pour le compte de la communauté entière.

4

Activités économiques

L'agriculture

L'agriculture comprend plusieurs cultures : des cultures champêtres, des cultures en enclos, séparées ou combinées, et des cultures maraîchères. Seulement, nous ne les étudierons pas selon ces catégorisations, mais par ordre d'importance, pour nous tirer mieux d'affaire en indiquant toutefois la catégorie de chacune d'elles.

Le mil et ses variétés

Il occupe la première place des cultures dans le Gnokholo, une culture vivrière, essentiellement champêtre. Le mil se dit *gno,* nom commun à toutes les variétés de mil.

Description

Le mil est une graminée de haute stature dont la tige atteint trois à quatre mètres de hauteur et le diamètre deux à trois centimètres. Son grain est petit et rond, enveloppé de deux écailles coriaces et résistantes difficiles à séparer, de couleur tantôt noirâtre, tantôt rouge foncé. Cette écaille est appelée *gno kounkoungho ou kounkougho* tout court. Elle sert de fourrage aux animaux domestiques.

On sème le mil au commencement des pluies : fin mai début juin et la récolte selon l'espèce, en novembre ou décembre. Les terrains qui conviennent à la culture du mil sont des terrains riches en humus ou en alluvions. Les feuilles du mil sont longues et assez larges; vertes, elles constituent un aliment précieux pour les animaux; sèches, elles sont surtout recherchées par les chèvres et les moutons.

Les variétés de mil

- *gno mousso* « mil femelle » en traduction littérale, est la première variété de mil. Il se cultive pour sa farine, car, pilé, il donne beaucoup plus de farine que de semoule. Les grains constituent un aliment tout fait pour les voyageurs, guerriers et chasseurs qui les mouillent dans des outres en peau en vue de les croquer à l'appel du ventre. On fait des nattes et des clôtures de maison avec sa tige. Le cycle végétatif du gno mousso est de six mois environ. On le sème en fin mai début juin et on le récolte en fin novembre début décembre.

- *Bambaran gno* est la seconde variété de mil. Le sens littéral est le « mil des bamabra », ce qui s'expliquerait par son origine bambara. Cette variété de mil est cultivée pour sa farine et sa semoule à la fois, car, pilé, on obtient les deux (farine et semoule) à quantités égales. Son cycle végétatif est de cinq mois environ. Il se sème en fin mai début juin et se récolte en fin octobre début novembre.
- *Kinto* comprend deux espèces différentes de par la couleur de leurs graines. *kinti koyo* (*Kinto* blanc) et *kinti voulingho* (*kinto* rouge). On le cultive pour son bon goût, les qualités de sa semoule (abondante et très blanche) et son cycle végétatif court, de quatre mois environ. Ses semailles ont lieu en mai ou juin et sa récolte en septembre ou octobre.
- *Sagno* connu dans le langage français sous le nom de petit mil. Le sens littéraire de son nom signifie le « mil-serpent », par comparaison de la forme de son épi à celle de ce reptile. C'est une culture de luxe pour son goût savoureux. Mais rarement, il fait l'objet de champ à part. On le mélange le plus souvent aux variétés de mil avec lesquelles, il a le même cycle végétatif. Il existe deux sortes de sagno qui se différencient comme suit : *sagno nounko*, (*sagno* lisse) et *sagno tima* (*sagno* poilu).

Le maïs et ses variétés

Le maïs est la seconde culture vivrière, se cultive en enclos et en champ. Il s'appelle en malinké *maka, mako* ou *kaba kabo* ou *toubagno*. Remarquons que *maka* et *mako* constituent un seul mot dont la terminaison phonétique change selon les tributs qui habitent le Gnokholo. Il en est de même pour les appellations *caba* et *cabo*. Ce phénomène est vrai pour beaucoup de noms et de mots et fait que deux dialectes existent au Gnokholo.

Description

Le maïs est aussi une graminée de haute stature, un peu moins grand que le mil. La longueur de sa tige varie de deux à trois mètres et le diamètre de 1,5 à 3 centimètres environ selon l'espèce et la qualité du terrain. Il porte à califourchon son épi bien enveloppé de graines. Son grain est un peu gros et peut être de couleur blanche, violette, rousse, rouge-nacrée selon l'espèce.

Le maïs se cultive dans des terrains riches en humus, dépôts de limon et de fumier et dans des vallées où pousse une herbe dite karamba. Ces vallées ont la particularité d'être argileuses et riches en humus, très bien humides, mais non inondées et inondables. Le maïs se sème en fin juin, début juillet après que la terre a été très bien mouillée, et se récolte en début ou fin septembre selon l'espèce. Comme le mil, les feuilles du maïs sont longues et assez larges. Elles ont la particularité d'être rugueuses au toucher, contrairement à celles du mil qui sont lisses.

Elles sont propres et vertes sombres, alors que celles du mil sont couvertes d'une fine couche de poussière blanche, et leur couleur verte tire un peu sur celle de l'ivoire. Vertes, les feuilles du maïs constituent un excellent fourrage pour les animaux, particulièrement pour les chèvres et les moutons. On extrait de la potasse de la cendre des épis (débarrassés de leurs graines) pour l'alimentation et la savonnerie (voir chapitre sur l'artisanat).

Les variétés de maïs

- *Kolindingho* : sa tige ne dépasse jamais deux mètres ; son grain est rouge nacré, son cycle végétatif très court, trois mois environ. Pour cette raison, il se cultive comme solution au problème vivrier difficile que connaissent les populations pendant le premier trimestre de l'hivernage, notamment en août. A ce titre, nous pouvons lui donner le titre de « culture de soudure » ou « culture de secours ». Il est considéré comme « une culture de père de famille » et chaque père de famille en cultive dans l'enclos familial.

Cette variété donne une semoule très abondante appréciée par les populations qui en font des plats variés. Grillés frais, les grains sont succulents et sont très dégustés aussi bien par les enfants que par les adultes.

- *Kountoubalo* est une variété de maïs dont la tige atteint deux mètres cinquante. Son épi est gros et court, d'où son nom *kountoubalo* (qui ne se casse pas), en raison de la robustesse de son épi. C'est la variété de maïs qui a le grain le plus gros. On le cultive pour à la fois sa farine et sa semoule qu'il donne en quantités égales. Son cycle végétatif est de quatre mois environ. Il se récolte en septembre.
- *Kindingho* est une variété qui a la tige la plus longue, trois mètres environ. Son épi est assez long et ses grains plus longs et plus durs que ceux des autres variétés. Son cycle végétatif est un peu plus de quatre mois. Il se cultive pour sa farine et pour sa semoule, sa récolte a lieu en septembre ou début octobre.
- *Sâta* a les mêmes caractéristiques que le *kindingho* au point de vue tige, épi et grain. Il donne des grains de différentes couleurs : blanches, rousses, violettes. Mais les grains blancs sont dominants sur un épi, et de ce fait, il est appelé *maka koyo* (maïs blanc) ou *houta maka* (maïs du Fouta-Djalon), ce qui pourrait expliquer son origine ou sa couleur. Il donne une farine abondante toute blanche. Son cycle végétatif est de quatre mois environ. Sa récolte se fait en septembre, début octobre.

- *Gnoba maka* ou *makaba* est un maïs de très haute stature (3,5 m environ) ; son épis est gros ; son grain assez gros est semblable à celui du maïs importé d'Amérique. Son cycle végétatif est de six mois environ. Ce sont quelques enfants qui le sèment en petites quantités, dans des endroits qui gardent longtemps l'humidité après les pluies. Ils le récoltent au cours ou après les récoltes de mil pour le consommer grillé à l'état frais. Comme le maïs américain, il a un mauvais goût pour la population.

Le fonio

Se place au troisième rang des cultures vivrières. C'est une culture champêtre. Les Malinké l'appellent *hindo*.

Description : C'est aussi une graminée dont la tige a environ 30 à 40 centimètres de hauteur et un millimètre de diamètre selon l'espèce et la qualité du terrain (riche ou pauvre), à feuilles étroites et relativement longues. Ses graines son très petites et ont la forme légèrement ablongue. Très nombreuses, elles sont groupées sous une inflorescence cylindrique en forme d'épis très allongés.

Culture du fonio

Contrairement à certains écrits étrangers, la culture du fonio est l'une des plus délicates et demande plus d'efforts, du moins dans le Gnokholo. Sa culture, aussi bien que sa récolte, comme nous le verrons dans les lignes à suivre, nécessite beaucoup de main-d'œuvre, de sorte qu'elles se font toujours en travail collectif.

La culture du fonio consiste à semer les graines à la volée et à les couvrir par labourage léger. Cela se fait après que toutes les herbes ont poussé sur le terrain servant de champ. Derrière les laboureurs, les femmes nivellent les parties labourées et rassemblent en tas toutes les herbes, des souches que les enfants ramassent pour les jeter hors du champ sur ses bordures. Tout cela se fait le même jour, car une nuit suffit pour que les grains commencent à germer et il ne saurait être question de les déplacer le lendemain. Ainsi, un champ de fonio dans ses premiers jours de semis est semblable à une cour balayée. Le fonio pousse alors et grandit. Sans ce soin, le rendement est médiocre.

Hindi bobo consiste, à un mois de la floraison du fonio, à enlever, ramasser et jeter hors du champ toutes les herbes, les nouvelles feuilles des souches non mortes qui ont de nouveau poussé depuis le labourage, et les branches sèches tombées des arbres qui n'ont pas été abattus dans le champ. Sans ce deuxième soin, le rendement du fonio baisse sensiblement. La présence des herbes, feuilles et branches mortes rend aussi difficile sa récolte (fauchage) et les graines d'herbes se mélangent facilement à ses graines, ce qui rend encore difficile le travail de la cuisinière.

A maturité, le fonio est fauché, mis en ballots placés sur des miradors d'une hauteur de 0,40 à 0,50cm pour les protéger contre les termites et les faire sécher au soleil. Ce travail est dit *hindi tékhé* (fauchage du fonio) ; après séchage, on procède au *hindi sankhingho*.

Hindi sankhingho consiste à enlever les graines du fonio. Pour ce faire, on prépare un sol que l'on bat et que l'on enduit de bouse de vache mélangée à du *boumbangho* (liane servant de colle forte). Ce sol est traversé en son milieu par une ou deux poutres placées sur deux à trois fourches, tout d'une hauteur (hors du sol) des pieds à l'ombril d'un homme moyen debout.

Ainsi, quand ce sol est prêt, les ballots de fonio sont trempés entièrement dans l'eau d'une jarre et placés les uns sur les autres, le tout couvert pendant douze heures avec de la paille ou de l'herbe de fonio. Cette opération se fait à la veille du *hindi sakhingho* et permet aux graines de se détacher plus facilement à la moindre touche ou secousse. Le lendemain, les jeunes des deux sexes du village brassent les ballots (un par un ou deux par deux) avec leurs pieds.

Quatre ou cinq minutes suffisent pour enlever complètement les graines d'un ballot de fonio. Les pieds de fonio, devenus tendres, sont ramassés et entassés de côté. Quand tous les ballots sont ainsi débarrassés entièrement de leurs graines, ces dernières sont vannées pour enlever les fragments de pailles de fonio, et mises dans des récipients pour être transportées au village dans le grenier.

Le fonio se décortique au pilon dans le mortier. Débarrassé de sa coque, il est blanc. C'est une graine nourricière se digérant très facilement (20,84 pour cent de matières azotées). Très facile à cuire, il est, de ce fait, excessivement précieux pour l'alimentation dans les expéditions. C'est le viatique indispensable de tous les dioulas et autres voyageurs de longs trajets.

La paille de fonio s'utilise dans la fabrication des mortiers d'argile servant à construire les murs des cases. Elle sert aussi à emballer les noix de cola après avoir été légèrement mouillée, en raison de sa qualité de longue conservation de l'humidité. On extrait de sa cendre de la potasse pour l'alimentation et la savonnerie. Elle est aussi excellente pour remplir les paillasses et oreillers de couchage.

Dans le Gnokholo, le rendement du fonio est le plus considérable des céréales cultivées. De par la description ci-dessus de la culture et de la récolte du fonio (qui ne peuvent se faire qu'en travail collectif), il est clair qu'il n'est pas une culture de paresseux, comme le prétendent certains écrits.

Les variétés de fonio sont les suivantes :

- *Momo* est la variété de fonio dont les graines sont plus grosses. Son cycle végétatif est le plus court également, deux mois et demi environ. Il est considéré comme la dernière qualité de fonio. En raison de sa qualité hâtive, le *momo* est une culture de soudure, à l'exemple de la variété de maïs. Il se laboure en juillet et se récolte en fin septembre.

- *Diélingho* est une variété à cycle végétatif court, trois mois et demi. Ses graines sont plus petites que celles du *momo*. Il est de qualité seconde. On le sème en juillet pour le récolter en octobre.
- *Hindi ba* est la première qualité des variétés de fonio en raison de ses graines plus petites, et par-là, plus fines sur la langue et à travers la gorge. Son cycle végétal est le plus long : quatre mois environ.

L'arachide et ses variétés

L'arachide est très bien cultivée. Elle constitue le principal condiment des Mandingues en général et de ceux du Gnokholo en particulier. Pour cette raison, leurs cousins bambara les appellent *tiya dégué dou moulalou* (les mangeurs de pâte d'arachide).

Les variétés cultivées ne sont point différentes de celles introduites en pays ouolof par le colonisateur français et en Gambie par le colonisateur anglais. C'est une culture essentiellement champêtre. On la sème après les semis de mil et de maïs en juillet et on la récolte en novembre. Elle est cultivée dans les vallées riches en humus, les terrains sablonneux et les terrains ferrugineux à cailloux. Les variétés sont les suivantes :

- *Voyo tiya*, comme son nom le dit, est l'arachide rampante. Sa gousse est moyenne et contient deux graines. Sa culture dans les vallées généralement argileuses présente des difficultés de déterrage en cas de manque de pluie à sa maturité.
- *Lo tiya* est l'arachide non rampante, dite en français « arachide de bouche ». Elle se cultive pour ses grosses graines et la facilité de déterrage en cas de cessation prématurée des pluies. Elle comprend deux espèces, à savoir :
- *Konkodoukhou* ou *Konkodoukhou tiya*, espèce qui porte le nom du pays d'origine *konkodoukhou*, région naturelle du Manding et qui fut l'une de ses provinces administratives. Sa gousse très grosse contient deux grosses graines.
- *Kountou makhangho* ou *kountou makhan tiya*, une variante de la *konkodoukhou* avec la particularité que sa gousse plus longue contient trois à quatre grosses graines.

La paille d'arachide verte ou sèche est un excellent fourrage très apprécié des animaux. En outre, on extrait de sa cendre de la potasse pour l'alimentation, la savonnerie et à la teinturerie, comme nous le verrons plus loin.

La coque d'arachide sert d'énergie de chauffage à la place du bois dans la fabrication du savon.

Le riz et ses variétés

Le riz est une culture de luxe parce qu'alimentation de luxe. On le cultive dans les rizières de plaines, de clairières et de vallées. Les variétés de riz sont assez nombreuses en raison des conditions climatiques et géologiques de l'époque du pays. Mais nous ne verrons ici que quelques variétés principales.

- *Koumba kountou* est une variété de riz dont le grain est blanc, gros et court. Son cycle végétatif est très court (trois mois environ) et, de ce fait, on le cultive dans les rizières des clairières qui ont la particularité d'être les premières à avoir beaucoup d'eau et de tarir vite. Ce phénomène est dû à leur fond granitique d'une profondeur de dix à quinze centimètres environ. Une pareille rizière est appelée *houkha hara* (rizière de clairière).Cette variété se cultive également dans des rizières des vallées hautes gardant leurs eaux très peu de temps après les pluies ;
- *Malou koyo* (riz blanc) est aussi une variété de trois mois et demi de cycle végétatif. Son grain est plus blanc et moins gros que celui du *koumba kounto*. On le sème non seulement dans les rizières des clairières, mais aussi dans toutes les autres. Sa culture dans ces dernières a l'avantage de faire deux à trois récoltes selon la durée des pluies et de l'humidité de la rizière. En effet, ce riz a la propriété de pousser de nouveaux rameaux après chaque récolte pour donner une nouvelle récolte dans un délai de deux mois environ ;
- *Massiholi* est également une variété de trois mois et demi de cycle végétatif. Il se différencie des autres par son grain gros et rouge. Il pousse également de nouveaux rameaux pour donner une nouvelle récolte dans un délai de deux mois au maximum, ce qui permet de faire deux récoltes dans un même champ avec les mêmes graines semées ;
- *Bahata* est une des variétés dont le cycle végétatif est de cinq mois. Il se différencie des variétés hâtives non seulement par son cycle végétatif plus long, mais aussi par son grain plus petit et plus long, Il se cultive dans des rizières de plaines et des vallées ;
- *Gnâra* : qualité de riz dont les grains sont poilus comme moyen de protection contre les oiseaux pillards. C'est pour cette raison surtout qu'on le cultive, principalement dans des endroits où ces oiseaux sont nombreux. Son cycle végétatif est aussi de cinq mois environ ;
- *Bandioulou*, la variété de riz dont le grain est plus petit que toutes les autres variétés. Il porte le nom du pays d'origine *bandioulou*, nom authentique de l'actuelle Gambie. Son cycle végétatif est environ de six mois. On le cultive dans des rizières de plaines et de vallées basses.

Nous attirons l'attention sur les *maloukoyo* et *massifoli* qui permettent plusieurs récoltes avec les mêmes semailles, ce serait peut-être là une direction de recherche pour l'autosuffisance alimentaire.

La paille de riz ne sert à aucun usage sinon qu'à fumer l'endroit où elle est déposée. Cependant, elle peut servir à remplir les paillasses et oreillers de couchage du fait qu'elle est légère, très tendre et imperméable à l'humidité.

Le haricot

Le haricot est appelé *sosso* : c'est une culture champêtre et maraîchère à la fois.

Culture champêtre du haricot

Très rarement, le haricot fait l'objet de champ à part. Le plus souvent, on le sème dans les champs d'arachide et les champs de mil.

Dans les champs d'arachide, on le sème sur les bordures des termitières, lesquelles ne sont jamais semées d'arachide en raison de leur dureté et, par-là, des difficultés de son déterrage en ces endroits. On le sème là par poquets en quinconces distancés d'un mètre environ. Les termitières elles-mêmes servent de lieux d'épanouissement des branches des pieds du haricot.

Dans les champs de mil, on mélange les graines de haricot à celles du mil dans une proportion d'une à deux mesures de haricot contre dix mesures de mil pour les semer ensemble et avoir un à deux pieds de haricot par quatre mètres carrés environ de surface ensemencée (les pieds de mil distant de 50 à 60 centimètres environ). Ainsi, le haricot croît plus ou moins sous le mil et mûrit un mois avant la récolte de celui-ci. Cependant, la culture du haricot sous le mil présente des inconvénients et des avantages. Si le mil réussit parfaitement, le haricot en revanche, ne réussit pas. Si, pour une raison ou une autre, le mil ne pousse pas ou ne se développe pas suffisamment, alors ce sera l'année de haricot, c'est-à-dire la grande production de cette culture.

Pour éviter une bonne récolte de l'un au détriment de l'autre, les populations ne tardent pas à trouver une parade consistant à faire des champs de mil sur les terrains à friser, ce qui permet aux pieds de mil et de haricot de se développer harmonieusement. En effet, les pieds de haricot, dans ces conditions, n'ont plus à s'étouffer sous l'ombrage du mil touffu, mais couvrent les pierres pour recevoir directement et par-là suffisamment d'air et de soleil.

La culture champêtre du haricot a pour but d'avoir ses graines et aussi ses nouvelles feuilles comme condiment de couscous et de soupe.

Culture maraîchère du haricot

Elle a pour but essentiel sinon unique d'avoir ses feuilles pour les manger sur du couscous ou en soupe pendant la saison sèche. On le sème par poquets distancés de vingt-cinq centimètres (en raison de deux graines par poquets) au bord des cours d'eau.

Signalons que seule une variété de haricot est connue dans le Gnokholo traditionnel, celle à graines blanches de cycle végétatif de cinq mois environ. La récolte du haricot se dit *sosso tombongho*. Ses graines se mangent bouillies et assaisonnées, servent aussi de condiment de couscous et à la préparation de mets de luxe et de beignets divers. Les rameaux et feuilles vertes du haricot constituent un excellent fourrage pour les animaux.

Remarquons cependant que la culture du haricot dans son propre champ a un rendement plus important que sa culture sous le mil. En revanche, sa culture dans les champs d'arachide, bien que le rendement ici par surface cultivée soit plus grand, ne permet pas l'utilisation de grandes étendues en vue de grandes quantités. Le haricot est l'une des céréales les plus nourricières cultivées dans le terroir. Sa culture doit attirer l'attention des économistes contemporains du pays puisqu'elle représente un des moyens pour sortir de l'insuffisance alimentaire.

Le pois d'angole (tiya kolingho)

C'est une plante intermédiaire entre l'arachide et le haricot. Pour cette raison, elle est appelée *tiya kolingho* signifiant arachide dure. En peulh, elle est dite *gnébé guerté*, c'est-à-dire « haricot arachide ». En outre, l'apparence de ses gousses ressemble à celle de l'arachide. Le goût de ses graines est un mélange du goût haricot et de celui de l'arachide.

Le *pois d'angole* est une légumineuse et semble être la première culture de certains peuples du sud-ouest africain. Les ancêtres du Gnokholo l'auraient hérité de l'un de ces peuples, plus précisément du peuple Bedick. Il est cultivé en général en juillet dans un terrain bien préparé, souvent à côté du champ d'arachide. Il arrive en maturité en novembre ; c'est dire que son cycle végétatif est de cinq mois. Il donne naissance à un fruit sec, indéhiscent.

Si on brise la coque, il en sort une ou deux graines. La graine est munie d'une enveloppe épaisse, dure, coriace, qui se détache facilement après la cuisson. Elle prend une couleur violacée très prononcée, colorant fortement le bouillon dans lequel on la fait cuire. C'est une graine cotylédon très savoureuse. On fait divers mets avec les graines de la *tiya kolingho*. Elles se mangent aussi bouillies et assaisonnées.

Il existe trois espèces de pois d'angole se différenciant seulement par leurs couleurs blanche, noire, violette et tachetée. Sa culture a un très bon rendement et ses graines sont aussi d'une excellente qualité nourricière. D'où une culture intéressante pouvant occuper valablement une place importante dans une économie moderne, c'est-à-dire une économie adaptée au développement des sciences et de la technique de notre époque.

Le manioc

Il s'appelle *bantara* et est le manioc doux, seule variété connue dans le Gnokholo traditionnel. Les habitants le plantent par boutures dans l'enclos familial, chaque année au début de l'hivernage quand la terre est bien mouillée. Les tubercules arrivent au stade de la consommation vers novembre.

La tige du manioc peut vivre plusieurs années, mais se dessèche en cas de manque d'eau. Les tubercules, au contraire, se conservent parfaitement dans la terre durant toute la saison sèche et émettent de nombreux rameaux qui se flétrissent à leur tour. Pour cette raison, elles sont récoltées dans l'année de la bouture, pendant la saison sèche. On les consomme crues, cuites sous la cendre, bouillies et assaisonnées. Mais pour les conserver en vue d'autres mets, on les épluche et on les fait sécher au soleil.

La multiplication de la plante se fait par boutures. A cet effet, les tiges sont coupées, rassemblées en gros paquets dans des cours des enclos familiaux pour y être entretenues par des arrosages périodiques jusqu'à la période de bouturage.

Les jeunes ou nouvelles feuilles du manioc entrent dans la préparation de la sauce de couscous. Elles s'utilisent fraîches ou séchées au soleil. Pour une économie moderne et nationale, il faut sortir le manioc de l'enclos familial pour des champs plus vastes, en faire une culture intensive pour le bien-être des populations. Signalons surtout que le manioc renferme beaucoup d'amidon et qu'on peut en faire des galettes cuites à la poêle et autres mets de qualité.

Indiquons également que les animaux sont aussi friands des feuilles et des tubercules du manioc

Le taro (*voussou ghagna*)

En français « taro », il croît de préférence dans les terrains humides et riches en humus. Le taro est une plante vivace dont la tige souterraine est constituée par un tubercule. Feuilles longues et pouvant atteindre jusqu'à un peu plus d'un mètre de hauteur, fortement engainantes à la base, pelletées et dont le limbe atteint parfois des dimensions énormes. Elles présentent une échancrure assez profonde à leur partie supérieure, échancrure qui s'avance jusqu'à quelques centimètres de l'épanouissement du pétiole.

Celui-ci s'épanouit en trois nervures principales plus volumineuses que les autres. De ces trois nervures partent les nervures secondaires fortement concentrées aussi. Les feuilles sont épaisses. La face supérieure de la feuille a une couleur fortement foncée et très prononcée. Elle est légèrement veloutée. La couleur de la face supérieure de la feuille a une couleur fortement foncée et très pâle. Elle est aussi légèrement veloutée.

Le pétiole est gros, d'un brun verdâtre à la base et d'un vert tendre à son sommet. La racine est un tubercule de la grosseur d'un point ou plus des fois, d'un brun noirâtre et ayant un peu la forme d'un oignon légèrement allongé. Sur ce tubercule viennent, quand la plante arrive en maturité, douze à quinze turions dont les plus volumineux tout au plus ont la grosseur d'un œuf de canard. C'est la partie comestible qui sert à la reproduction. La chair de ces turions est blanche, fortement aqueuse et compacte. L'odeur est légèrement poivreuse.

Le limbe sert de condiment de couscous. Pour cette raison, d'une part, et pour faire grossir davantage les turions, d'autre part, on coupe les limbes à une hauteur de cinq à dix centimètres du sol au début de novembre pour les découper en petits morceaux et les sécher au soleil en vue de leur conservation pour l'alimentation en saison sèche.

On sème le taro en juillet en plaçant le turion dans un trou creusé dans la terre à une profondeur de huit à dix centimètres selon la grosseur du turion. Les trous contenant des turions sont placés en quinconces et distancés de 0,50 à 80 centimètres. La récolte des turions se fait à partir de décembre. On les mange bouillis ou frits.

Bouilli ou frit au poêle, le taro constitue un aliment d'un goût agréable. Par ailleurs, signalons que la tubercule et les turions du taro sont très recherchés par les moutons. C'est un excellent fourrage.

La patate douce (voussou nounko)

La patate douce (*voussou nounko*) est une culture champêtre et en enclos. Généralement elle se cultive en enclos et des fois dans les champs au bord des cours d'eau. On la plante par boutures en août dans l'enclos familial ou dans le champ, et en octobre, dans les endroits humides et riches en dépôt de limon au bord des cours d'eau. Au bout de deux ou trois mois, il se forme au pied de la plante des tubercules farineux qui grossissent pendant tout le temps nécessaire à sa récolte. La mature des tubercules s'annonce par le jaunissement de ses feuilles. Il existe des variétés diverses qui ne se différencient du reste entre elles que par la forme et la couleur : forme ronde et en fuseau, couleur blanche et violette. Elle se mange crue, cuite sous la cendre ou bouillie.

De nos jours, la patate se consomme de plusieurs manières et est bien dégustée des populations. D'où la nécessité de vulgariser cette culture en vue d'une plus grande production. Par ailleurs, les feuilles de patates constituent un excellent fourrage pour les animaux ainsi que le tubercule lui-même.

L'oignon (diaba)

C'est une plante maraîchère. On choisit de préférence une terre riche en humus ou en alluvions au bord d'un cours ou point d'eau. Elle est soigneusement préparée. Les semis se font avec la plus grande régularité, en quinconces, chaque pied distant de son voisin de 20 à 25 cm.

Semé vers la fin de l'hivernage, la récolte se fait en décembre ou janvier. Durant tout ce temps, le soir et le matin de chaque jour, les femmes et les enfants, à l'aide des calebasses, procèdent à l'arrosage. La maturité de l'oignon se reconnaît par le jaunissement de ses feuilles et le craquement de la surface du sol par les tubercules. A maturité, les feuilles sont coupées à 1,5 cm environ des tubercules pour être pilées et séchées au soleil pour leur conservation en vue de l'alimentation future. La partie supérieure du tubercule est couverte de cendre pour être déterrée quelques semaines après. Les oignons sont placés dans les paniers couverts de paille de fonio bien sèche. L'oignon sert de condiment dans presque tous les mets et fait l'objet d'échange actif avec les pays voisins ou provinces voisines. Il constitue donc un produit d'autoconsommation et d'échange extérieur. Les feuilles d'oignon vertes ou séchées entrent dans l'assaisonnement de beaucoup d'aliments.

L'oseille (dâ)

C'est une culture champêtre et rarement en enclos. L'oseille ou *dâ* en malinké est une plante dont l'écorce, les feuilles et la peau de son fruit sont acides. Elle n'atteint pas plus de 80 cm. On la cultive pour ses feuilles et ses fruits. Les feuilles et la partie charnue du fruit étant très bien acides servent de condiments dans la préparation de certains mets et les graines pour faire un condiment de haute qualité dit *datouvo* que nous verrons plus loin.

Il existe plusieurs variétés d'oseille se différenciant essentiellement par leur couleur.
- *dâ koyo* – oseille blanche ;
- *dâ voulingho* – oseille rouge ;
- *dâ hingho* – oseille violette – sombre ;
- *dâ kolingho* – oseille à fruit à peau fine, de mauvaise qualité.

Les trois premières espèces se cultivent pour leurs feuilles, la peau et les graines de leurs fruits. La dernière espèce *dâ kolingho* se cultive uniquement pour ses graines qui sont abondantes ; ses feuilles ne sont pas comestibles parce que rugueuses et on ne saurait parler de la peau de son fruit qui est presque inexistante, très prise sur le fruit.

On sème l'oseille en juin et on la récolte en octobre ou novembre. Avant la maturité des fruits, ce sont les feuilles qui servent à leur place d'assaisonnement d'aliments. Une fois les fruits arrivés à maturité, les peaux de ceux-ci sont seules utilisées. Pour les conserver, on les fait sécher au soleil et on les garde dans des paniers, des vieilles jarres et des vieilles outres en calebasse ou en argile cuite. Le reste des fruits est mis au soleil dans un emplacement type où ils s'ouvrent d'eux-mêmes et on les y bat avec des gourdins pour faire sortir toutes les graines et les séparer du reste. On les met ensuite dans des gourdes en calebasse ou en argile cuite et dans des vieilles jarres pour servir à la fabrication d'une pâte végétale d'un goût particulier appelé *datouvo,* servant à assaisonner les sauces.

Cependant, il est possible de faire des boissons rafraîchissantes à base d'oseille et cela permettrait une impulsion de cette culture.

La tomate cerise

La tomate se cultive en enclos où elle se développe spontanément pour tapisser les clôtures. C'est un condiment en raison de son goût aigre. Les fruits mûrs sont brassés dans de l'eau (proportionnellement), laquelle eau entre ensuite dans la cuisine de sauces et de certains mets.

La tomate cerise peut être mangée en salade ou bien en omelette, car elle est excessivement rafraîchissante. Elle peut également servir à la préparation de boissons rafraîchissantes. Les pieds de la tomate cerise se repiquent après avoir poussé en touffes en un endroit où les graines ont été semées à la volée ou, en d'autres termes, après avoir poussé en pépinières. Un autre procédé consiste à semer les graines à la volée, mais espacées, puis éclaircir les pieds levés.

L'aubergine et ses variétés

Il s'agit ici d'une aubergine propre en Afrique, une plante condimentaire qui se cultive dans l'enclos familial et dans les champs d'arachide, de riz, de pois d'angole et de fonio, sur les bords et alentours des termitières et sur l'emplacement de brûlure et des décompositions de gros troncs d'arbres. La tige est plutôt arborescente, atteignant 40 cm à un mètre de hauteur. Les fleurs toujours nombreuses ressemblent à celles de la tomate, mais de couleur légèrement violacée. Les feuilles sont bien moins profondément découpées. Elles présentent une curieuse particularité cependant. Les nervures principales à leurs faces inférieures sont très saillantes et sont réunies de plusieurs épines légèrement molles, très adhérentes cependant et très acérées. On les trouve encore sur les jeunes rameaux. La tige principale et ses premières divisions sont dépourvues d'épines. La face supérieure des feuilles est d'un vert luisant et la face inférieure blanchâtre et légèrement veloutée. Les fruits sont semblables à ceux de la gousse tomate ou de la tomate de l'Europe. Leur forme et leur disposition intérieure sont les mêmes. Leur goût en revanche est tout différent : plus ou moins amer selon l'espèce. Le fruit arrivé à maturité est jaune pâle et rouge écarlate mélangé.

Les variétés d'aubergine :

- **la petite aubergine** a le pied qui ne dépasse pas 40 centimètres, les fruits d'un goût amer et moins gros que ceux de la variété suivante ;
- **la grosse aubergine** est la variété dont le pied peut atteindre plus d'un mètre de hauteur et ses fruits la grosseur du poing, de forme sphérique et d'un goût non amer, légèrement sucré.

L'aubergine se croque crue, mais sert principalement de condiment de luxe ou de qualité dans les sauces et les mets. En effet, elle couvre nécessairement la surface des plats d'honneur de toutes sortes et fait l'objet d'éloge à l'endroit de la cuisinière qui en offre sur ses plats.

Elle se cultive en pépinières au début de l'hivernage dans le courant de juin pour être repiquée en juillet ou début août dans les emplacements cités plus hauts ; les pieds sont placés en quinconces et distancés de 30 à 50 cm environ. Dès septembre, la petite aubergine commence à donner des fruits un mois plus tard, c'est-à-dire en octobre. La grosse aubergine commence à son tour. Ainsi, de septembre en décembre, voire janvier, on entre dans la période de condimentation des aubergines fraîches. Tout le long de cette période, on récolte les fruits arrivés à maturité pour les faire sécher aux fins de conservation.

Le pied de l'aubergine se dessèche et ses rameaux se flétrissent pendant la saison sèche ou après plusieurs floraisons successives, pour pousser de nouvelles tiges ou de nouveaux rameaux pour la prochaine période de floraison. La floraison de pareils pieds d'aubergine a lieu plutôt qu'à l'ordinaire : en juillet pour la petite aubergine, en août pour la grosse aubergine. Ainsi, on se procure des aubergines plutôt qu'à l'ordinaire. Ces pieds d'aubergine, qui s'obtiennent de cette façon, s'appellent *diakhatou banangho* ainsi que leurs fruits.

Le mot banangho désigne toute culture dont le pied n'a été une œuvre directe de l'homme, mais de la nature. Pour distinguer une pareille culture des autres, on fait suivre son nom du mot *banangho* : exemples : *diakhatou banangho, tiya banagho, sosso banangho, gno banangho*, etc.

Le gombo et ses variétés

Il est aussi une plante condimentaire qui se cultive dans l'enclos familial, dans le champ à part entière et sur les bords des termitières dans les champs d'arachide, de riz, de fonio, de *tiya kolingho*. Elle atteint deux à quatre mètres de hauteur selon le terrain et l'espèce. On le sème en poquets et en quinconces espacés de 80 cm, de 5 à 10 m dans l'enclos familial.

Dès que les pluies cessent, la plante se dessèche rapidement et meurt. Les graines germent très rapidement et en deux, trois ou quatre mois (selon l'espèce), le développement est complet. Les fruits sont cylindriques – coniques et ont environ 6, 10, 15 cm de longueur sur 1,5 à 2,5 ou 3 cm de diamètre. La coque porte des cotes très marquées suivant lesquelles elle s'ouvre quand elle est sèche. Elle est très pointue au sommet et couverte ou non de poils plus ou moins durs selon l'espèce.

Les fruits entrent entièrement dans la composition d'un grand nombre de sauces et servent à ramollir certains mets pour faciliter leur passage à travers la gorge et, par-là, éviter la suffocation. Mais précisons que les fruits s'utilisent avant qu'ils aient atteint leur maturité complète auquel stade ils présentent des fibres qui les rendent non comestibles.

Si on sectionne un fruit transversalement, on trouve les graines noyées dans une pulpe blanchâtre, visqueuse. A la cuisson, cette pulpe se transforme en une sorte de mucilage qui disparaît quand le fruit est sec. Pour cette raison, d'une part, et pour le fait que les fruits sont fibreux et verts à leur maturité, d'autre part, on cueille les fruits avant leur développement complet pour les couper en petits morceaux circulaires et les sécher au soleil pour leur conservation en vue de l'alimentation future.

Le Gnokholo connait plusieurs variétés de gombo que voici :

- *kandia taringho* est le gombo hâtif dont le cycle végétatif est de deux mois ;
- *kandia kounto* est le gombo à fruits courts, cycle végétatif, trois mois ;
- *kandia diangho* est le gombo à fruits longs, cycle végétatif, quatre mois ;
- *kandia nounko* est le gombo à fruits longs et lisses, c'est-à-dire sans poils contrairement à toutes les autres variétés ; cycle végétatif, quatre mois ;
- *gnakesse* est le gombo dont les poils du fruit sont assez durs et constituent de véritables épines. Son cycle végétatif est de quatre mois. Il donne plus de fruits.

Chacune de ces variétés de gombo peut avoir des fruits de différentes couleurs. La couleur d'un fruit peut être unique ou variée : verte, verte-sombre, verte-pâle, violacée, violacée noir. En période de crise des fruits, les nouvelles feuilles du gombo les remplacent dans les aliments, mais elles s'utilisent vertes. Par ailleurs les feuilles du gombo sont très estimées des animaux comme aliment. L'écorce de la tige est fibreuse et pourrait être d'un usage utile.

La citrouille ou courge et ses variétés

Elle se cultive en abondance dans l'enclos familial et dans les champs d'arachide, de *tiya kolingho* de riz où elle couvre les clôtures, les toits et le sol. On la sème en poquets (en raison de deux graines par poquet) très distancés (50 m au moins dans les champs et dans l'enclos ; à un ou deux poquets par toits de maison) dès les premières pluies. La floraison a lieu en septembre et octobre. La consommation des fruits commence dès octobre et la récolte se fait en décembre.

La citrouille sert à faire la sauce du couscous sur lequel elle est très bien dégustée. Elle se mange aussi bouillie, réduite ou non en pâte et bien assaisonnée. Les jeunes feuilles de la citrouille se mangent aussi sur du couscous, mais mélangées à des morceaux du fruit. Les rameaux, les feuilles et les fruits de la citrouille constituent aussi un excellent fourrage pour les animaux, principalement les chèvres et les moutons.

Il existe plusieurs variétés de citrouille :

- *mansalo* est la citrouille à fruits longs de 50 à 100 cm sur 20 à 25 cm de diamètre environ ;

- *hé dié* (citrouille-calebasse), comme son nom l'indique, le fruit de cette variété a la forme d'une calebasse entière ;
- *potonkané* a la même forme que la *hé dié*, mais un peu moins grosse que celle-ci ;
- *dié dakhandingho* a le fruit rond et petit; de grosseur d'un petit canari, comme son nom l'indique ;
- *tabadian die* est une citrouille à fruits moyens, longs, s'amincissant vers le limbe.

La calebasse et ses variétés

La calebasse est le fruit du calebassier, une plante rampante au Gnokholo. Elle ne fait pas l'objet de champ à part. On la sème dans tous les champs, les pieds très éloignés les uns des autres (50 à 100 m) sur les bords des termitières, les lieux de calcination et de décomposition de gros troncs d'arbres. Le fruit du calebassier ou la calebasse (hé en malinké) ne se mange pas au Gnokholo. On les laisse jusqu'à leur maturité complète pour en faire des vases, des ustensiles de cuisine, ménage et d'autres usages. Il existe diverses variétés donnant chacune une forme et une dimension de calebasse pour un usage précis :

- *hé hingho* (calebasse noire) : Comme son nom l'indique, cette variété de calebassier donne des calebasses à extérieur noir, plutôt vert-sombre, forme ronde, grosseur de 50 à 70 cm de diamètre environ. On en fait des calebasses d'usages courants : ustensiles de cuisine et de ménage. Elle est plus résistante et constitue la deuxième qualité ;
- *hé koyo* (calebasse blanche) : c'est un calebassier qui donne des fruits blanc, ivoire extérieurement, ronds et très gros pouvant atteindre 50 à 80 cm de diamètre environ. Les fruits moyens sont utilisés pour des usages courants et les plus gros pour des usages particuliers tels que le puisage d'eau, le travail du couscous, le dépôt de graines et divers ;
- *Hé batama* (calebasse à nombril) : cette calebasse a le fruit moyen comme celui du *héhingho*, mais se particularise par une espèce de gros furoncle comparé au nombril de certaines personnes (d'où son nom), qui le termine au point de fixation du limbe. Les calebasses et gourdes faites avec son fruit sont plus solides et résistantes. Pour cette raison, elle était la première qualité et était recherchée particulièrement ;
- *Kalama* est la calebasse à queue ou à poignet. Il existe trois catégories : la grande, la moyenne, la petite. La première sert de pot pour boire, d'instrument de cuisine, de cérémonies, de culte (deuil), de partage et de mesure de grains et de liquide. Elle est appelée *kalamaba*. La seconde, quant à elle, sert d'instrument de cuisine et mesure de grains et liquides. La troisième, enfin, on s'en sert pour boire du *moni*, de la bouillie et les tisanes ;

elle sert aussi d'instrument de mesure de grains et de liquides. Elle constitue la première cuillère en ce pays.

Mais pour avoir la queue droite de ces calebasses, on les sème aux pieds d'arbres morts pour que les pieds y grimpent et que leurs fruits pendent. Dans le cas contraire, on suspend les fruits (quand ils sont jeunes) à des piquets plantés au sol à cet effet. Et quand on veut avoir leurs queues en forme d'arc, on laisse les fruits par terre jusqu'à leur maturité complète; dans ce cas, on en fait des *köböngho*.

- *bolo* : ce calebassier donne des fruits à goulot et de ce fait excellent pour le transport de l'eau en cours de voyage, chasses, et expéditions guerrières. Il suffit pour cela de fixer à la partie étranglée du goulot une corde pour le porter à l'épaule. Comme la *kalama*, on le sème aux pieds d'arbres morts pour qu'il ait ses fruits suspendus afin d'obtenir leurs goulots droits.
- *hérintingho* est un calebassier qui donne des fruits ronds de diamètre 6 à 8 cm environ. A leur maturité complète, on les fend en deux parties égales pour en faire des instruments de mesure et de pots dans les voyages, les expéditions guerrières et de chasses.

Chacune de ses variétés de calebassiers donne des fruits de grosseurs différentes. Enfin, la grosseur des fruits de chaque espèce décroît des pieds vers l'extrémité des branches. Ainsi, si nous divisons la longueur totale du pied d'un calebassier quelconque en trois parties égales, la première partie comprenant la souche a les fruits plus gros ; la deuxième partie qui suit porte des fruits d'à peu près de même grosseur et sont un peu moins gros que les premiers ; la troisième et dernière partie comptant l'extrémité des branches porte des fruits un peu moins gros que les seconds et généralement peu solides. Ainsi, nous avons trois dimensions de calebasses qu'un calebassier peut donner : la grosse, la moyenne et la petite.

Dans le Gnokholo traditionnel, la calebasse est une production d'autoconsommation et d'échange intérieur et extérieur sur les grands marchés de l'époque (voir titre échange).

Le coton

Le cotonnier, qui donne du coton *koutindé*, se cultive dans l'enclos familial ou dans son champ propre. On le sème à la volée au moment du labourage de ces lieux. Au moment du désherbage, on procède à l'éclaircissement et les pieds sont distants de 3 à 4 mètres dans l'enclos et les champs d'arachide, de maïs et de fonio, mais de 40 cm dans son propre champ.

Le coton pousse deux semaines après avoir été semé. Il rapporte sept mois après. Donc les semis se font en juin ou juillet, la récolte a lieu en novembre ou décembre. C'est lorsque la capsule s'est ouverte et que les soies s'en échappent que l'on y procède. Ce travail peu pénible est fait par les femmes et les enfants. La récolte terminée, le coton est étalé sur des nattes au soleil pour le sécher et le faire blanchir. Puis il est gardé dans des gourdes en calebasse ou en argile cuite et dans les paniers placés dans les greniers des femmes d'où ces dernières prennent des quantités nécessaires tout au long de la saison sèche pour le filer et en faire des étoffes par les hommes (tissage).

Il existe deux qualités de coton se différenciant seulement par leur couleur : le coton à soie blanche *koutindi koyo* et le coton à soie jaune *koutindi woulingho*.

Dans le Gnokholo traditionnel, le coton est à la fois une production d'autoconsommation et d'échange intérieur et extérieur. L'étoffe qu'on fabrique avec son fil constitue la monnaie d'échange intérieur et avec certains pays voisins. Les graines et les feuilles du coton sont un excellent aliment pour les animaux. L'huile extraite sert dans la pharmacopée et parfois dans l'alimentation humaine.

L'indigotier (gara)

C'est une plante qui croît spontanément aux abords du village et dans l'enclos familial. C'est avec des feuilles qu'on teint en bleu les vêtements. Les feuilles sont récoltées en novembre, pilées dans le mortier en y ajoutant quelques gouttes de potasse. Une fois les feuilles réduites en pâte, celle-ci est entassée avec soin. Elle en sort sous forme de pain conique appelé *garâ kouloungho*. Ce pain est séché au soleil. Mais on prend soin, tous les jours, de le rentrer pour ne pas les exposer à l'humidité qui lui est néfaste. Le pain d'indigo sec est gardé dans un vase pour la teinturerie.

Le tabac

La variété de tabac cultivée a des feuilles rondes. C'est une plante glatuneuse et velue dont les feuilles sont ovales, pétiolées. Les fleurs sont en cymes pannicules denses, la corolle, d'un vert jaunâtre et à tube court et velu. Son fruit est une capsule arrondie. Elle croît surtout à merveille dans les terrains riches en humus ou en dépôts de limon et aime un climat chaud et humide. Au Gnokholo, on le cultive à partir d'octobre après les grandes pluies. C'est une culture essentiellement réservée aux vieux et adultes et se pratique sur les bords des cours d'eau et derrière la case (dans l'enclos familial).

Le terrain est cultivé, labouré, fumé avec de la bouse de vache et préparé avec soin. On y voit rarement le moindre brin d'herbe. On sème les graines en pépinières. Les jeunes pousses de 15 à 20 jours sont repiquées. Elles sont placées en quinconces distants de 20 à 30 centimètres les unes des autres dans le plus grand ordre. Elles sont raclées tous les deux jours et arrosées chaque soir avec grand soin. La récolte des feuilles a lieu dans le courant de janvier et celle des graines vers fin février.

Le tabac à priser ou en poudre

Les feuilles coupées en petits morceaux sont séchées au soleil. Elles sont ensuite pilées dans un mortier ad hoc avec un pilon ad hoc et réduites en poudre fine à laquelle on ajoute, proportionnellement, une quantité de potasse. Quand le mélange est bien fait, la poudre est séchée au soleil sur un linge. Cette poudre se nomme sirâ munko. Ainsi, elle est prête pour les amateurs qui se l'introduisent dans les narines en humant fortement ou en la mélangeant à de la cendre pour en déposer par pincées de doigts sur la langue. Au Gnokholo, le tabac est chiqué ou fumé.

Le tabac à chiquer

Les feuilles et les jeunes rameaux, coupés en petits morceaux et sont séchés au soleil. Puis ils sont pilés dans un mortier ad hoc avec un pilon ad hoc pour les réduire en pâte à laquelle on ajoute une quantité dosée de potasse. Cette pâte, pas très fine, est modelée par la main en boules. Ces boules sont séchées au soleil avec le plus grand soin et ont pour nom sirâ koungho. Le tabac est ainsi prêt, sous cette forme, pour la consommation et pour l'échange. Le consommateur en écrase dans la paume de sa main gauche pour remplir sa tabatière dite sirâ hulé d'où il puisera des pincées de deux ou de trois doigts pour les déposer sur sa langue, mélangées au préalable à de la cendre, toujours dans la paume gauche.

Le tabac à fumer

Les feuilles sont séchées au soleil. Vers la fin du séchage, on les asperge de potasse, pour en faire des paquets en formes de fuseau d'à peu près de la grosseur du fruit du fromager ou du kapokier appelé *sirâ koungho* ou *saroungho* tout court. Ainsi, sous cette forme encore, le tabac se consomme et se vend. Le consommateur en écrase dans sa paume gauche pour bourrer sa pipe avec.

Le tabac est essentiellement un produit d'échange avec l'extérieur. Seules quelques rares vieilles personnes en chiquent par suite de maladies de grandes infections et de la pratique de médecine des plaies. En outre, quelques chasseurs en fument à leur point d'attente du gibier, dans la nuit, en période de moustiques pour se protéger contre ces derniers et éviter de faire du bruit en les chassant. D'après la philosophie en milieu du Gnokholo, le tabac est l'une des premières plantes que l'homme a domptées.

Le piment

La culture est semblable à celle de l'indigotier. Les pieds poussent naturellement çà et là dans l'enclos, aux abords du village, dans le champ aux abords de la cuisine et on ne fait qu'en planter ou en dompter. Le piment sert à assaisonner les aliments, à soigner les hémorroïdes et à donner le tonique au ventre. Les fruits, à leur maturité, sont cueillis et séchés au soleil, puis mis dans des gourdes pour les conserver. Le piment fait l'objet d'échange avec les Peulh du Fouta-Djalon qui en sont friands. Ils se déplaçaient jusque dans le Gnokholo à cet effet.

Le papayer

Son fruit est la papaye. Après avoir mangé le fruit, les graines sont éparpillées dans l'enclos. A la tombée des pluies, elles poussent et les pieds se développent tout seuls. On les protège en les entourant de clôture, car les chèvres et les moutons aiment beaucoup brouter ses feuilles, ses rameaux, voire son tronc. Le limbe de sa feuille assez long, gros et creux, sert à faire des instruments de jeu d'enfant : flûtes, et à lancer des projectiles. La papaye verte sert de condiment de couscous et ses feuilles à soigner des maux de ventre.

L'élevage

De manière générale, les Mandingues ne sont pas des éleveurs de renom comme leurs cousins peulh. Plus particulièrement, cela est vrai pour les Gnokholonkais. Ils pratiquent le minimum nécessaire pour leurs besoins de dots pour les mariages, de sacrifices aux autels, de ripailles à l'occasion des cérémonies de circoncision et de manifestations populaires de la jeunesse.

Le poulet

L'élevage du poulet est le plus commun et le plus courant. On ne peut trouver de famille qui n'en élève pas. Il sert de condiment dans les repas des visiteurs de marque, des cérémonies et manifestations populaires des organisations de jeunesse des villages. En outre, le poulet sert de sacrifice préféré aux morts et aux esprits (voir chapitre sur les cultes).

Le petit bétail (chèvres et moutons)

L'élevage du pêtit bétail est pratiqué par chaque père de famille. La chèvre est l'animal à sabots utilisé dans les sacrifices aux morts et aux esprits. On l'élève aussi pour son lait, sa peau pour en faire des outres et sacoches et comme dot dans les mariages. Le mouton par contre est élevé essentiellement pour l'échange, secondairement pour la dot et comme fétiche vivant dans la maison (voir chapitre sur les cultes).

L'élevage du gros bétail est peu pratiqué en raison des moyens humains qu'il exige et qui ne sont pas à la portée de tous les pères de famille. Seules les familles nombreuses capables de dégager des enfants de cinq à quatorze ans pour assurer la garde, la surveillance et la conduite aux pâturages peuvent s'offrir le luxe de s'y livrer. C'est un élevage amateur qui ne peut pas créer vraiment des éleveurs dignes de ce nom. Le gros bétail est élevé pour son lait, sa peau pour en faire des chaussures, surtout pour l'échange en cas de crise céréalière et autres besoins familiaux comme la dot et comme moyen de production.

L'élevage est une conséquence de la seconde division sociale du travail, avec l'apparition de l'agriculture auprès de la cueillette. Mais cela date bien avant le Mandé originel, donc très bien avant l'avènement du Gnokholo.

L'artisanat

Les arts et la littérature furent l'expression légitime des sentiments et des croyances du peuple du Gnokholo pré-colonial, c'est pourquoi ils ont toujours été en bonne place dans sa vie. L'art a été la traduction de la croyance des gens avant d'être une œuvre esthétique et utilitaire.

La peinture

La peinture se dit en malinké du Gnokholo *natalo*. Les matériaux usités à cet effet sont la craie extraite des roches, le charbon de bois et la farine de riz (pour la qualité de sa couleur blanche) Les couleurs préférées sont le blanc, le rouge, le bleu, le noir, le jaune et le vert. La peinture est une spécialité féminine, c'est l'œuvre des jeunes femmes et des jeunes filles.

Elles décorent les murs de leur case, l'intérieur de la case est d'abord totalement mis en blanc, du moins les murs latéraux, ensuite les femmes font des traits parallèles dans le sens de la longueur du mur qui sont entrecoupés par d'autres traits perpendiculaires plus courts, formant ainsi des carrés ou des rectangles ; c'est à l'intérieur de ces figures géométriques que d'autres formes comme le cercle, le losange, le trapèze sont dessinées, des ustensiles de cuisine, des parties du corps comme la main, le bras, etc. sont représentés. Cette méthode de décoration concerne surtout les cases nuptiales (intérieures et extérieures).

Les jeunes filles, à la recherche d'un idéal et du beau, se plaisent à représenter par des dessins leurs aspirations (des seins fermes, une calebasse à louche, une main) sur le mur surplombant leur lit. Les jeunes femmes font à peu près de même.

La teinture

La teinture est une spécialité des deux sexes, pratiquée aussi bien par les femmes que par les hommes.

La teinture relevant des femmes

La teinture à l'indigo est celle qui relève des femmes. Elle est pratiquée en période de saison sèche. Nous avons déjà vu la préparation de l'"indigo dans un chapitre précèdent.

En outre, nous avons dit, dans l'étude sur la savonnerie, que la potasse est utilisée dans la teinture. Pour utiliser l'indigo, ses feuilles écrasées et mises en boules pendant l'hivernage sont à nouveau écrasées dans un mortier, puis mises dans un canari. On verse dessus environ deux fois plus d'eau potassée. Le mélange est laissé environ vingt-quatre heures. Pour teindre une étoffe, un rouleau de fil ou un vêtement, on le plonge dans ce colorant pour le retirer au bout de douze heures. Si l'on juge que l'habit ou fil n'est pas suffisamment teint, l'opération est reprise, mais en veillant à ce que la concentration en indigo soit plus élevée. Le bleu donné à l'habit teint dépend donc de la concentration du composé en indigo. La présence de l'eau potassée dans l'indigo sert à fixer la teinte bleue de l'indigo, ce qui peut se vérifier au rinçage de l'étoffe et à sa couleur après séchage. Si elle perd sensiblement sa teinture, on ajoute au composé de l'eau potassée et on retrempe l'étoffe pour obtenir la fixation de la coloration désirée. La teinture à l'indigo est introduite au Gnokholo par les Camara et les Baro.

La teinture relevant des hommes

La teinture relevant des hommes sert à teindre uniquement certains habits de ces derniers par eux-mêmes. Il s'agit des vêtements de chasse et de travail dans les champs. A cet effet, ils utilisent comme matières premières les feuilles d'un arbre appelé *kéré*, la boue et le tannin.

La teinture au kéré

Kéré est un arbre dont nous avons déjà parlé dans la partie flore, il se rencontre facilement au Gnokholo. Pour l'utiliser dans la teinture, on cueille essentiellement les feuilles bien vertes que l'on fait sécher et ensuite réduire en poudre dans une calebasse. Après avoir aménagé un canari, on y verse la poudre à laquelle on ajoute de l'eau potassée, environ deux fois la quantité pour obtenir la meilleure concentration. On laisse pendant douze heures à froid. Les réactions chimiques se produisent ensuite, après que l'habit est trempé pendant douze heures dans le concentré. Au bout d'une demi-journée, il est retiré, lavé et séché au soleil. Il est alors jaune clair ou jaune foncé selon la concentration de la solution en colorant.

A l'origine, la teinture à base de *kéré* est pratiquée par les Kéta et les Camara du clan de *barambaki* qui l'ont introduite au gnokholo. A l'époque pré-coloniale, ils étaient les seuls à teindre leurs habits de travail et de chasse de cette manière-là.

La teinture au bimbiro

La teinture au *bimbiro* est une composition d'argile noire, de la poudre de tannin (*bakhana*) et de l'eau. Le fruit du *bakhana* contient du tannin, substance utilisée dans le tannage des peaux. Pour faire la composition de *bimbiro* on écrase les fruits du *bakhana* dans un mortier qu'on mélange par la suite avec une quantité égale d'argile pulvérisée. Le tout est malaxé avec de l'eau jusqu'à obtenir une patte fluide. Cette composition est de couleur bleue-grise et on y trempe le vêtement à teindre pour douze heures.

Le vêtement, après être retiré, est rincé et séché. Il devient bleu-gris ou bleu-foncé selon la concentration du composé en tannin qui joue le rôle de rehausseur et de fixation de la couleur de l'argile.

Le *bimbiro* est utilisé aussi pour colorer les cordes tressées qui entrent dans la décoration des hamacs. La teinture au *bimbiro* est plus efficace, car elle ne déteint jamais. On l'utilise en général pour teindre les vêtements de chasse. De tels habits sont bien appréciés des chasseurs.

La sculpture

La sculpture se dit *hindada*, ce qui signifie représenter quelque chose. La sculpture est surtout pratiquée par les hommes et très peu par les femmes. Cependant, il est difficile de parler au Gnokholo d'une véritable sculpture par les populations, car les représentations de figures sont faites sur les murs des cases par moulage de l'argile ou sur les troncs d'arbres lisses tels que le baobab et le gommier, *mbep*.

Les hommes utilisent donc les troncs d'arbres comme supports à leurs tableaux et comme outil, le couteau. Ils procèdent par picotage pour représenter (sur le tronc) des scènes quotidiennes familières ou une situation qu'on aimerait vivre : arcs et flèches, couteaux, fusils, cases, seins de fille, animaux domestiques et sauvages, volailles et oiseaux, mortiers et pilons, etc.

Remarquons que ces figures, au bout de cinq ans, sont effacées par l'arbre même qui, par cicatrisation, tasse les blessures faites, ce qui explique l'impossibilité de retrouver des représentations plus anciennes. Sur le mur du patriarche est représenté le totem « *boulou fengho* » du clan (le caïman, le lézard ou la gueule-tapée). Cette représentation sur le côté droit du mur extérieur fait partie des éléments constituant l'autel des morts et des esprits. Elle est faite avec de l'argile pétrie.

Les femmes moulent sur les murs intérieurs de leur case, au-dessus du lit ou au fond de la case face à la porte, des seins pointus de jeune fille comme symbole de virginité et de fécondité.

Le tissage du coton

Le tissage est une activité masculine. Elle concerne la confection des étoffes ou bandes en cotonnade. Dès l'âge de dix ans, les garçons l'apprennent sous la surveillance de leur père ou d'un grand frère. Le tissage du panier moins compliqué puis celui de la natte, la confection d'une variété de panier dénommé *karakha* et celle de la bande de cotonnade sont apprises et assimilées qu'à l'âge du *kamaring ya*, donc après la circoncision.

Le metier à tisser : coton, filatures, tissage

Filatures
- coton : *koutindé* ;
- *koutindé vouroussiro* : dégrainage du coton ;
- *koutindé vouroussiri kouro* : pierre plate à surface plane et lisse servant à dégrainer le coton ;

- *nékhelingho* (baguette métallique à section ronde) et *koundingho* (baguette en bambou plein) servent à dégrainer le coton sur la *koutindé vouroussiri kouro* (comme indiqué un peu plus haut) ; l'une peut remplacer l'autre selon les moyens et le choix ;
- *pétipéto* : petit arc de 30 cm environ, sert à battre le coton. Il est appelé aussi *kaladingho* ;
- la carde se dit *kala,* est une planche avec un poignet dont l'une des faces est garnie de pointes métalliques pour carder le coton. Elle s'utilise à deux, l'une contre l'autre ;
- *mora* : rouleau de coton cardé ou peigné autour d'un bâtonnet pour être filé ;
- quenouille se dit *guinda*. C'est un instrument qui sert à filer le coton.

Le tissage

Le tissage s'effectue par le métier à tisser représenté par la figure ci-contre :
- fil à tisser : fil de chaîne : *guessé* ;
- fil de trame : *handé ;*
- la navette : *valadé* ;
- les lisses : *niiré kounding holi dioulolou* ;
- le peigne : *koré* ;
- les pédales : *matakhalou* au pluriel ; *matakha* au singulier ;
- *sabarangho* ; fourche en bois sur laquelle se place le rouleau de fil à chaîne à tisser ;
- *dorikoulo* : la navette ;
- *dorikoulou boro* : fil de trame ou druide.

La dentelle que l'on confectionne avec du fil de coton carde est utilisée surtout dans la couture masculine pour renforcer et rendre plus solides les passages des membres et de la tête. La dentelle s'appelle *sarabo*.

La broderie dite *batiro* est surtout utilisée pour embellir les boubous et pagnes des jeunes filles, les pantalons bouffants des jeunes garçons et les bonnets des jeunes adolescents solimabou. Pour les jeunes filles, elles ont de petits pagnes bien brodés avec différents motifs allant de la représentation de volaille, de palmiers, de fleurs de différentes figures avec différentes couleurs : rouge, bleue, noire. Ce sont les deux extrémités du pagne qui sont brodés.

La broderie masculine : les pantalons bouffants, les bandes de tissus pendantes des lutteurs ainsi que la poitrine des boubous sont brodées. Les adolescents qui se préparent à passer du statut d'homme ont leur bonnet bien brodé, surtout l'année de la cérémonie de circoncision. Là aussi, si tout le monde sait coudre, en revanche, les spécialistes de la broderie sont rares, ce qui fait qu'un habit bien brodé ne passe pas inaperçu, permet au porteur de se faire distinguer.

Le tissage de bandes de coton, la confection de dentelles, la broderie sont des tâches masculines qui se font généralement en contre-saison, alors que le filage

Activités économiques

du coton, œuvre des femmes, se fait plus intensément dans la période des trois premiers mois après les récoltes. C'est la période des contes, le soir autour du feu de bois, dans la cour des maisons. Les fileuses veillent en écoutant les fables et contes.

La vannerie

La vannerie fournit les récipients nécessaires pour le stockage des graines céréalières et autres produits agricoles, voire de cueillette. C'est ce qui explique leur diversité. Nous avons surtout trois catégories : le *karakha*, le danta et le kansangho appelés généralement paniers.

Le panier *karakha* est fait avec des feuilles de rônier assez longues, confectionné avec finesse, il ne laisse pas passer les petits grains comme ceux du fonio, repose sur quatre bases saillantes et équidistantes à sa base. C'est le plus grand des paniers fait en deux dimensions : un moyen de 50kg et de 100 kg sert de stockage de produits agricoles (grains, tubercules, etc.).

Le panier *danta* est fait avec des feuilles de rônier de longueur ordinaire. Il repose aussi sur quatre saillies à sa base de moindre importance que celle du *karakha* ci-dessus mentionné à la base moins saillante. Il ne peut contenir des grains comme ceux du mil et du fonio. C'est un panier conçu pour la cueillette des fruits et tubercules sauvages, le transport des épis de maïs, du mil, du coton, etc.

Le panier *kansangho* est fait avec des lamelles de bambou de dimensions et de formes variables. Il est confectionné comme les autres ci-dessus indiqués, est cependant plus résistant et parfois très grand, car le *kansangho* peut contenir jusqu'à cent cinquante kilogrammes de céréales. Il sert à stocker des produits agricoles et de cueillette, notamment de semences.

Les nattes

Le Gnokholo connaît trois sortes de nattes : *gnokala bassa*, natte faite avec des tiges de mil, *gouda* ou *sibikoulou-bassa* faite avec des feuilles de rônier et *kirintingho* faite avec des lamelles de bambou.

La natte faite avec des tiges de mil est une natte lisse, elle sert de couchage alors que celle faite avec des lamelles de bambou sert de support à la première, lui évitant une usure rapide. Le *krintingho* peut servir de fermeture aux portes des cases des hameaux de culture, mais aussi de natte pour les miradors des places publiques et des cours des maisons.

La natte à feuilles de rônier *Sibikoulou bassa* est généralement placée sous la natte à tiges de mil et sert de support adhésif. Elle est utilisée souvent dans la cour des maisons le soir pour se reposer et deviser.

La cueillette

La cueillette, qui fut longtemps la première activité économique des sociétés humaines, occupe une place importante dans l'économie du Gnokolo traditionnel. Elle est très riche et variée de sorte qu'on ne pas mourir de faim même pendant les années de mauvaises récoltes, dues à l'époque aux ravages des champs par les criquets migrateurs.

Mais si la cueillette a un but économique, elle est aussi, de par sa pratique, un moyen précieux pour la formation physique et intellectuelle des jeunes. En effet, elle forme :

- le physique du jeune par le fait de grimper qui implique des acrobaties de toutes sortes donnant du tonus au corps, c'est à dire règle les attitudes du corps dans différentes positions ;
- l'équilibre physiologique de l'homme par la marche et l'arrêt sur des branches avec ou sans appuis, à plusieurs mètres de hauteur du sol ;
- l'adresse de l'homme par le lancer des fruits avec des pierres et ou morceaux de bois ;
- la faculté mentale par la recherche des voies et moyens pour monter un arbre etc ;
- atteindre ses fruits ou feuilles par la connaissance des plantes, des lieux où elles se trouvent et la connaissance des périodes de cueillette et par la notion de temps, de l'espace, etc ;
- l'homme dans l'esprit de la coopération et l'entraide par la cueillette collective et la répartition égalitaire au prorata des participants.

Le miel

Le miel occupe une place importante dans les activités économiques du pays. Il ne fait pas l'objet d'échange, peut se manger tel quel et sert à sucrer des aliments. Mais il sert principalement à faire des boissons fermentées qui jouent un grand rôle important dans l'agriculture, les grands travaux de construction et les cérémonies populaires. Il existe deux sortes de miel donné par des insectes différents.

Le miel d'abeille

Comme son nom l'indique, il est donné par des abeilles vivant en essaims dans des creux des arbres et des termitières où on récolte leur miel. Mais pour avoir le miel à portée et en quantités voulues, le peuple gnokholonkais a eu le génie d'inventer des ruches où sont attirées les abeilles pour y déposer le bon miel. La ruche dite koumba comprend deux sortes :

Tii koumba (ruche en paille) ;

Bô koumba (ruche en bambou).

Activités économiques 173

Figure 6 : *Tii koumba* (ruche en paille)

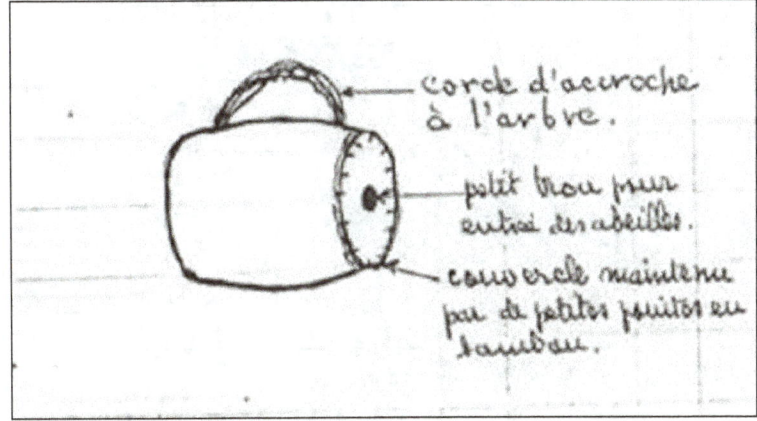

Figure 7 : *Bô koumba* (ruche en bambou)

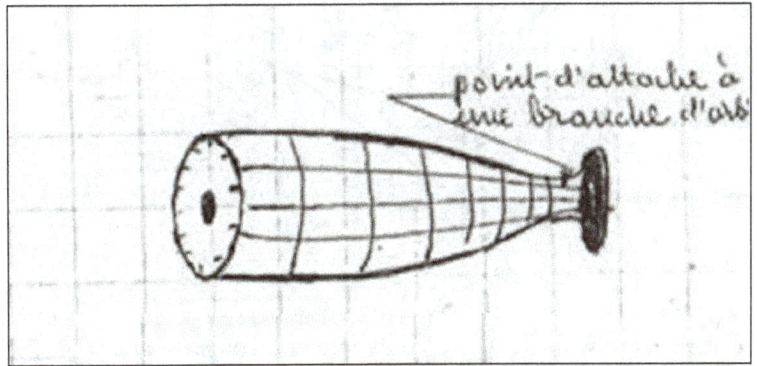

Comme leurs noms l'indiquent, la première (Figure 6) est faite avec des tiges d'une herbe dite *tikoyo* (herbe blanche) résistante à l'humidité, tissées à l'aide des feuilles de rônier. La seconde est faite avec des lamelles de bambou tissées en forme conique comme le montre la figure (7) et couverte extérieurement de paille de l'herbe de même espèce que celle de la première.

Les deux se placent dans les branches des grands arbres à feuilles assez abondantes. Au préalable, on lustre tout leur intérieur et les faces extérieures, des côtés portant des trous de réception avec de la bouse de vache mélangée à du boubangho (liane dont la tige macérée dans la boue est utilisée pour les sols des murs intérieurs des cases). Après séchage de cette bouse de vache, le jour même de leur placement dans les arbres, quelques heures auparavant, on tatoue les abords des trous de réception de pâte d'arachide crue, moulue dans la bouche et séchée avec la fumée de bouse de vache sèche mélangée de piment rouge et sec pour attirer les abeilles par son odeur et leur indiquer la porte d'entrée par sa couleur. Cette opération se répète à chaque replacement des ruches. Chacune des ruches se place sur les arbres, comme le montrent les figures (8 et 9).

Figure 8 : Placement *tii koumba* sur les arbres

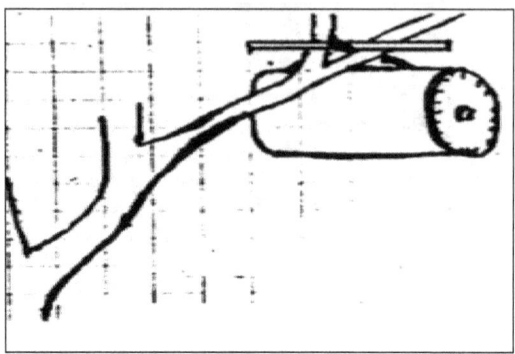

Figure 9 : Placement de *bô koumba* sur les arbres

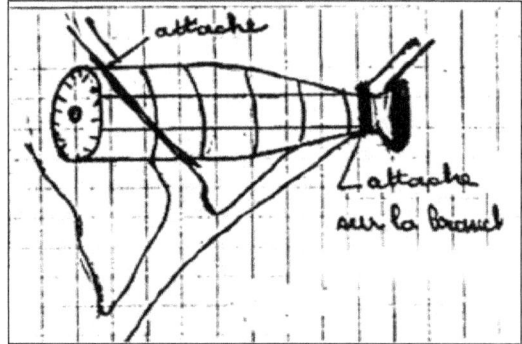

La cire d'abeille, qui se dit *kagna* au Gnokholo, fait l'objet de grand échange avec les pays voisins. Elle se vend le plus souvent impure sur place. Pour des raisons de commodité de transport de quantité, elle est aussi purifiée sur place. Pour ce faire, les marchands locaux et étrangers s'associent en groupes de quatre personnes au minimum.

Un groupe constitué choisit un emplacement au bord d'un cours ou point d'eau. Là, la cire est bouillie dans des jarres ou une seule, selon la quantité à traiter, jusqu'à ébullition, température suffisante pour fondre la cire. Le bouillon se puise ensuite avec une calebasse à poignet mis dans un sac placé sur des planches assemblées au-dessus d'un trou profond de un mètre et de 50 à 80 centimètres environ de diamètre pour être pressé à sec. Pour cela, un membre tient le sac, un autre le remplit à moitié de bouillon de cire. Plein à moitié donc, celui qui tient le sac tord sa partie supérieure pour compresser le contenu tout en le plaçant en longueur sur la planche et deux autres appuient dessus, par roulades, avec un pilon. Ainsi, l'eau mélangée à de la cire fondue jaillit par les pores du sac pour se verser dans le trou et la partie impropre reste dans le sac. Quand toute la quantité de cire est traitée ainsi, on laisse le contenu du trou se refroidir.

Après quoi, la cire se coagule à la surface de l'eau du trou pour être récupérée, mise en boules, prête ainsi pour prendre les chemins des grands marchés de l'époque : Kantora, Bandioulou (Banjul).

Faisons remarquer que le trou de récupération de la cire porte en son milieu un trou latéral qui débouche à la surface du sol pour laisser couler le trop plein d'eau et maintenir le niveau constant du liquide à l'intérieur du trou. Ce principe permet d'avoir l'épaisseur de la cire augmentée au détriment de celle de l'eau (voir figure 6).

Le miel de mellipone

Le mellipone est un insecte ailé, un peu moins gros qu'une mouche, assez dur quand on l'écrase entre les doigts et dégage une odeur particulière assez forte ; il n'a pas d'aiguillon mais possède des pinces semblables à celle d'un termite pour se défendre. Les mellipones vivent en essaims, comme les abeilles, dans des creux d'arbres et de termitières, donnent un miel acide et sucré, d'odeur douce. Du fait que ce miel est acide, il ne peut servir à la fabrication de boissons, mais uniquement à sucrer les aliments ou à être consommé directement. La cire noir-luisant est pâteuse et collante. Pour cette raison, elle s'utilise localement pour boucher les trous des calebasses et des gourdes (en calebasse et en argile cuit), et renforcer les coutures de leurs cassures.

Les fruits de la forêt

La forêt du Gnokholo est riche de fruits de sorte qu'une année de mauvaise récolte de céréales ne connaît réellement qu'un mois de difficultés qui s'appelle *yiri hing karo* et se place en août qui a la réputation d'être un mois difficile pour les citadins aussi bien que pour les campagnards. Le peuple du Gnokholo traverse ce cap difficile avec l'une des deux mamelles suivantes : une bonne récolte des cultures appuyée de produits de cueillette pour en permettre des stocks et une mauvaise récolte appuyée d'une bonne et abondante cueillette pour faire des réserves de ces produits. Ainsi, dans les deux cas, il recourt aux fruits des plantes suivantes :

Le baobab

Nom botanique : *adamsonia digita* ;
Nom local : *sita diouo* ;
Le baobab est un arbre magnifique, un des plus utiles dont la nature a doté les terres du Gnokholo.

Son écorce fournit des fibres d'une certaine ténacité et d'une belle couleur avec lesquelles les populations tissent des cordes très régulières pour divers usages : cordes pour bétail, pour confectionner des frondes et des hamacs. Le baobab joue un grand rôle dans la vie des populations, et ce au plan alimentaire et au plan médicinal.

Les feuilles du baobab, quand elles sont jeunes, sont consommées crues ou bouillies en soupe. Mais, le plus souvent, elles sont séchées au soleil et réduites en poudre appelée *borka* en malinké et *lalo* en peulh. Celle-ci est utilisée dans la cuisine pour la préparation de diverses sauces et pour lier les grains de couscous. En outre, elle est vendue sur les marchés locaux.

Le fruit mûrit de janvier en avril. Sa pulpe, généralement blanche, peut être légèrement jaune ou rosée. Quand, fatigué, on mâche cette pulpe, elle donne vite des forces. La pulpe peut se mâcher et être avalée ou être dissoute dans de l'eau pour faire une boisson rafraîchissante ou dans du lait pour donner une boisson délicieuse ou encore avec la pâte d'arachide pour servir de goûter assez résistant. La farine de graine grillée remplace parfaitement la pâte d'arachide dans la préparation des aliments.

Signalons que les baobabs sont souvent habités par des colonies d'abeilles qui se nourrissent du nectar de leurs fleurs et produisent un miel fin, apprécié des populations. Les populations tirent du Baobab de nombreuses propriétés thérapeutiques dont voici quelques-unes :

- l'écorce est utilisée comme adoucissement pour combattre les inflammations du tube digestif ;
- la pulpe du fruit comme antianémique et anti-diarrhéique.
- les feuilles en tisane ou en lotion chaude contre la fièvre, la diarrhée, les infections des voies urinaires, le rhumatisme etc.

Enfin, mentionnons que le baobab fournit aussi aux populations son écorce pour divers usages (cordes pour hamacs et cordes pour bétail).

Le tamarinier

Nom botanique : *tamarindus indica* ;
Nom local : *timbing diouo.*

Le tamarinier est un des grands arbres de la brousse du pays aux usages multiples par les populations. Les feuilles vertes, riches en vitamines, sont utilisées dans les soupes et les sauces. Il en est de même de ses fruits verts.

Lorsque les fruits sont bien mûrs (fin décembre-janvier), ils sont plus légers et ont une couleur brune foncée et leurs enveloppes se dessèchent et deviennent cassantes, se séparant un peu de la pulpe. Ils sonnent creux quand on les frappe. C'est alors le moment de les utiliser et de les récolter. La pulpe est utilisée dans la préparation de sauces et de certains mets. On la brasse à l'eau en y ajoutant ou non du miel pour obtenir une boisson rafraîchissante appelée *timbing djio* ou *timbing dolo* (jus de tamarin).

Pour la conservation, les fruits sont décortiqués et exposés à la vapeur d'eau pour les humidifier et les modeler en boules. Ils sont gardés ainsi dans des paniers ou vases au fond des greniers pour l'autoconsommation et la vente sur les marchés locaux. Les feuilles et l'écorce sont mâchées pour faire cesser les quintes de toux.

Le jujubier

Nom botanique : *zizythu mauritiana* ;
Nom local: *tomborong diouo*.

Le jujube est le fruit du jujubier, un arbuste buissonnant de trois à quatre mètres de haut, à nombreuses branches très épineuses (épines alternées à rameaux blancs). Il pousse en général en bordures des cours et points d'eau, il forme quelquefois des peuplements aux abords des villages et des endroits anciennement habités. Les feuilles sont alternées au bord finement denticulé ou crénelé. Elles sont d'un blanc crème. Les fruits, ronds et charnus, mûrissent de janvier à avril; d'abord verdâtres, puis devenant brun-rouge à maturité avec une seule graine jaune qui occupe une grande partie du fruit.

Les fruits sont comestibles frais ou secs. Secs, ils peuvent se conserver cinq à six mois. Selon les spécialistes, ils « contiennent des vitamines A et C, un peu de niacine de la terramycine, de la thiamine et de la riboflavine ». La pulpe séchée, réduite en poudre, est comprimée en petits pains pour la conservation et pour la fabrication de boissons acidulées désaltérantes.

En médecine traditionnelle, l'écorce est utilisée pour soigner les maux de ventre, les racines pour le traitement de la syphilis et de la blennorragie. Quant aux feuilles, celles-ci sont employées en usage externe pour les maladies de la peau.

Il existe une autre variété de jujubier appelée « le jujubier de l'hyène » ayant pour nom local *sama tomborongho* ; l'arbuste se distingue par ses rameaux naturellement noirâtres et par ses glabres légèrement ovées. Les fruits sont de couleur brune ou rouge-pourpre. Ils sont comestibles mais quelquefois acres et amères ; ils constituent un excellent médicament contre les maux de ventre, il en est de même de ses racines contre les maladies vénériennes.

Le minosa pourpre

Nom botanique : *parkia biglobosa* ;
Nom local : *nété*.

C'est un arbre de dix à vingt mètres de haut, à tronc robuste, cylindrique et court. Sa cime est large et étalée en parasol, son écorce striée. Les feuilles bipennées et alternées possèdent de dix à vingt paires de longues pinnules composées de plusieurs dizaines de paires de folioles.

La floraison se produit durant la saison sèche. Les fruits sont des gousses longues de trente centimètres environ et larges de quinze à vingt millimètres, aplaties, légèrement arquées, jaunes à maturité. Les gousses contiennent de nombreuses graines ovoïdes enrobées d'une pulpe farineuse jaune.

La pulpe jaune parfumée, riche en saccharose, est comestible. Elle sert à la fabrication de boissons rafraîchissantes et le pain pour sa conservation et/ou sa vente sur les marchés locaux.

Les graines sont riches en matières grasses et en protéines. Elle sert à fabriquer une sorte de pâte végétale compacte, élastique de couleur noirâtre, et d'un goût caractéristique, à odeur forte. Elle est appelée nététou et sert à assaisonner les sauces. C'est l'ancêtre des cubes *jumbo* et *maggi*. C'est aussi un produit marchand. L'écorce et les racines de minosa pourpre sont utilisées pour soigner les bronchites, les pneumonies, les maladies vénériennes, les plaies et les ulcères.

Le kaba (nom local)

Nom botanique : *saba senegalensis* ;

Kaba est un fruit d'une liane des lieux humides ou frais du pays, notamment dans les forêts, en bordures des cours et points d'eau. Ses fruits non mûrs sont verts et laissent couler un latex blanc comme du lait quand ils sont blessés, à l'instar de son écorce et de ses feuilles. Mais ils deviennent jaune-orange et sont comestibles. Kaba est un fruit à pépins qu'on presse pour obtenir une boisson rafraîchissante. En outre, il remplace l'oseille dans la préparation de certains aliments. Les pépins sont séchés pour la conservation.

Le karité

Nom botanique : *vetellia paradoxa* ;
Nom local : *sê*.

Le karité est un arbre à beurre, ses fruits sont généralement ovoïdes à pulpe verte pâle peu épaisse. Mûre, la pulpe se mange. Elle est sucrée et souvent savoureuse. La coque est d'un brun roux et mesure 35 mm/20 environ. Elle est assez dure et renferme une amande d'où on extrait le beurre de karité. Les fruits non murs sécrètent un latex qu'on trouve aussi dans les noix mures, mais qui disparaît de la pulpe des fruits murs. Les graines contiennent 45 à 55 pour cent de graisse en poids et peuvent même atteindre 60 pour cent.

Le karité joue un rôle important dans l'alimentation des populations du Gnokholo traditionnel. Son principal produit est son beurre qui joue également un rôle économique dans la localité. Elle est l'une des rares plantes oléagineuses naturelles du pays. Voici comment on extrait le beurre de karité. On ramasse des fruits murs sous les arbres pendant la saison des pluies. Ils sont stockés dans des fosses pour les faire fermenter et faciliter la séparation de la pulpe. Ainsi nettoyées, des noix de karité sont jetées dans l'eau bouillante puis séchées au soleil. Ce traitement dissout le latex et rend libre l'amande dans sa coque. Ensuite on concasse les noix pour obtenir les amandes qu'on fait sécher au soleil, après quoi, elles sont pilées pour en faire une farine ayant une couleur rougeâtre. Celle-ci est grillée dans un vase jusqu'à ce que ses grains commencent à « pleurer », c'est-à-dire suinter de l'huile. Alors la couleur de la farine devient noirâtre. Elle est traitée sur une ou plusieurs pierres plates, selon la quantité pour obtenir une pâte semblable à celle de la pâte d'arachide. Cette pâte est battue dans une eau tiède de 40°c au moins. On obtient ainsi une pâte flottante qu'on récupère à part dans une autre calebasse. Elle est cuite, sans mélange, deux à trois fois. Au fur et à mesure, le beurre se liquéfie et se débarrasse de ses impuretés pour devenir propre et clair. Il est puisé, conservé dans des récipients.

Le beurre de qualité est utilisé comme une graisse de cuisine, mais aussi comme condiment de luxe dans la préparation de certains mets. En outre, il s'emploie dans la savonnerie et comme cosmétique. Il sert également dans la pharmacie traditionnelle pour soigner les plaies, pour des massages de courbatures.

Les produits de karité se vendent sur les marchés locaux sous forme de noix séchées, d'amandes, de graisses en plaques. Les fleurs de karité sont bien fréquentées par les abeilles qui cherchent particulièrement son nectar.

Le coridyla penné

Nom botanique : *cordyla pinnata* ;
Nom local : *doukhouta*.

Le cordyla penné est un bel arbre de la forêt du Gnokholo. Il donne un fruit charnu jaune, gros comme une petite orange à pulpe verdâtre ou blanchâtre bien équilibré, riche en vitamine C (74 à 70 g pour 100 g), en phosphore (134 142 mg pour 100 g), nom dépourvu de calcium (17,9 g pour 100 g), assez riche en fer et en lysine (Baumer 1995:79).

Le fruit du cordyla penné est très prisé par les populations. A son développement complet avant sa maturité, on le cueille et enlève sa membrane et ses graines pour obtenir sa pulpe que l'on découpe et fait sécher au soleil pour la conservation dans les paniers et les jarres. Cette pulpe, fraîche ou sèche, réduite en poudre ou non sert à faire de nombreux mets assez intéressants. Mûrs, les fruits se ramassent dans des paniers pour la consommation immédiate, car on ne peut pas les garder longtemps : ils pourrissent une semaine après leur chute de l'arbre-mère. C'est un excellent dessert qui pourrait trouver encore sa place auprès de nos plats.

Le *doukhouta* mûrit en juin et juillet. Mais la récolte de sa pulpe se fait en mai pour la bonne raison que celle-ci devient liquide une fois mûre.

Les tubercules

La brousse du Gnokolo est riche également en tubercules comme, entre autres, l'igname sauvage, dite *gnambo*. C'est le tubercule d'une petite liane poussant dans les vallées et les plaines, principalement sur le pourtour des termitières aux abords des rizières, sur des flancs des collines latéritiques et ferrugineuses, sur les bords en terreau des cours d'eau. Elle renouvelle son tubercule tous les ans : l'ancienne pourrit et une nouvelle pousse. Le pourrissement du tubercule a lieu en juillet et, dans le même temps, une nouvelle pousse pour atteindre son développement complet à la fin des pluies hivernales, c'est-à-dire en octobre, on la déterre pour la manger bouillie ou cuite sous la cendre. C'est surtout en octobre, décembre, mai et juin qu'on la déterre en raison de l'humidité du sol. Les tubercules d'igname se conservent parfaitement durant toute la période de la saison sèche, et même déterrée, elle est conservable à la portée ou recouverte de terre.

L'igname se reconnaît facilement à sa tige rampante avec de multiples rameaux et feuilles abondantes couvrant les buissons et petits arbres. La feuille est semblable à celle du manguier, mais d'un vert moins sombre. Ses fruits son quadriplement ailés (en forme de croix en la regardant en face) à la maturité. Cette maturité se situe en novembre. C'est dire que la tige se renouvelle tous les ans à l'exemple du tubercule. Signalons que la qualité nutritive de l'igname sauvage est incontestable et qu'elle est savoureuse.

Plantes ou feuilles comestibles de la forêt

L'euphorbe du Cayor

Nom botanique : euphorbia balsamifeca ;
Nom local : *Sahaté*.

L'euphorbe du Cayor est une plante rampante qui pousse dans les abords des habitations, dans les enclos, aux pieds des clôtures sur lesquelles elle forme des haies très épaisses. En général, le bétail ne le mange pas. Dans le Gnokholo traditionnel, les feuilles et rameaux sont consommés comme légume après cuisson ou non. En outre, on en fait de la soupe assaisonnée bien dégustée par les populations. Elles entrent aussi dans la préparation de la sauce du couscous. L'euphorbe du Cayor se multiplie très rapidement par boutures et ne nécessite pas d'entretien particulier. Il faut signaler que le latex de l'euphorbe est dangereux pour les yeux.

Le figuier du cap

Nom botanique : *ficus capensis* ;
Nom local : *tounké*.

C'est un arbuste branchu commun des vallées boisées du pays. Les fruits murissent en fin de saison sèche et sont alors rougeâtres. Ils sont utilisés pour sucrer les bouillies de céréales. Quant aux jeunes feuilles, elles sont consommées vertes, pilées et assaisonnées.

Les champignons

Il s'agit ici des champignons comestibles. Le champignon se dit houna :
- *gnokala tounkaré,* ou *tounkaré* tout court, est un champignon qui pousse dans les endroits ayant servi à la culture du mil. C'est dire qu'il pousse sur les souches pourries du mil, celles-ci constituant ainsi sa base sinon sa

matière, d'où son nom *gnokala tounkaré* qui signifie le champignon de tige de mil. Il pousse dès les premières pluies, de juin à juillet ;
- *gossingossingho* ou *mérê* est un petit champignon poussant en touffes serrées sur des grosses souches et gros troncs d'arbres souterrains en décomposition, mais aussi sur des termitières plates couvertes de feuilles mortes et de branches sèches, généralement dans des forêts touffues ou sous de grands arbres de grande humidité ;
- *toung houna* est un champignon qui pousse sur des termitières rouges non mortes, qui gardent leurs termites. Il pousse dans la période des grandes pluies (d'août à octobre). Son appellation locale signifie champignon de termitières. Elle est très estimée des tortues de pierres qu'on ramasse aux occasions de sa cueillette ;
- *sita-houna* : champignon de baobab. Comme son nom l'indique, il pousse sur des troncs et souches de baobabs en décomposition. Il pousse également dans la période des grandes pluies (septembre à novembre) ;
- *sama tantangho* est un champignon entièrement rond et plein gros comme le poing et même plus, blanc à l'intérieur. Il pousse en août sur des terrains pauvres, terrains qui se particularisent par leur couleur rouge et leur très peu de viabilité aux plantes. C'est un champignon extrêmement doux.

Classification des champignons par ordre de qualité

Sita houna : champignon de baobab ;

Sama tantangho : champignon du lapin ;

Toung houna : champignon de termitière ;

Gossingossingho : petit champignon ;

Gnokala tounkaré ou *tounkaré* : champignon de tige de mil.

Les lieux où poussent les champignons (feuilles et troncs d'arbres en décomposition et termitières) constituent la base de formation et de développement du mycélium, matière des champignons. La période de leur pousse liée à l'hivernage est un des facteurs subjectifs à la formation et au développement du mycélium en champignon. Pour un développement de cette cueillette encore intéressante et qui, certes, le sera longtemps, ce sont là des matières à bon marché à exploiter.

La chasse

Après la cueillette, la chasse a été la seconde activité économique des sociétés humaines. Dans l'évolution des peuples noirs du continent africain, de l'avènement de l'empire de Ghana à celui du Mali, elle a joué un rôle de premier plan dans la formation et la spécialisation des hommes à la guerre et, en même temps, à la politique. Ainsi, aux premières heures de Ghana, la chasse servit de cadre organisationnel de libération des clans asservis par les clans dirigeants ou dominateurs de l'empire. A ce propos, nous aimerions relever dans l'ouvrage de Germaine Diterlen et Diarra Sylla intitulé *L'Empire de Ghana – le Wagadou et les traditions de Yéréré* (1992), où on peut lire ce qui suit :

> Les Kakolo (premiers habitants du Sahel que les conquérants venus de Sonna (Ansouan en Egypte) ont trouvé sur les lieux) comme plus tard les Malinké eurent à souffrir du pouvoir des Soninké auxquels ils donnent le nom de Maraka (Marka, gens de l'autorité) du « pouvoir politique ». Pour lutter contre cette tyrannie, deux jeunes chasseurs Kakolo, Kadiali Simbo et Sirimâ Korka, avaient crée la «société des chasseurs.
>
> *Kana Lemm*, « enfants de la chasse », sorte de confrérie de type maçonnique prêchant la liberté pour chacun, l'égalité, la fraternité et l'entente entre tous les hommes et ceci quelles que soient leur race, leur origine sociale, leur croyances ou la fonction qu'ils occupent (passages soulignés par nous). La société ainsi créée aurait eu un succès si fulgurant auprès des Kakolo en général, des déshérités et des opprimés en particulier, qu'elle ne manqua pas d'inquiéter les autorités de Wagadou. Celles-ci auraient tenté, mais en vain, de la réduire au silence. Car les vieux Simbo, héros de la chasse, en avaient fait l'instrument de leur résistance aux Soninké. Cette société resta, depuis lors, le lieu de ralliement de tous ceux qui disent non à l'oppression, non au renoncement devant l'adversité et qui n'entendent obéir qu'à des autorités qui émanent de leur confrérie ou qui ont son approbation » (passage souligné par nous) (Diterlen et Sylla 1992:70).

Et les auteurs du livre de poursuivre : « les mythes que les détenteurs initiés situent au nord du Sahel relatent les actes des deux chasseurs qui sont à l'origine de l'instauration d'un autel et de rituels de chasse (conservés encore aujourd'hui par la confrérie du Mandé). La province du wagadou, anciennement occupée par cette société de chasseurs, porte le nom de *kanyata* ou *kayanga*, mot servant à désigner le Nord » (Diterlen et Sylla 1992:70).

En outre, la tradition nous rapporte à travers les âges et l'espace que bien avant l'apparition de l'Etat sur le contient noir, les premiers défenseurs des communautés villageoises furent des chasseurs. Le premier maître appelé simbon qui regroupa des chasseurs pour constituer une armée fut Mamari Kanni vers le début du XIIe siècle. Pour ce faire, il fit appel aux chasseurs des clans Kamara, Kéta, Koyate, Traoré, etc. Faut-il rappeler que les grands chefs africains comme Soundiata étaient tous des maîtres chasseurs dits *simbon* en *mandika kan* depuis des temps immémoriaux. *Simbon* était donc le titre du maître chasseur dans la société mandinka en général et de celle du Gokholoen particulier. Il était fort recherché par tout chasseur.

Donc, la chasse permet :
- la formation et le développement physique de l'homme par la marche debout et courbée, la course à fond et en foulées, le ramper à quatre pattes et à plat ventre, le saut en hauteur et en longueur, etc ;
- le développement des sens d'observation, la sensibilité a tout mouvement et bruit proche ou lointain ;

- la notion du temps par la connaissance parfaite des heures de chasse de la journée et de la nuit (heures de repos et de sortie des animaux pour brouter et boire) et des périodes de chasse de l'année des différentes catégories d'animaux ;
- la notion de l'espace par la découverte et la connaissance des lieux ou étendues jusqu'ici inconnues, les distances qui les séparent ;
- cultive le courage par le passage des nuits et semaines entières en pleine brousse et par-là la cohabitation avec les fauves, la lutte contre des grands animaux blessés, voire des fauves ;
- la culture de l'endurance par la résistance à la soif, à la faim, aux blessures inévitables, aux piqûres des insectes, à la fatigue des journées de marche, enfin des différentes privations de toutes sortes ;
- la culture des facultés mentales par la recherche des solutions adéquates aux difficultés rencontrées, le chemin et la méthode à trouver pour guetter et abattre un animal, pour conserver et transporter la viande d'un animal abattu, la technique des pièges, l'orientation par la reconnaissance des lieux traversés, des points de repère, les positions du soleil pendant la journée, les quatre points cardinaux, les positions de la lune et de certaines étoiles pendant la nuit, la direction du vent aux différentes époques de l'année, voire du jour, etc.
- la culture à la patience, par l'attente longue du gibier, dans ses points d'abreuvage, l'observation longue et stricte d'une position de statue (quelles que soient par ailleurs les piqûres de mouches ou autres insectes) pour tromper la vigilance d'un animal inquiété et que l'on regarde en face ;
- la culture à la tempérance dans l'action, dans l'entreprise par la répétition de la chasse après y être revenu plusieurs fois bredouille et malgré les difficultés de toutes sortes ;
- l'esprit collectiviste et d'équipe par les chasses collectives ;
- l'esprit de justice par la répartition du produit entre les participants que nous verrons ci-dessous ;
- de par son intervention importante dans l'éducation (dans le sens le plus large du mot) et l'importance accordée à celle-ci, la chasse est le critère principal de l'appréciation de la personne masculine dans le Gnokholo ;
- la chasse, qui se dit *vagna*, comprend la chasse individuelle, la chasse à la battue et les pièges.

Grades de chasseurs

Il y a trois types de grades de chasseurs :
- *Danna* est le chasseur inégalé, d'une habileté remarquable durant toute sa vitalité et qui ne prend sa retraite que pour des raisons d'âge avancé. Il est le maître incontesté des chasseurs de sa localité qui lui vouent admiration et considération sans borne, l'honorent à l'occasion de leurs manifestations

et cérémonies, lui assurent sa part de viande de tout animal abattu dans le village. Considéré comme dépositaire des secrets de la chasse, il est consulté par les jeunes chasseurs ;
- *Dousso* est aussi un chasseur remarquable mais contrairement au *danna*, pour une raison quelconque, arrête ses activités de chasseur pour une autre ;
- *Soubounding hakhala* est le chasseur de petit gibier, autrement dit un chasseur ordinaire.

Les trois types de chasse :

La chasse individuelle

Elle s'effectue de plusieurs manières en toute saison :
- par errements, *vagna* dans des endroits giboyeux et pendant le jour pour découvrir ou rencontrer des animaux par des approches derrière des buissons et pieds d'arbres ;
- par la marche courbée, rampante, de fond, contre le vent, abattre à bout portant l'objectif visé ;
- par *dionki komongho* : le gibier est attendu sur ses passages, à ses points d'abreuvage soit en haut dans les branches d'arbres, soit par terre dans les buissons touffus, soit dans les cachettes faites de branches d'arbres et de paille ou d'herbes. Ces emplacements sont choisis en fonction de la direction du vent de la période de manière que celui-ci souffle du côté de la sortie du gibier ou de son point d'eau vers la cachette.

Comme un chasseur ne peut transporter tout seul la viande d'un gros gibier abattu, il lui coupe la queue et le couvre de branches ou de paille. A son arrivée au village, dans sa famille, il remet cette queue à un membre de la famille qui en informe les autres en exhibant la queue comme preuve ; alors, cela donne lieu à une manifestation familiales voire villageoise. Un autre procédé consiste à se mettre sous un grand arbre derrière le village et siffler le sifflet de chasseur appelé *simbongho* au son duquel la foule masculine y accourt pour servir d'informatrice et de liaison entre le chasseur et sa famille. Dans ce dernier cas, on assiste à deux manifestations : la manifestation dans la maison du chasseur, qui est une danse féminine aux sons des claquements des mains accompagnés de chants. La manifestation des chasseurs derrière le village autour du héros ; c'est une danse acrobatique avec des fusils et des accoutrements de chasseurs aux sons des sifflets de chasse et de détonations de fusils...

Que l'annonce de la bonne nouvelle soit faite dans la famille ou derrière le village, on procède à rassembler les jeunes devant aller chercher la viande de l'animal abattu. Pour ce faire, chaque famille ou maison désigne un membre (jeune), Et si le nombre des jeunes ainsi rassemblés s'avère insuffisant, les grandes familles le complètent.

Après le dépeçage, les transporteurs non membres de la famille du chasseur se partagent le *boussounna* qui est une part composée des boyaux, de la moitié des côtelettes, la viande constituant le ventre,... et chacun amène sa part dans sa famille.

Le foie et quelques bons morceaux sont grillés sur place pour servir de goûter aux transporteurs. Puis la viande est partagée en charges au prorata des transporteurs, moins le chasseur dont le droit de charge est la peau de l'animal.

Une fois la viande au village, sous la présidence du chef de famille, la moitié ou le tiers est partagé à parts égales entre les maisons composant le village au nom du chef de famille. Chacun de ceux-ci réserve ainsi pour sa famille ce qu'on appelle *bougna*, (part d'honneur). Le reste de la viande se consomme dans la famille du chasseur, mais aussi une partie est distribuée aux parents du village, voire des villages environnants.

La peau est propriété de la famille du chasseur qui en fait des chaussures ou l'échange contre de la poudre à fusil pour le chasseur ou des céréales pour la famille.

Parfois, si l'occasion correspond avec une manifestation ou cérémonie populaire de la jeunesse, celle-ci demande la viande à la famille du chasseur contre deux journées et demie de travail collectif dans son champ comme sa valeur-travail ou contre des céréales de la valeur d'un bœuf.

La chasse à la battue

Elle comprend deux formes : la chasse à la battue sans feu et la chasse à la battue avec feu. Toutes deux se pratiquent pendant la saison sèche et se font collectivement.

La chasse à la battue sans feu

Elle est dite *hélé ou hélébayo*. Elle vise essentiellement le gibier à sabots, à ses heures de repos, entre midi et quinze heures de la journée.

Aux coups de sifflets de chasse *simbongho*, toute la jeunesse masculine valide, sous la direction des plus âgés, se rassemble sous un grand arbre derrière le village. C'est là qu'on dit le lieu, élabore la stratégie et la tactique de la chasse en tenant compte du relief de l'endroit choisi. Le monde présent est divisé en deux groupes : le groupe des tireurs composé de chasseurs de talents et des jeunes plus initiés à l'arme à feu, d'une part, et, de l'autre, le groupe des rabatteurs composé du reste de ce monde placé sous l'autorité de ceux qui connaissent bien la zone considérée.

Une fois la formation de ces groupes, le premier devance le second et par des détours et dans un silence complet, il gagne son emplacement. Les éléments distancés prennent position sous des buissons ou derrière des pierres en ligne droite de cinquante à cent mètres en face du côté de la sortie des rabatteurs. Cet emplacement est généralement le bas d'une colline ou dans une vallée pour éviter des accidents de balles perdues. Quand les rabatteurs commencent à descendre la côte ou la pente, aucun tireur ne doit plus tirer, quelle que soit l'occasion. Cette consigne est si bien respectée. Après le temps nécessaire, une heure ou plus, les rabatteurs commencent leur progression. Arrivés au point de départ de rabattement, ils s'alignent en file de quarante à cinquante mètres parsemés adéquatement des connaisseurs de la zone et les spécialistes en la matière. L'ordre d'avancer se transmet successivement d'un bout à l'autre à haute voix. Dès lors, ils avancent avec des cris accompagnés de coups de bois sur des buissons et des chocs de pierres lancées. Et le gibier au repos ou non prend la direction calme pour se sauver. Dans leur progression vers les tireurs embusqués, les coups de fusils entendus exaltent davantage les rabatteurs dans leur tâche et leur font nourrir l'espoir de sucer bientôt des côtelettes ou de mordre dans le foie grillé.

La chasse à la battue avec feu

Elle se dit *bindiano* ou *kognina bindiano*. Elle vise le petit gibier qui, pendant la saison sèche, s'abrite dans l'herbe sèche des rizières et les abords de celle-ci aux heures chaudes. Comme à la chasse à la battue sans feu, le sifflet de chasse *simbongho* signale le rassemblement de toute la jeunesse valide derrière le village sous de grands arbres. Elle est armée de gourdins. Une fois le rassemblement effectué, on porte à la connaissance du public le lieu et ses délimitations et on élabore la tactique d'encerclement. Après quoi, le groupe s'ébranle vers l'endroit. A l'approche, tous observent un silence complet. A partir d'un point, le groupe s'étire en deux files tentaculaires pour former le cercle autour du lieu. Les porteurs d'armes à feu sont judicieusement répartis entre les porteurs d'armes blanches. A la fumée de celui qui doit veiller à la formation du cercle, chacun des participants met le feu à l'herbe sèche devant lui et se retire en arrière sur cinquante à cent mètres.

Alors, les habitants de la broussaille se réveillent surpris et cherchent à échapper aux flammes. Un animal qui sort a une petite chance d'être sauvé, car sur son parcours de cinquante à cent mètres, il est abattu par un groupe de feux ou matraqué à mort. La chance pour ses prisonniers malheureux de se sauver est de sortir nombreux à la fois d'un même côté pour perdre un ou deux compagnons. La recommandation dans cette forme de chance aux tireurs est de se poster en un point de manière à avoir son canon suffisamment penché au sol pour éviter des accidents. Pour ceux qui ont des armes blanches de ne jamais entrer dans le champ de tir et de se poster toujours un peu à l'arrière des tireurs.

Répartition du produit de chasse à la battue

La moitié de chaque animal abattu au fusil revient au chasseur qui en est l'auteur et l'autre moitié au reste du groupe. Ainsi, toutes les moitiés des animaux abattus et la totalité de tous les animaux tués par le feu (les peaux de ces derniers sont remises à ceux qui les ont ramassés) sont rassemblées et partagées en tas égaux ou au prorata des participants. L'attribution des tas se fait comme suit : chaque participant coupe un bâtonnet avec sa marque particulière et le dépose en une place indiquée pour tous. Quelqu'un mis dans l'ignorance des bâtonnets les prend et place chacun sur un tas. Ce dernier charge quelqu'un de sa confiance pour lui couper son bâtonnet. Après donc le placement des bâtonnets sur les tas de viande, chacun, à tour de rôle, ramasse le tas sur lequel se trouve placé son bâtonnet. Les membres d'une même famille rassemblent leurs tas dès après et deviennent la priorité de leur famille pour qui ils les transportent intégralement.

Les foies et quelques morceaux sont grillés et consommés sur place comme goutter par tous les participants. Après les avoir boucanés, on en fait autant de tas égaux qu'il y a de participants et on se sert à tour de rôle en commençant par les plus âgés, car le grand est toujours à l'honneur dans le partage de la viande, à l'instar du *dolo*.

Si au cours d'une chasse à la battue, on tue un ou plusieurs gros gibiers, l'entrée se fait au son de la *simbongho*, flûte de chasse.

Il nous faut remarquer cependant que la répartition du produit de la chasse à la battue est déjà une expression de la quantité et de la valeur du travail. Pour un chasseur qui tue avec son fusil, sa poudre, sa balle et sa capsule sans oublier son adresse, un gibier grâce au concours d'un groupe de ses semblables, il est juste et logique que la répartition soit égale entre lui et le groupe.

Que ce soit à la chasse individuelle ou à la battue, quand on abat un gros gibier dans un village, c'est une occasion de noce intime dans toutes les familles. En effet, après de bons et copieux dîners, on procède le soir à la *danse du chasseur* en son honneur dans la cour de la maison du porte-bonheur ou à la place du village. C'est non seulement pour se divertir, mais aussi pour remercier et encourager par des dons de toutes sortes : poudre, balles, capsules, bande de coton (monnaie en cours), coton, savon (s'il est marié), chaussures (offertes par des cordonniers), etc. Et c'est peut-être pour cette raison que le produit d'une chasse quelconque ne fait jamais l'objet de transaction, mais une distribution générale. C'est surtout là un reflet de l'esprit communautaire de la société du Gnokholo traditionnel.

Les pièges

Ils sont du ressort des jeunes hommes non circoncis. C'est de la pratique des pièges qu'on se fait une opinion des qualités du futur homme en ce milieu du Gnokholo traditionnel. Elle s'effectue pendant la période des récoltes et durant toute la saison sèche. C'est, en partie, l'école de la chasse.

Kandoungho est un piège fait avec deux bâtonnets de bambou taillés à cet effet. Chaque bâtonnet est conçu comme le montre la Figure (10). Les deux bâtonnets sont rassemblés l'un sur l'autre par le bout d'un fil portant à son autre bout un nœud coulant de couleur terne par suite d'un frottement avec des nouvelles feuilles d'un arbre dit *kounkouvo* (Figure 10 B). Puis l'ensemble est placé sur le passage des perdrix ou des pintades autour des points d'eau ou le long des rivières, comme le montre la Figure 10 C. Un de ces oiseaux qui passerait entre les branches du *kandoungho* entraîne avec son cou ou une de ses pattes le nœud coulant qui finit par s'y resserrer. Et voilà la prise.

Figure 10 (A, B et C) : *Kandoungho*, son installation et ses différentes parties

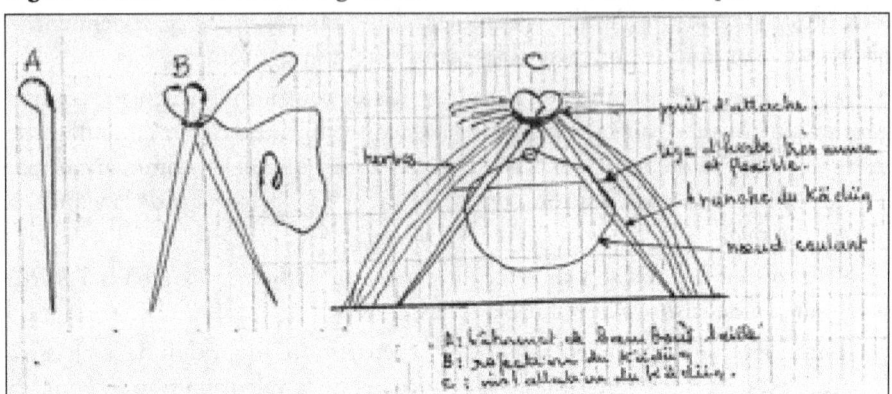

Koutoundingho se fait avec la fourche d'une branche d'arbre débarrassée de son écorce de hauteur de 30 cm environ et de 2 à 3 cm de diamètre pour chaque branche, on pratique une gorge (Figure 11 A) : une corde faite avec du fil mélangé à des poils de porcs ou de la queue de vache dans une proportion égale est roulée autour des branches de la fourche, formant deux rames parallèles pour servir de ressort (Figure 11 C). Une flèche solide en bambou placée entre les rames de la fourche porte à son bout pointu un nœud coulant en fil tressé à cet effet et de couleur terne, sert de levier de traction (Figure 11B). Elle est un peu plus longue que la hauteur de la fourche. Cette flèche est tournée entre les branches de la fourche croisant autour d'elle les rames de la corde de manière suffisante, puis la flèche est poussée vers sa partie pointue de sorte qu'abandonnée, sous l'effet de la traction que les rames de corde exercent sur elle, elle va se caler au sommet de la fourche (Figure 11 D). Enfin, une dernière pièce est faite d'un cercle en lamelle de bambou sur laquelle est conçu un morceau d'étoffe portant en son centre une petite et solide lamelle de bambou pour servir de cale à la flèche du ressort lors de l'installation de l'appareil (Figure 11 E). Les deux pièces sont accouplées, comme le montre la Figure (11 F), et l'ensemble est placé dans un petit trou couvert à ras de sol en un endroit où des perdrix et pintades viennent se débattre ou picorer. Quand un de ces oiseaux marche sur la toile du cercle, sous l'effet de son poids, la flèche à nœud coulant se libère, est projetée en arrière sous la traction des rames-ressorts et fait que son nœud coulant se resserre sur la patte se trouvant dans son rayon. Ainsi se fait la prise.

Activités économiques 189

Figure 11 (A, B, C, D E et F) : *Koutoundingho,* son installation et ses differentes parties

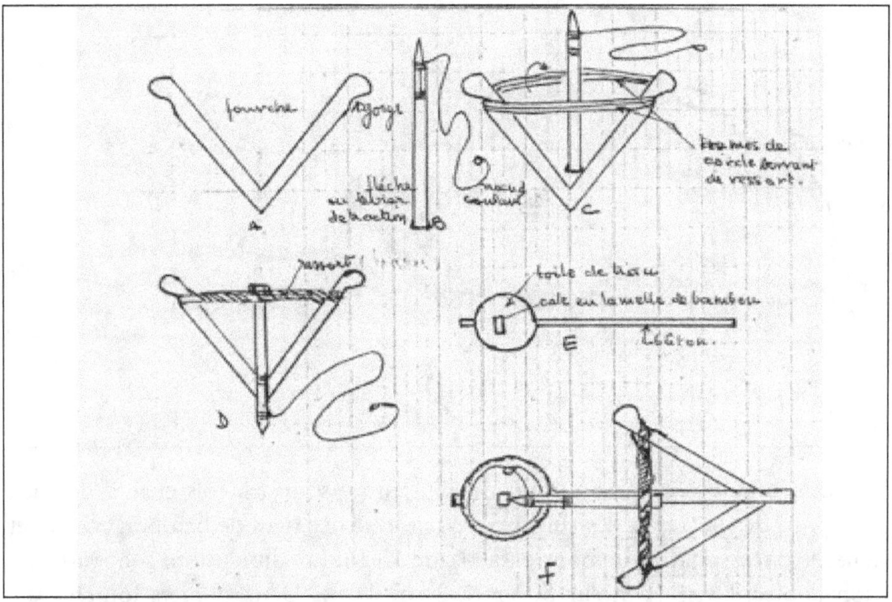

Sinsaro est un piège qui se fait avec une moitié de fente d'une grosse tige de bambou, sèche et flexible, longue de deux mètres environ, ayant un bout pointu par lequel on l'enfonce dans le sol d'une profondeur de 10 à 16 cm au pied d'une souche ou d'un arbre pour servir de point d'appui. L'autre bout porte une gorge dans laquelle se fixe une corde tressée avec l'écorce de baobab, longue de deux mètres environ, avec une autre petite flèche en bambou servant de déclencheur portant un nœud coulant fait avec du fil de couleur terne. A une distance appropriée permettant la traction maximale de la grosse fente de bambou, deux petites pointes (en bambou) sont enfoncées en pente légère distante de 12 à 16 cm sur l'une desquelles prend appui la flèche servant de déclencheur, calée en son bout pointu à l'aide d'un petit bâtonnet, solide et libre, placée à 2 ou 4 cm du sol de manière qu'un oiseau marchant ne puisse l'enjamber, les graines d'arachide sont éparpillées de part et d'autre en vue d'attirer les oiseaux (Figure 12). Ainsi, un oiseau attiré picore un premier tas, puis voudra aller picorer le second une fois le premier fini; pour ce faire, il sera obligé de marcher sur le bâtonnet qui baissera sous son poids en libérant ainsi le mécanisme. Dès lors, la grosse lame de bambou se détendra avec force en projetant derrière elle la corde et son nœud coulant.

Le noeud coulant, dans ce processus, se resserre sur la patte de l'oiseau et l'entraîne avec lui pour le frapper contre le sol et le garder vivant ou mort jusqu'à la visite du propriétaire du piège. Le *sinsaro* se place dans des endroits où viennent picorer des tourterelles, des pigeons, des toucans, des pintades, des perdrix, etc.

Figure 12 : *sinsaro,* son installation et ses differentes parties

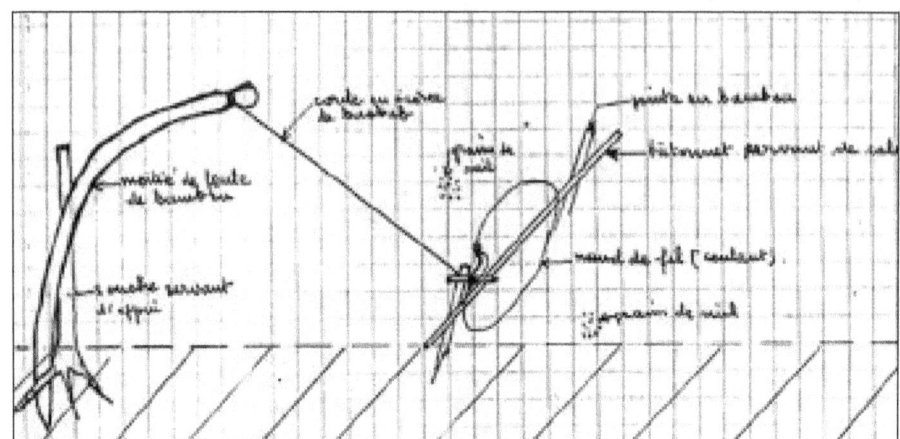

Vakkataro est un piège fait pour prendre plusieurs oiseaux à la fois et aussi des rats, des lapins, des lièvres et des singes. Il se fait avec des tiges de bambou pleines et sèches, tressées, comme le montre (la Figure 13 A). Les dimensions sont variables selon l'objectif visé (I m sur 80 cm à 2 sur 1 m). Deux piquets fourchus de hauteur variable (un à deux mètres) selon les dimensions du *vahataro* sont plantés à distance un peu plus grande que la largeur du *vahataro*, portant une poutre fourchue en bois droit et solide (Figure 13 D). Un mécanisme de suspension et de déclenchement est conçu, comme le montre (la Figure 13 B), et la cale au déclencheur, comme le montre (la Figure 13 C). L'installation se fait comme le montre (la Figure 13 D.)

Le placement des pierres sur le *vakhataro* consiste à le rendre suffisamment lourd pour que l'oiseau ou l'animal sur lequel il s'abattrait ne puisse le soulever. Les épis de mil ou de maïs, les graines d'arachide, au bout de la cale du déclencheur sous le *vakhataro,* y attirent les oiseaux et les petits animaux qui, pour l'avoir, sont obligés d'entrer dessous, entraînant avec eux la cale, libérant ainsi le déclencheur. Dès lors, la barre de suspension cède sous le poids du *vahataro* et ce dernier s'abat sur la proie.

L'intérêt de cet appareil est important, car on peut prendre à la fois plusieurs de ces oiseaux et petits animaux. On l'installe dans les champs de maïs, d'arachide et de mil après les récoltes.

Figure 13 (A, B, C et D) : *Vakkataro,* son installation et ses differentes parties

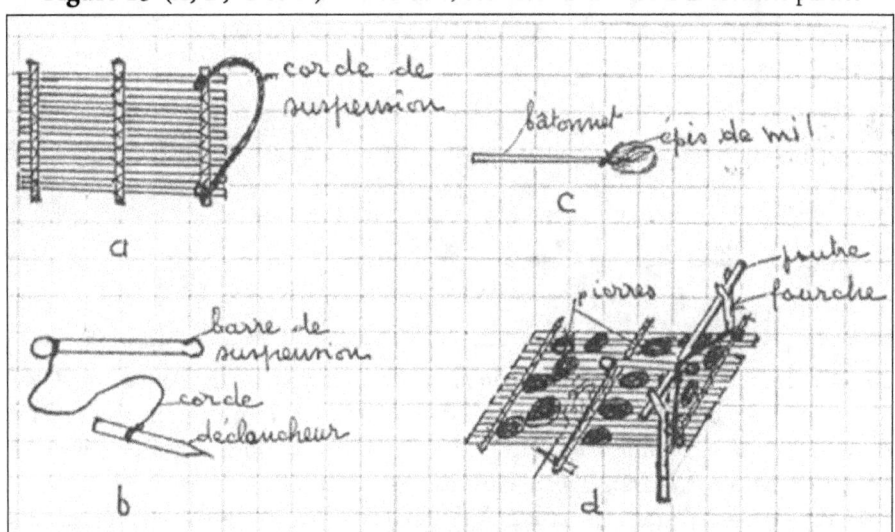

Bappé : piège fait avec une pierre plate et des pièces en bambou mentionnées sur la Figure 14. Le déclencheur porte à son bout placé sous la pierre plate un morceau d'épis de mil, de maïs ou de gousses ou graines d'arachide grillées ou non pour y attirer des oiseaux de toutes espèces, de rats et de lapins. Le déclencheur se fait toujours avec du bambou frais; son bras sur lequel repose la barre d'appui ou support et la partie qui s'enroule sur le levier de support sont frappés sur un tronc d'arbre ou le montrent une sur pierre lisse à l'aide d'un gourdin pour les rendre fibreux et, partant, pliables. Une fois qu'un oiseau picore l'épi ou qu'un rat ou lapin le touche, la cale libère le déclencheur et le levier de support cède sous le poids de la pierre plate qui s'abat sur la proie. Le *bappé* se place dans les champs avant et après les récoltes en des endroits fréquentés par des oiseaux, des rats et des lapins.

Pour éviter de faire écraser la proie, on creuse un petit trou sous la pierre de la dimension de l'oiseau ou de l'animal visé, ce qui permet de le prendre vivant. Boundou bappé est une autre forme du *bappé* en pierre plate dont nous venons de parler, importée du Boundou, d'où son nom : Boundou *bappé,* l'ancienne province avoisinante. La pierre plate est remplacée par un panier fait avec des tiges de mil. Le mécanisme est le même que celui du *bappé* en pierre plate. Il a l'avantage d'avoir la proie vivante et peut prendre plusieurs proies à la fois.

Figure 14 : *bappé*, son installation et ses différentes parties

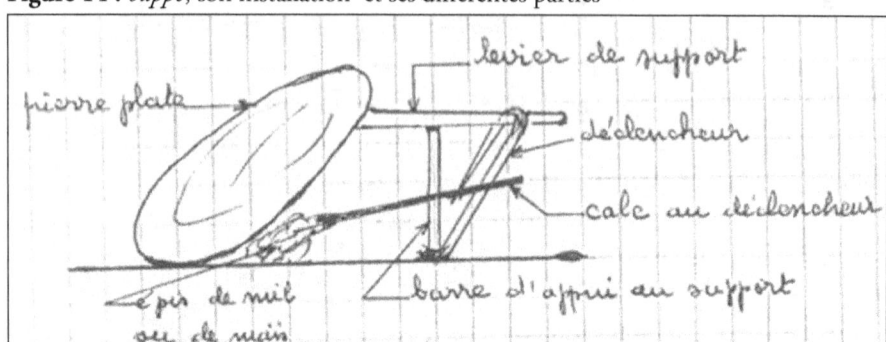

Diankitangho est un piège avec lequel on prend des mange-mil et des perroquets. C'est un ensemble de nœuds coulants faits avec des poils de porc qu'on attache autour d'un épi de maïs qui se montre à lui sous les nœuds coulants. Alors, sa tête, à travers les nœuds coulants et en levant la tête, celui-ci se resserre sur le cou, il est pris. Il lui arrive aussi de poser ses pattes dans la touffe de nœuds et, par-là, se fait prendre par ses pattes.

Diouloundingho est un long fil portant sur toute sa longueur des nœuds coulants de ficelles. Il est tendu et attaché en chaque bout à une pointe en bambou ou aux pieds des arbres, les nœuds coulants pendants et ouverts, à une hauteur un peu plus de celle d'une perdrix, de sorte qu'une pintade ou une perdrix voulant le traverser ne peut que passer en dessous, à travers les nœuds. Au cours de sa traversée, elle entraîne avec son cou (cas le plus général) ou avec une de ses pattes un des nœuds, qui, progressivement, se resserre sur son cou ou sur sa patte. C'est la prise. Il peut en être de même pour un lapin ou un animal de son genre. Le *diouloundingho* se place en brousse dans les rizières, des vallées et carrières, où abondent les pintades et perdrix pour picorer ou se débattre.

Le *mana* est la colle en général. *Mana lô* est le piège fait avec de la colle forte, qui est ici la sève de certaines plantes ayant cette propriété. Il s'agit principalement du gutta-percha du karité. Le *mana lô* consiste à faire bouillir *le gutta – percha* dans un petit canari pour le rendre pâteux et le rouler sur des bâtonnets longs de trente centimètres environ, gros comme un doigt placé dans les points d'eau où les oiseaux viennent abondamment boire généralement de onze heures à treize heures et de seize heures à dix huit heures de la journée. Après les avoir placés, on se retire de cent à deux cent mètres environ du lieu en se cachant dans un endroit où on peut observer la descente des oiseaux au point d'eau. Ceux-ci, qui aiment se poser sur des branches pour boire, n'hésitent pas à se poser sur ces bâtonnets au-dessus de l'eau avec plaisir. Après qu'ils ont bu en voulant s'envoler, ils se sentent fixer et se débattent avec grand bruit pour tenter de s'échapper.

Signalons qu'en général, les grands oiseaux tels que les pintades et perdrix arrivent à s'échapper en raison du poids léger des bâtonnets.

Trou piège pour prendre le porc-épic, on creuse sur son passage repèré un trou d'une profondeur d'un mètre et d'un diamètre de cinquante à quatre-vingt centimètres. L'animal ayant les pattes trop courtes, une fois tombé dans le trou, ne peut se tirer d'embarras.

La pêche

La pêche, *kômo*, se pratique sur tout le long de l'année à des époques déterminées selon le courant, la quantité des eaux poissonneuses, les déplacements et les concentrations de poissons. En conséquence, plusieurs méthodes sont employées avec des instruments divers. La pêche est une pratique masculine. A l'exemple des autres activités économiques, elle intervient également dans l'éducation et la formation de l'homme :

- la formation physique par la natation ;
- le développement des facultés mentales par les techniques de la pêche ;
- l'adresse par la pêche à l'arc ;
- la patience par la pêche à la ligne ;
- l'esprit coopératif par la pêche collective ;
- la notion de la valeur travail par la répartition égalitaire et juste du produit commun.

Instruments de pêche dans les mares et îlots d'eau des rivières poissonneuses

Diala est un petit filet dont l'ouverture est ajustée sur un bâton courbé en forme d'arc (Figure 15). Le pêcheur en a deux : un dans chaque main. Il les pousse devant lui par terre sous l'eau, il les dispose en V, sarclant le fond de l'eau, tout poisson rencontré se trouve au fond d'un des filets qu'il soulève à la suite des secousses senties.

Figure 15 : *Diala,* instruments de pêche des mares et ilots d'eau

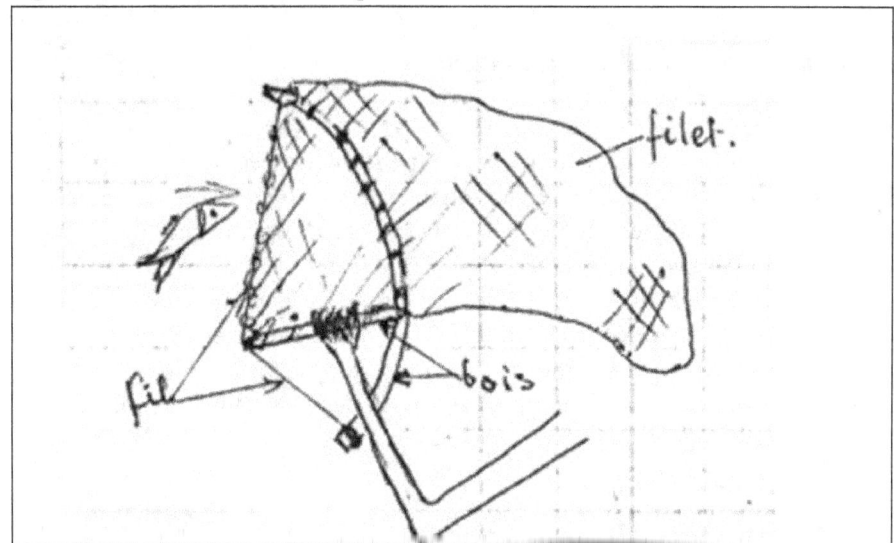

Voussoungho est un panier tissé avec des lamelles solides de bambou faites à cet effet, de forme conique, ayant à son sommet une ouverture pour le passage de la main qui va chercher au bas le poisson prisonnier. Son bas est ouvert (Figure 16). Pour pêcher, le pêcheur le prend avec ses deux mains par son ouverture supérieure et le plante dans l'eau, de-ci, de-là sur son ouverture du bas. Dès qu'il y a un poisson, il le sent par des secousses et immédiatement une de ses mains passe par l'ouverture supérieure pour le prendre.

Figure 16 : *Voussoungho,* instrument de pêche des mares et ilots d'eau

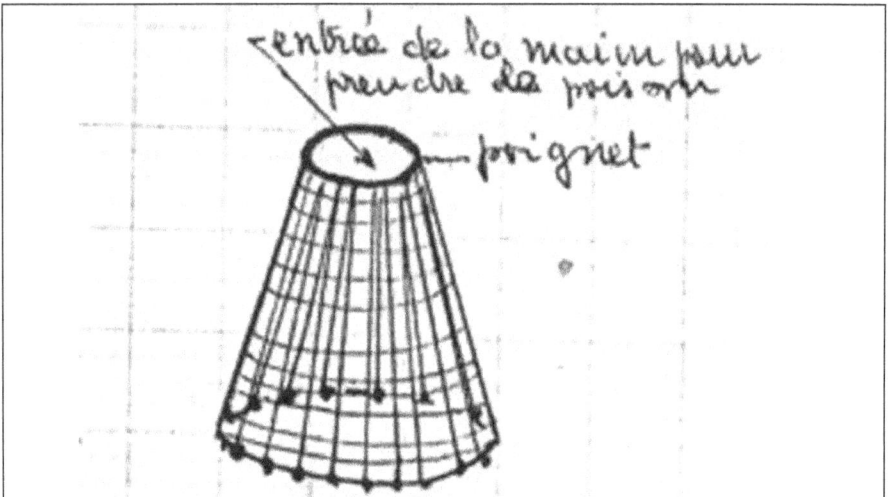

Ce sont là deux instruments populaires du Gnokholo pour la pêche, des mares et des îlots, des rivières poissonneuses coupées pendant la saison sèche à une période avancée de celle-ci.

Instruments de pêche des eaux courantes

Ils sont de deux types: s*antokaya* et *doukhoumakaya*.

Doukhoumakaya est aussi un panier de même matière et de même forme que le *voussoungho*, mais avec la différence qu'il est fermé en un sommet (Figure 17). Pour avoir le poisson avec, on pratique un barrage en un endroit choisi de la rivière en laissant un passage où on le place sous l'eau, son ouverture contre le courant (Figure 18). Les poissons venus avec le courant pour gagner d'autres profondeurs en aval du cours d'eau se trouvent engagés dans le panier et ne peuvent plus en sortir, maintenus par la force du courant jusqu'à la visite du pêcheur. Cette pratique se fait essentiellement en petits groupes de camarades ou amis (deux à dix personnes).

Figure 17 : *Doukhoumakaya*, instrument de pêche des eaux courantes

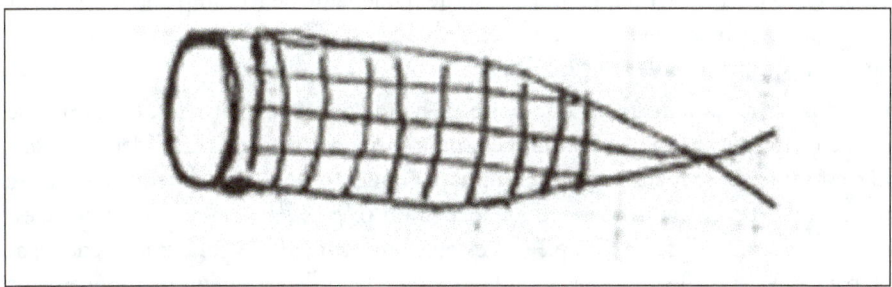

Figure 18 : *Doukhoumakaya* placé sous l'eau

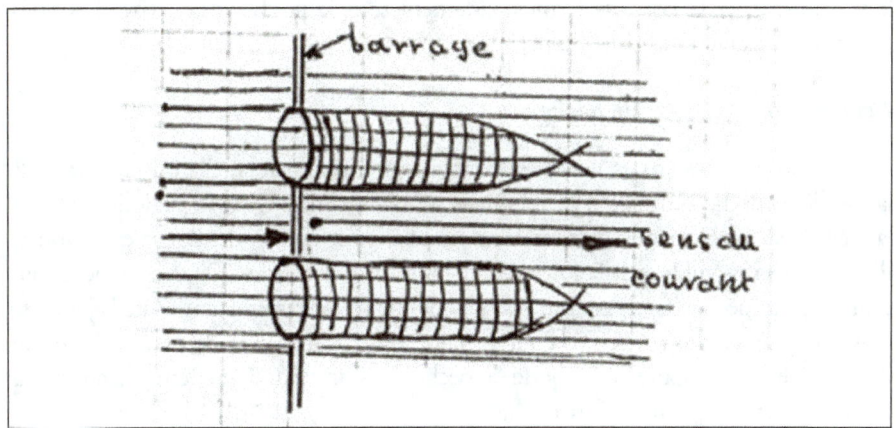

Santokaya : c'est aussi un barrage appliqué à une rivière, mais ne pouvant avoir qu'une seule ouverture au passage de l'eau. Un mirador de quelques centimètres de hauteur est fait au-dessus du courant couvert de nattes faites avec des lamelles de bambous. Une natte spécialement conçue au point de vue solidité et dont la largeur étant supérieure à celle de la partie du cours d'eau rétrécie est solidement fixée sur le mirador et à un bout légèrement en pente dans l'eau de quelques centimètres suivant la profondeur de l'eau (de vingt à trente centimètres) pour servir de projecteur de poissons. Les bans de poissons venus avec le courant sont projetés sur le mirador par cette lame de natte. Le *santo kaya* ne peut projeter que des petits et moyens poissons qui ne se déplacent pas au bas fond de l'eau, mais à hauteur. Toutefois, il demeure un instrument de bonne prise.

Instruments de pêche dans le fleuve

Sî dolingho est une grosse et longue ligne fixée à un ou plusieurs hameçons auxquels on fixe des appâts. L'ensemble est jeté dans un endroit profond et calme, le bout attaché à un arbre. Elle peut rester là pendant douze heures ou plus. Elle sert à prendre des silures, des caïmans, des tortues aquatiques du fleuve Gambie et de ses affluents.

Bato kaya est une construction, dans l'eau, d'une petite case ronde (sans toit) de 1,5 m de diamètre environ, le mur constitué d'une natte de roseau prenant appui sur des piquets en bois, dépassant la hauteur de l'eau de 50 à 80 centimètres, avec une ouverture donnant sur le large du fleuve.

L'ouverture est fermée par une porte en natte de roseau également, coulissant de haut en bas et de bas en haut, portant en son milieu une grosse pierre solidement fixée. Elle est soulevée de manière à laisser un passage aux poissons et maintenue dans cette position par un mécanisme identique à celui du piège *vakhataro*. Ce mécanisme est placé dans l'eau à l'intérieur du piège. Les poissons y sont attirés par des restes de repas ou par l'appât spécialement fait à cet effet. Là, dans leurs déplacements ou mouvements pour la lutte à qui mieux-mieux dans le piège, ils arrivent fatalement à déclencher le mécanisme, et la porte se ferme solidement sous le poids de sa pierre. Les voilà prisonniers attendant la visite du pêcheur.

Périodes et méthodes de pêche

La pêche des mares et des îlots des rivières se pratique pendant la saison sèche, de la dernière moitié de mars à la première moitié de mai. C'est la période pendant laquelle, l'eau de beaucoup de rivières se dessèche pour donner des îlots d'eau abritant des poissons rassemblés par la force des circonstances naturelles. Deux méthodes sont utilisées pour pêcher ces eaux, toutes se faisant en groupe rassemblant toute la jeunesse masculine du village concerné. Pour ce faire, on fixe une date de pêche d'une eau déterminée et on élabore la méthode de pêche dans un délai d'une semaine au moins pour permettre les préparatifs nécessaires.

La pêche avec filets : dans ce cas, chaque participant est muni de deux filets du type diala ou d'un *voussoungho*. On se rassemble à la place publique aux cris de *kômô kômo* le matin ou à midi, selon la distance à marcher pour prendre départ ensemble et arriver ensemble au point de pêche.

Les pêcheurs munis de *voussoungho* piquent de-ci, de-là avec leurs instruments le fond de l'eau ; ceux qui ont des filets diala s'alignent en ligne droite ou en cercle pour battre et encercler les poissons en raclant le fond de l'eau avec leurs filets. Chaque pêcheur rassemble ses poissons sur une ligne dite *yékhé solirangho* ou *sonkongho*. Chacun est maître de ses prises. Les membres d'une même famille ou maison, après la sortie des eaux, rassemblent leurs gains pour la consommation familiale.

Kouna teyo est une pêche consistant à empoisonner les poissons. Les participants sont munis de filets, couteaux, arcs et flèches. A la veille, les jeunes cherchent de gros fagots de horo horo et ou de gousses vides des fruits du minosa pourpre (nété). Le jour, au matin ou à midi, selon la distance à marcher, aux cris de *kômô kômô*, on se rassemble à la place du village pour partir ensemble et arriver ensemble avec des charges de horo horo et de gousses de nété. Ces charges sont jetées à l'eau, défaites et battues avec des gourdins de bois jusqu'à ce que l'eau ait le goût amer, ce qui se reconnaît à sa couleur

Activités économiques 197

noire. Après quoi on attend dix à douze heures de voir les poissons s'évanouir pour les prendre. En général, les gros poissons mettent plus de temps pour s'évanouir. Dans leur lutte contre la mort, ils sortent leur tête pour humer l'air qu'ils ne trouvent plus dissous dans l'eau.

A ces occasions, on les transperce de flèches ou on leur coupe la tête avec de grands couteaux. Tous les poissons sont ramassés collectivement et rassemblés en un seul tas. A la fin, ils sont répartis en tas égaux au prorata des participants de tout âge. C'est dire que la part d'une famille est proportionnelle au nombre de ses membres participants. C'est là encore une expression de la notion de la valeur et quantité de travail et de la valeur du travail.

L'attribution des tas se fait à l'exemple de la répartition du produit de chasse à la battue. Les membres d'une famille rassemblent leurs parts sous l'autorité du plus âgé. L'inconvénient de cette méthode est qu'on détruit les petits poissons et les perspectives de renouvellement sont bouchées. Pour cette raison, on ne la pratique que dans les mares et îlots qui ont la possibilité de se repeupler de nouveau en poissons au moment des crues de la Gambie.

La pêche des rivières se fait durant toute l'année, individuellement à la ligne ou en petits groupes de deux à six camarades avec le *doukhouma kaya* et le *santo kaya*, de novembre à janvier. La pêche dans le fleuve se pratique en toute saison individuellement avec la ligne sî *dolingho* et de novembre à janvier avec le *bato kaya*.

Il apparaît dans l'exposé que l'économie du Gnokholo traditionnel est une économie communautaire développée correspondant au niveau de développement social du pays à l'époque : les formes collectives de la chasse et de la pêche, la répartition égalitaire de leurs produits en sont des expressions vivantes.

En outre, nous avons vu que la répartition des produits de chasse et de pêche collectives se fait selon la quantité du travail ou de la valeur travail incorporée par chaque participant. Ce concept de la quantité de travail ou de la valeur travail trouvera son expression dans la production marchande que nous verrons un peu plus loin.

5

Type culinaire, hygiène, santé et relations marchandes

Type culinaire

Il y a au Gnokholo un petit et deux grands repas.

Le petit déjeuner

Datoka ou dasokhoma ou encore *kodjibo* sont les appellations du petit déjeuner. Il se prépare le plus généralement en période d'abondance pour toute la famille et en période de soudure pour les vieilles personnes et les enfants qui ne peuvent pas aller à la cueillette et parce qu'ils ont l'estomac plus fragile. Le déjeuner se dit *Kontongho*. Il constitue le premier grand repas du jour. Il se prend quand le soleil se trouve au Zénith, dans la moitié de sa course méridionale.

Le dîner se dit *Simangho*, deuxième grand repas du jour. Il se prend le soir, dans la première heure qui suit le coucher du soleil en période de saison sèche, et dans la deuxième heure en période d'hivernage.

Les conserves alimentaires

Les conserves alimentaires sont les suivantes :

Houtou diaringho, c'est du couscous sec avec ou sans condiments (séché au soleil). L'on en fait pour les caravaniers aqui vont faire des échanges sur les marchés des côtes atlantiques, de Kantora et du Fouta-Djallon et pour les guerriers en campagne. Les caravaniers et les guerriers n'ont qu'à ajouter de l'eau chaude pour obtenir du couscous ordinaire prêt à être consommé dans une sauce ou à l'aide de condiments (miel, sel, piment, *datouvo*), selon leur goût et leurs moyens. Le couscous sec peut se conserver longtemps à l'abri de l'humidité.

Houtou katindringho est du couscous sec mélangé à de la pâte d'arachide grillée dans le mortier. Selon les moyens et les goûts, il est salé ou sucré au miel. Il se conserve à l'abri de l'humidité. Il sert de goûter pour les enfants et de provision pour les chasseurs, les voyageurs de longs trajets et voire les guerriers sur les champs de bataille.

Kagna est une variante du couscous sec à la pâte d'arachide. Il se fait avec du couscous de maïs spécialement grillé à cet effet, mélangé dans le mortier à de la pâte d'arachide grillée (ici renforcée) pour en faire un mortier. On le sale au cours de l'opération. Il sert à la fois de goûter et de provision. Le plus souvent, ce sont les femmes qui en font pour leur père à l'occasion de leurs visites dans leur foyer natal. A l'occasion des cérémonies de circoncision, on en fait généralement. C'est un aliment de luxe qui se conserve à l'abri de l'humidité.

Moukhou-moukhou est du couscous sec très fin, fait avec de la farine de mil ou de maïs pour les vieilles personnes et les enfants au ventre délicat qui le consomment dans du lait frais ou caillé. Il se conserve comme les autres variétés de couscous sec à l'abri de l'humidité.

Dambangho est du beignet fait avec de la farine de haricot ou de pois d'angole modelée en boules, soit en forme de gousse d'arachide et de la grosseur de celle d'une paume de main, cuit dans du beurre de karité. Ce beignet se fait à l'occasion des cérémonies de circoncision. On en fait des colliers placés en grappes sur des lames de calebasse taillées et percées de petits trous à cet effet. La grappe de colliers de beignets s'appelle *Damban kouha*. Il est séché au soleil en vue de sa conservation pour servir comme provision de chasse aux jeunes garçons circoncis. Il se prépare aussi à l'occasion de banquets d'honneur à divers niveaux d'ordre social.

Kounkouto est l'appellation du pain au *Gnokholo*. Il se fait avec de la farine pétrie de mil ou de maïs en pâte salée, puis moulue en disque de dimensions d'une paume de main ou en forme cylindrique mais de la longueur d'une main et de diamètre d'un poignet. Ces galettes, en disque ou en cylindre, sont rangées dans un canari percé de petits trous, placées au-dessus des braises pour être cuites. Elles se mangent dans les quarante huit heures qui suivent leur cuisson, temps après lequel elles deviennent impropres à la consommation. C'est une friandise des enfants.

Sosso soubou dekhé : c'est une pâte à odeur et au goût de viande faite avec des graines de haricot décortiquées dans le mortier puis trempées dans de l'eau ordinaire pendant douze heures environ au bout desquelles elles sont filtrées. Après quoi elles sont mélangées à de la farine d'arachide crue, le tout pilé dans un mortier jusqu'à l'obtention d'une pâte fine, assaisonnée de sel et d'oignon local. Cette pâte est modelée en boules d'une grosseur d'un œuf de canard et cuite à la vapeur d'eau dans une étuve. Alors, les boules deviennent comestibles : elles sont succulentes et ont l'odeur et le goût de la viande.

Hatto est un beignet qui se prépare avec de la farine de maïs mélangée à de la farine d'arachide crue et salée. Le tout se pétrit dans une calebasse pour en faire une pâte. Cette pâte est moulue en disques ovoïdes de la dimension d'une paume, placés dans un canari à deux compartiments pour y être cuites à la vapeur. Il est savoureux et dégusté par les personnes de tout âge.

Pâte de sésame *(béné dékhé)*, conserve faite avec du sésame grillé, pilé et mélangé à du miel pour en obtenir une pâte comestible, pour une durée illimitée. Elle est très dégustée et se prépare plus généralement à l'occasion du *diongho*, une des cérémonies relatives aux jeunes filles excisées devant rejoindre leur mari.

Les condiments

Le peuple du Gnokholo a jeté les bases d'une industrie artisanale de production et d'extraction de condiments. Ainsi, il produit certains condiments par fermentation de quelques graines végétales et autres par extraction.

Datouvo, un condiment très prisé par les Mandinka et de ceux du Gnokholo en particulier. Il sert à assaisonner beaucoup d'aliments. On le prépare avec le grain d'oseille, d'où son nom. On le prépare également avec d'autres graines telles que celles du minosa poupre et d'autres plantes. Les variétés de graines pour la préparation de condiments ne se mélangent pas. Selon la nature des graines utilisées, les appellations sont les suivantes, par ordre de qualité :

- *nété touvo* à base de graines de minosa pourpre ;
- *datouvo* à base de graines d'oseille ;
- *kobé touvo* à base de graines d'une plante poussant aux abords des villages et dans de vieux champs.

Remarquons que le nom d'une qualité de condiment, en l'occurrence *datouvo*, est communément employé pour désigner toutes les autres. Cela tient au fait qu'elle fut la première qualité mise au point par le génie de l'homme de Manding.

Préparation du datouvo

Les graines sont bouillies jusqu'à complète cuisson. Par la suite, elles sont filtrées de leur eau de cuisson dans un panier placé sur une ou des pierres. Puis on les met dans un panier pour les fermenter en les couvrant de feuilles appropriées. Au bout de trois ou quatre jours, le but est atteint, ce qui se signale par des odeurs qui s'y dégagent. Cette opération s'appelle *tou bido*. Les graines fermentées sont ainsi placées au soleil pour les sécher. Quand la pâte a la consistance du savon mou, on lui ajoute quelques poignées de cendre potassée dans une proportion adéquate ; cette cendre potassée s'obtient en brûlant des écorces de veine. Le mélange est pétri dans le mortier pour en faire une pâte modelable en boules, prête ainsi à être utilisée dans l'assaisonnement des aliments ou pour l'échange.

Le mélange pétri dans le mortier peut ne pas être modelé en boules, mais placé au soleil jusqu'à évaporation du peu d'eau contenue. Il peut en être de même pour les boules de la pâte. Dans ce cas, une fois bien séché, il est réduit en poudre dans un mortier et conservé dans des récipients en calebasse ou en argile cuite. Cette poudre se dit *datou mounko*. C'est l'ancêtre des « cubes Maggi » et « Jumbo ».

La Pâte d'arachide qu'on appelle couramment *tiga dékhé*. Effectivement, c'est une pâte d'arachide, mais grillée. C'est le premier condiment du Gnokholo s'utilisant dans la préparation de beaucoup de plats.

Préparation : on grille des graines d'arachide dans un canari approprié qui s'appelle *hinkingho*. Après quoi, elles sont brassées à la main dans une calebasse pour les ôter de leur peau par vannage. Puis elles sont pilées dans un mortier pour les transformer en pâte. Cette pâte, par la suite, est rendue plus fine de la manière suivante : placée en petite quantité sur une pierre plate et lisse en pente douce, elle est écrasée de nouveau par frottements glissants avec une noix vide du fruit de rônier. L'opération se dit *tiya siyo* (moudre l'arachide), et elle s'effectue à l'aide de la pierre à moudre dite *tiya si kouro* et la noix du fruit de rônier appelée *sibi konkola* ou *konkola* tout court. La pâte d'arachide est ainsi prête pour entrer dans la préparation des aliments et des sauces. Elle se conserve couverte dans des calebasses.

Conservation des champignons

Deux méthodes de conservation s'appliquent aux champignons.

Le séchage au soleil : dans ce cas, les champignons sont coupés en petits morceaux et placés au soleil.

Par le feu : ce cas s'applique aux champignons qui commencent à se décomposer. Alors, ils sont placés dans une étuve.

Séchés au soleil ou fumés, les champignons sont ensuite réduits en poudre dans un mortier. Cette poudre *houna mounko* se conserve dans des outres en calebasse ou dans des vases en terre cuite. Les graisses comprennent les lards des animaux abattus, principalement ceux de la chèvre et de l'hippopotame. Le lard de la chèvre se conserve coagulé à l'air libre. Il est utilisé pour assaisonner des mets.

Le lard de l'hippopotame ne peut pas se conserver à l'exemple de celui de la chèvre en raison du bas degré de sa liquéfaction, d'une part, et de son impureté due à la présence de morceaux d'intestin et de viande, d'autre part. Pour ces raisons, on le fait cuire pour recueillir par la suite la graisse dans un récipient. Il se conserve dans des outres de calebasse ou de terre cuite. Il sert principalement dans l'alimentation comme condiment. En outre, elle sert à soigner les brûlures et à masser les articulations malades. Signalons que l'hippopotame est un véritable réservoir de graisse, surtout quand il est tué dans la période de septembre à décembre où il est particulièrement gras. Il est comestible au Gnokholo.

Le beurre de karité (voir la quatrième partie).

L'huile d'arachide dite *tiya toulo*

En raison de l'usage de l'arachide, sous plusieurs formes, dans l'alimentation, son huile est peu extraite. Le peu qui l'est sert essentiellement à faire du savon pour la toilette des bébés.

Extraction : on dispose d'un canari contenant de l'eau, superposé d'un deuxième percé de petits trous à la base; c'est dans ce dernier que les graines d'arachide sont légèrement cuites à la vapeur. Ensuite, on les pile dans le mortier pour les vanner et obtenir de la semoule. On y ajoute un peu d'eau potassée pour la recuire à la vapeur d'eau comme précédemment. Après quoi, les grains de semoule de farine deviennent visiblement pleins d'huile. Alors, on met la farine toute chaude dans un morceau d'étoffe bien propre servant de pressoir. Pour presser, l'étoffe est roulée autour de la farine chaude sur lequel un couple de forces opposées de même intensité, appliqué aux deux extrémités de l'étoffe, laisse couler l'huile, recueillie dans un récipient placé en dessous. Ainsi, progressivement, est traitée toute la quantité de farine d'arachide cuite. Le tourteau s'utilise comme condiment dans certains mets ou dans la fabrication du savon.

Le beurre de vache dit *nghinsi toulo* ou *naré* (beurre de crème) est un produit de luxe, exclusivement pour l'autoconsommation. Il sert à assaisonner certains plats d'hôtes de marques. En outre, il entre dans la préparation du savon de luxe pour la toilette des bébés.

Le principe de la préparation est le suivant : on recueille la crème du lait caillé dans un récipient jusqu'à obtenir la quantité voulue. Celle-ci est battue et cuite. A la cuisson, le beurre se liquéfie et les impuretés tombent au fond de la marmite. Il est récupéré dans des récipients pour divers usages.

Les boissons

Les habitants du Gnokholo traditionnel connaissent deux catégories de boissons à savoir les boissons fermentées et celles non fermentées.

Boisson fermentée

L'usage des boissons fermentées est plusieurs fois millénaire. La philosophie, la littérature orale et populaire du pays nous rapportent à travers le temps et l'espace que ces boissons sont presque aussi vieilles que l'humanité elle-même. Selon une affiche de la Société des Brasseries de l'Ouest Africain (SOBOA) « Le *dolo*, boisson africaine millénaire, est l'un des ancêtres de la bière ».

La bière est connue en Afrique depuis des milliers d'années. Sa fabrication y a été à un haut degré de perfection sous l'impulsion des grands rois pharaons en Egypte. L'ancienne cité de Pélésium, à l'embouchure du Nil, était fort réputée pour la qualité de sa bière dès le VIe siècle. L'usage de la bière fut transmis de l'Orient en Egypte et en Afrique. De là, il passa en Grèce, puis fut adopté successivement par les Romains, les Celtes, les Slaves et les Germains.

Au Gnokholo traditionnel donc, les boissons fermentées sont bien consommées. Ce sont des boissons de qualité et de choix qui sont offertes en hommage aux esprits et aux morts, d'une part, et une source de potentiel énergétique, d'autre part. Les hommes et les femmes, au cours des travaux qui requièrent la force physique, voient augmenter leur potentiel énergétique à la consommation d'une boisson fermentée. En effet, le travail musculaire intensif impose à l'organisme un effort considérable qui se traduit, au point de vue énergétique, par une dépense de calories très nettement supérieure à la consommation de base ou dépense de fond. C'est dire que les boissons fermentées apportent à l'organisme la compensation indispensable à l'élimination importante qui a lieu au cours du travail musculaire, qu'elles sont utiles dans une alimentation destinée à compenser les dépenses d'énergie provoquées par un travail musculaire intense, qu'elles remédient aux déperditions hydriques et minérales provoquées par une transpiration abondante. Pour ces raisons, elles constituent dans le Gnokholo traditionnel des stimulants importants dans la production, notamment dans l'agriculture. En effet, les travaux collectifs de toutes sortes, les manifestations et cérémonies populaires s'exécutent autour des boissons fermentées. Pour cette raison, elles sont communément appelées *baralangho*, signifiant instrument de travail ou moyen de production. Ainsi, on peut distinguer les boissons fermentées suivantes :

Le *dolo*, une boisson fermentée à base de mil ou de maïs. Sa préparation se dit *dolo doungho* et se fait en deux étapes. Première étape, le *haling gnikhingho* qui consiste à mouiller les graines dans une jarre durant douze heures, au bout desquelles on les filtre dans un panier ou des paniers (selon la quantité) placés sur des pierres. Après quoi, les graines sont placées dans le coin d'une case à même le sol en un tas d'une épaisseur ne devant pas dépasser douze centimètres et couvertes de feuilles appropriées. Au bout de trois à quatre jours, elles germent et sont ramassées pour être séchées au soleil. Les graines germées ainsi obtenues s'appellent *haling kessé* ou *halingho* tout court et constituent la matière pour la préparation du *dolo*. Elles se conservent dans des paniers jusqu'au moment voulu.

La deuxième étape est le *dolo bô*. C'est la préparation proprement dite du dolo. Celle-ci s'effectue selon le processus suivant : *Haling toukho*, une opération qui consiste à piler les graines germées séchées pour en faire de la farine dite *haling mounko*. C'est là une tâche des jeunes femmes et jeunes filles, s'exécutant à la veille de l'opération.

Le lendemain matin, la farine des graines germées est mélangée dans une proportion d'eau d'une jarre appelée *hana* (ou plusieurs, selon la quantité). Cette proportionnalité se mesure ou se constate par le bras blanchi de farine, après séchage, ayant servi à brasser les deux composantes. Cette première opération s'appelle *dolo bo* et le liquide sinon le mélange obtenu *dolo doundingho*.

Le *dolo doundingho* est aussitôt cuit dans une ou plusieurs jarres moyennes (selon la quantité). Laissé au repos pendant deux à trois heures, le *dolo doundingho* se décante en deux parties : la partie supérieure, claire, sans résidus de farine, se récupère dans des récipients à part pour être réservée dans la jarre d'origine après son nettoyage à grande eau.

La partie inférieure, celle restée au fond, composée de farine (semoule et son) est cuite dans un canari dit *dolo tabi dakha*. Sa cuisson complète se constate par sa consistance et par sa couleur noire-claire pour la farine de mil ou jaune clair pour la farine de maïs et l'on appelle *dolo tabiringho*. Cette deuxième partie du *dolo doundiringho* est remise dans la jarre d'origine sur la *kaladjio*. Cette première opération du *dolo doungho* se termine par *dolo tabiringho* ; à ce stade commence la deuxième opération.

Au bout de douze heures environ, dans la journée du lendemain, le *dolo tabiringho* change de goût et devient acide comme du tamarin. Cette transformation chimique a été possible grâce à la *kaladjio*. Une fois cette nouvelle qualité du *dolo tabiringho* obtenue, il est recuit, mais auparavant on procède à l'élimination au maximum de semoule contenu dans ce mélange. Ainsi on prélève d'abord la *kaladjio*, (eau sans semoule), versée dans un canari pour être portée à l'ébullition. Ensuite, la semoule est éliminée par le procédé de filtrage au moyen de l'instrument appelé *sonsorangho*. Le liquide ainsi obtenu est versé dans le canari. Lorsque toute la contenance est portée à l'ébullition, on lui ajoute (dans le canari de cuisson) une quantité déterminée de farine de graines non germées dite *bérélangho*, délayée au préalable dans de l'eau ordinaire. Alors, on obtient une bouillie semblable à celle de la farine, d'où elle tire son nom *dolo mono*.

Le *dolo mono* est versé à son tour dans la ou les jarres. C'est la seconde phase de *dolo bô*. Mais faisons remarquer ici que si la transformation chimique du *dolo tabiringho*, n'est pas obtenue ou reste inachevée, on ne peut pas obtenir du bon *dolo* mais du goût du tamarin appelé *toumbing dolo*. C'est dire que le processus de transformation chimique du *dolo tabiringho* continue et se maintient dans le liquide jusqu'après finition de l'opération. Donc, le but du *dolo mono* vise à supprimer le goût acide du *dolo tabiringho* pour ainsi jeter une nouvelle base de transformation chimique du liquide en *dolo* proprement dit, grâce au *bido*, que nous verrons aux lignes suivantes.

Au lendemain du *dolo mono*, une nouvelle opération commence, consistant à lui ajouter dans la jarre quelques poignées de farine de graines germées gardée à cet effet. Cette farine est délayée dans le *dolo mono* directement au moyen de la *kalama* (cuillère en calebasse) et de la *sounkalangho* (louche) Au cours de l'opération, le *dolo mono* perd progressivement sa consistance pour devenir entièrement un liquide coulant entre les doigts et prendre le nom de *dolo kélinbingho*. Cette propriété de la farine de graines germées sur le *dolo mono* lui vaut le nom de *dolo tékhérangho* ou *tékhérangho* tout court.

Le *dolo kélimbingho* est l'état liquide non fermenté. Pour la fermenter, on place sous le *dolo kélimbingho*, sur le fond de la jarre, un ou deux *doumbos*, outre en terre cuite. Selon la température du moment, la jarre est par la suite couverte ou non avec des tiges de roseaux ou avec un panier très bien aéré afin de permettre le contact avec l'air. Au bout de deux à trois heures, progressivement, le liquide commence par mousser à la surface, puis laisse échapper des bulles et finit par bouillir comme un canari au feu, en dégageant abondamment un gaz qui fait suffoquer. C'est du gaz carbonique dit *hissa*. Ainsi, au bout de vingt quatre heures, la réaction ou la fermentation faiblit progressivement pour prendre fin. Le *dolo* est obtenu, prêt à être conservé ou mis dans des outres en calebasse ou en terre cuite pour, à la fois, le transport et la distribution sur le lieu de consommation.

Mais précisons que le *dolo* ne se boit pas ainsi directement. Au préalable, il est filtré à l'aide du *sonsorangho* (filtre pour boisson fermentée). Le résidu s'appelle *gnété* et le liquide filtré *dolodjio* ou *dolo* tout court. En récapitulant donc, la préparation du *dolo (dolo bo)* dure trois jours pour être buvable à partir du quatrième jour. Ainsi, nous avons :

- premier jour, première phase : *dolo tabo*, cuisson du *dolo* ;
- deuxième jour, deuxième phase : *dolo mono,* suppression du goût acide et refroidissement du liquide ;
- troisième jour, troisième phase : *dolo tékhindingho*, fermentation du dolo.

Le *konso* est un dérivé du *dolo* ; il se prépare avec le *kaladjio* qui est l'état du *dolo* à son deuxième jour. Pour cela, après avoir passé toute une nuit au repos dans la jarre et qu'il a le goût acide, on prend la partie supérieure du liquide qui ne contient pas d'impuretés et on y ajoute la quantité nécessaire de la farine de graines germées (*haling mounko*). Ensuite, on le met dans une outre en terre cuite pour fermentation dans un délai de douze à dix-huit heures. La qualité est inférieure à celle du *dolo*.

Le besso

L'hydromel (*besso*) se fait avec du miel des abeilles. La préparation du *besso* s'appelle *bessou doungho*. Le miel est cuit jusqu'à la fonte des gâteaux ou de la cire pour être ensuite versé dans une grande calebasse ou jarre (selon la quantité), pour être refroidi et brassé à une quantité déterminée d'eau de manière à ce que le mélange soit moyennement sucré. Puis ce mélange est filtré pour enlever la cire et autres déchets et mis dans des outres en terre cuite. On place sous le liquide, sur le fond de l'outre en terre cuite, de grosses cordes faites à cet effet avec de l'écorce d'un l'arbre dit goundié. L'ouverture du récipient est laissée ouverte pour permettre le contact de l'air nécessaire à la fermentation. Au bout de six à douze heures, selon la température du moment, la fermentation commence, consistant à des échappements de bulles de gaz et à la formation d'une écume abondante, de couleur jaune, couvrant la surface extérieure de l'outre durant le temps de la fermentation. Cette écume est régulièrement enlevée pour l'empêcher de boucher l'ouverture et rendre ainsi difficile le contact avec l'air et par-là retarder la fermentation du liquide. La fermentation s'achève au bout d'une semaine au maximum et le *besso* est ainsi obtenu, prêt à la consommation. Le *besso* est d'une qualité exceptionnelle comparable au rhum européen.

- *Mantiabo* : quand le miel est d'une petite quantité, il n'est pas cuit. On le brasse directement dans de l'eau ordinaire d'une manière proportionnelle. Le mélange ainsi obtenu est filtré avec de la cire et fermenté de la même manière que le *besso*. La qualité est inférieure à celle du *besso*.

Boisson sucrée

Binko est une boisson sucrée à base de farine de grains de mil ou de maïs non germés. Dans les deux cas, on fait une bouillie de farine (*mono*) dans laquelle on délaye une quantité déterminée de farine de graines germées pour la rendre plus liquide. Le liquide ainsi obtenu est mis dans un mortier ou dans une outre en terre cuite ou encore tout simplement dans une grande calebasse. L'ouverture du récipient est aménagée pour assurer une aération très réduite. Dans douze heures ou plus, le liquide devient sucré et léger, agréable à boire. Telles sont les boissons fermentées et sucrées du Gnokholo traditionnel.

Hygiène et produits de beauté

Le savon

La savonnerie a pour base deux catégories de matières premières : la savonnerie à base de graines végétales et la savonnerie à base d'huiles végétales. Un élément commun à la cuisson de tous les savons : la potasse dite *sékhé*. La préparation du savon est une activité réservée aux femmes adultes.

Matières premières entrant dans sa fabrication

N'importe quelle graine végétale n'entre pas dans la fabrication du savon. En général, ce sont des graines contenant de l'huile ou, en d'autres termes, des graines dont il est possible d'extraire de l'huile.

Graines végétales : graines d'arachide ; graines de la pourghère ; graines du caïlcédrat.

Huiles végétales et beurre de vache : huile d'arachide ; beurre de karité ; beurre de vache.

Matière de base : la potasse.

Sources : la potasse *sékhé* s'obtient par la filtration des cendres de divers arbres et de diverses herbes. Selon la plante, la cendre renferme plus ou moins de potasse. Selon l'expérience en ce lieu, la cendre de toute plante verte renferme de la potasse. Mais les cendres des plantes qui en sont très riches sont recherchées pour la savonnerie et la teinture, celles des plantes moyennement riches pour l'alimentation (cuisson de certaines feuilles et herbes comestibles). Les cendres des plantes recherchées sont, pour la savonnerie et la teinture, par ordre de qualité : la cendre du fromager, la cendre du kéré, la cendre du baobab. Pour l'alimentation : la cendre de paille d'arachide ; la cendre du foyer de cuisine.

Extraction de la potasse

On fabrique un filtre appelé *bantingho* à l'aide d'une calebasse ou d'un canari à fond troué ou fendillé ; sur ce fond, on place une ou deux poignées d'herbe de fonio sur laquelle on verse de la cendre voulue jusqu'aux deux tiers du récipient posé sur un canari vide et propre. Puis on verse de l'eau ordinaire sur la cendre du filtre jusqu'au bord du récipient. Alors, goutte à goutte, celle-ci suinte dans le canari par le fond troué ou fendillé du *bantingho* à travers l'herbe de fonio, entraînant avec elle la potasse dissoute. Cette eau chargée de potasse se dit *sékhindjio* (eau potassée). La *sékhindjio* a une couleur rouge sombre et est d'un goût amer brûlant. Bien chargée de potasse, cette eau est utilisée dans la savonnerie et la teinture, moins chargée dans l'alimentation. On reconnaît qu'une cendre n'a plus ou peu de potasse par le goût très peu amer et non brûlant de l'eau ou par la couleur de celle-ci. Dès lors, on la remplace par une nouvelle.

Préparation du savon à base de graines végétales

Les graines sont cuites dans un canari avec de l'eau potassée jusqu'à ce que celles-ci se transforment en une pâte unie mousseuse de couleur branche rousse. Alors on cesse d'ajouter de l'eau potassée et on laisse la cuisson continuer à petit feu jusqu'à ce que la pâte devienne compacte, contenant très peu d'eau. Le savon est alors prêt. Il refroidit à un degré de chaleur permettant son modelage en boules à l'aide de morceaux d'étoffe ou de vieux sacs sur un sol uni et couvert de cendre ordinaire.

En refroidissant, elles deviennent plus dures. Plus leur conservation dure, plus leur consistance augmente, tout en gardant intacte leur qualité. Plus une boule de savon est dure, moins elle s'use au lavage. La dureté d'une boule de savon, avec le temps, s'explique par le fait de la continuation de l'évaporation de l'eau qu'elle contient. Ce phénomène peut se remarquer de nos jours sur les barres et morceaux de savon industriel.

Le savon de graines végétales est utilisé généralement pour le linge. Les qualités d'un savon sont les suivantes et dépendent pour beaucoup des qualités de la fabricante, de la connaissance parfaite de celle-ci des méthodes et de sa maîtrise de la technique de fabrication :

- savon de première qualité : couleur blanche, mousse très abondante ;
- savon de seconde qualité : couleur rousse ou rousse-noire, mousse moins que la première ;
- savon de troisième et dernière qualité : couleur noir-luisant, mousse très peu.

L'opération de fabrication d'un savon dure deux semaines à un mois selon la qualité du nitrate de potasse, du bois de chauffage et de la quantité de savon à fabriquer.

Savon à base d'huiles végétales et de beurre de vache

C'est le savon qui se prépare le plus facilement, en moins de quatre heures de temps. Dans ce procédé, l'eau potassée est chauffée jusqu'à complète évaporation de l'eau. Il reste alors sur le fond du canari une matière blanche, semblable à de la cendre. C'est de la potasse. Une fois donc la potasse ainsi obtenue, on y ajoute de manière progressive et continue la quantité d'huile ou de beurre nécessaire tout en remuant le mélange avec une louche cylindrique en bois jusqu'à obtention d'une pâte. Alors on cesse de remuer le mélange et on le laisse cuire à petit feu jusqu'à sa transformation en une pâte plus compacte, état à partir duquel prend fin la cuisson pour ensuite le modeler en boules. C'est du savon de qualité supérieure à celui à base de graines végétales. Ils sont classés comme suit :

Naré safouné : savons de beurre de vache ;

Tiya toulou safouné : savon d'huile d'arachide ;

Sé toulou safouné : savon de beurre de karité.

Le savon à base d'huiles végétales et de beurre de vache est utilisé essentiellement dans la toilette des nouveaux-nés, des jeunes femmes et demoiselles.

Place du savon dans la vie des populations

Le savon occupe une place importante dans la vie des populations. En effet, c'est un produit d'autoconsommation pour une meilleure application des règles d'hygiène et la préservation de la santé. Il est aussi un produit d'échange intérieur et extérieur (voir chapitre sur les relations marchandes).

Les parfums et produits de beauté

A l'instar de tout peuple, le peuple gnokholonkais a découvert dans la nature le parfum, l'a adopté et a même commencé sa fabrication à partir des matières existantes pour obtenir la qualité conforme à son goût, à ses conditions d'existence. Nous aimerions faire découvrir aux lecteurs certains d'entre eux.

Kamaré soulo

Kamaré est une plante herbacée qui pousse sur les bords des rivières et des marigots, dans les marécages et certaines rizières. *Soulo* signifie racines et kamaré soulo est la racine de la *kamaré*.

Les racines de la *kamaré* sont très odorantes. Les racines de certains pieds trop près des lits de rivières sont dénudées, baignées, submergées par les eaux courantes en période hivernale. Ainsi, à cette époque, l'air de ces lieux exhale cette bonne odeur de parfum que les passants se plaisent à humer à pleins poumons et les eaux sont d'un très bon goût pour se désaltérer. C'est certainement ainsi que cette plante s'est manifestée au peuple mandingue à ses débuts et qu'il l'a adoptée en conséquence.

Dans le Gnokholo, les jeunes femmes extraient les racines de la *kamaré* pour les sécher au soleil. Elles en font de petits paquets pour son usage et sa conservation. La *kamaré soulo* est utilisée de l'une des manières suivantes : d'abord comme rafraîchissement d'eau de boisson en y plaçant un ou deux paquets de cette racine pour une période d'une semaine au maximum, mais lavés chaque matin en même temps que le canari. Indiquons en passant que la racine de *kamaré* ne se décompose pas dans l'eau ; ensuite elle sert à parfumer le contenu des paniers servant de valise (*diora*) en y plaçant quelques paquets de la racine. En plus, elle entre dans la composition d'une poudre qui est à la fois un produit de beauté et de parfum que nous verrons un peu plus loin.

La *kamaré soulo* sert aussi de remède pour soigner les maux de ventre propres aux femmes et, à cet effet, elles en font une tisane ; pour éveiller ou renforcer la vitalité des organes génitaux féminins. Les jeunes femmes font de la bouillie de semoule ou de riz avec sa tisane qu'elles mangent avant le dîner.

Dékhédékhé

Dékhédékhé est un arbre moyen que l'on trouve généralement sur les flancs des collines latéritiques. Son écorce est extrêmement parfumée. Pour cette raison, elle est recherchée par les galantes qui l'extraient et la font sécher au soleil pour sa conservation.

Comme la *kamaré soulo*, l'écorce du *dékhédékhé* sert à parfumer l'intérieur des paniers servant de valises, à faire de la tisane pour soigner des maux de ventre propres aux femmes, renforcer, stimuler les fonctions de sécrétion des organes génitaux féminins. L'écorce entre dans la composition d'un parfum en poudre.

Volo diousso

Volo est un arbre à feuilles ovoïdes assez larges, sont utilisées dans l'emballage des mortiers de beurre de karité et des produits de récolte. L'écorce est assez épaisse et porte extérieurement des dards. Son bois est jaune et pas très dur. Pour cette raison, il est peu utilisé dans la construction et ne l'est que quand les autres bois de qualité supérieure font défaut.

Au fur et à mesure que l'arbre développe, son noyau central augmente en diamètre et parallèlement se décompose du centre vers l'extérieur. Ainsi, quand il est à son accroissement complet, son noyau central n'est plus qu'aux dimensions du bois primaire et se décompose. Dès l'âge adulte, le *volo* n'est plus qu'un arbre entièrement creux, une excellente ruche naturelle pour les abeilles et les autres insectes à miel comme les lippones.

Donc vers l'âge adulte, son noyau commence ses premières réactions chimiques de décomposition naturelle. A cette étape, il est jaune doré, tendre (friable entre les doigts) et dégage une très bonne odeur de parfum. Il est alors extrait à cette étape par les hommes pour leurs femmes. Ce noyau friable de bonne odeur s'appelle *volo diousso* (coeur du *volo*). Il entre dans la fabrication de la poudre de parfum dite *soumaré* où il constitue la première matière principale.

Indiquons que le *volo diousso*, après l'étape à laquelle il a une couleur jaune dorée dégageant une bonne odeur de parfum, passe à celle de putréfaction pendant laquelle il disparaît pour faire place à un creux.

Gnaho hiro

Gnaho hiro est la fleur d'une plante des rizières des vallées. C'est une petite plante à tige souterraine qui pousse annuellement à partir de juillet, avec un à trois bourgeons floraux.

Chaque bourgeon floral donne des fleurs en grappes semblables à celles du flamboyant. Les fleurs éclosent en octobre et dégagent une très bonne odeur de parfum qui le signale aux passants.

Les fleurs du *gnaho hiro* sont cueillies par les jeunes femmes et jeunes filles pour parfumer leurs habits et leur corps. A cet effet, elles en placent dans leurs paniers à habits, en attachent trois à quatre grappes à leurs colliers. Ces fleurs gardent leur odeur aussi longtemps qu'on les conserve. Pour cela, il suffit, de temps en temps et quand elles sont sèches, de les rendre un peu humides en les aspergeant d'un peu d'eau pour stimuler davantage leur parfum. C'est dire que les fleurs de cette plante sont riches en parfum d'excellente qualité et qu'avec les procédés modernes, elle pourrait être exploitée avantageusement.

Tolo dioulo

Tolo dioulo est également une petite plante à tige souterraine qui pousse un petit bourgeon floral autour duquel les feuilles constituent à ras du sol des graines par leur base, à l'instar du sisal. Les feuilles sont longues de seize à vingt centimètres et larges d'un centimètre cinquante. Cette plante pousse sur les flancs des collines rocheuses et des vallées à fond rocheux. Elle arrive à maturité aux mois d'octobre à novembre. Alors ses feuilles jaunissent progressivement pour se dessécher en fin de compte. A l'étape de jaunissement, les feuilles sont excessivement odorantes et le restent longtemps même après dessèchement. Elles se signalent aussi aux passants par son parfum. A cette étape, les femmes arrachent les feuilles pour les utiliser de la même manière que les fleurs de *gnaho hiro*.

Kountou makhangho

C'est une petite plante à feuilles cylindriques et creuses dont les racines, très odorantes, se subdivisent en anneaux, de forme et de la grosseur d'un œuf de tourterelle, avec lesquels il est fait de longs colliers après être grattées au couteau, que les jeunes femmes, particulièrement les nouvelles mères, aiment porter au cou et autour des reins.

Cette plante est inconnue dans le Gnokholo. Seuls les colliers faits avec ses racines y sont introduits par des marchands peulh du Fouta-Djallon qui l'échangent contre des céréales, des condiments et du savon. Précisons qu'elle n'est pas une plante sauvage, mais se cultive dans l'enclos familial au Fouta-Djallon.

Sounkan togné

Sounkangho est un animal de la brousse, pillard des champs de maïs dont il aime beaucoup se nourrir. Il a des ongles, à l'exemple du lapin, de taille et de grosseur d'une chèvre du pays, le pelage noir et luisant.

Cet animal possède, à côté de son anus, un petit sac interne dans lequel se secrète une matière huileuse et noire, de consistance de celle de la mayonnaise, d'une odeur très forte, aimée de certaines personnes, repoussée par d'autres. Quand la sécrétion est abondante, le petit sac interne s'en remplit et le trop plein s'écoule par l'anus de l'animal dans lequel il débouche. Alors celui-ci s'en nettoie sur les pieds et souche d'arbre en s'y frottant le derrière.

Le *sounkan togné* se signale aux passants par son odeur très forte. Il est alors soigneusement recueilli pour servir de parfum. Quand on tue l'animal, le petit sac de sécrétion est soigneusement enlevé avec son contenu. Les galantes l'attachent à leurs colliers pour exhaler son odeur sur leur poitrine.

Soumaré

C'est un parfum en poudre fine, de couleur jaune, d'odeur de parfum de bonne qualité. C'est un composé de poudres de matières différentes, chacune dans une proportion déterminée, mais dans lequel domine la poudre de *volo diousso*, ce qui explique sa couleur jaune. Les autres composantes sont l'écorce de *dékhédékhé*, les racines de la *kamaré* et les épluchures d'orange.

Le *soumaré* est à la fois un parfum et un produit de beauté. Les femmes se saupoudrent les aisselles et le cou avec, en font les traits artistiques au-dessus de leurs sourcils, sur leur nez et leur front. Lors des manifestations ou fêtes populaires, elles saupoudrent et décorent leurs cousins à plaisanterie pour ainsi leur témoigner leur sympathie et les inviter à la danse.

Pharmacopée et quelques aspects pratiques de la medecine traditionnelle

Les colonisateurs européens ont qualifié la médecine africaine de sorcellerie et ses docteurs de sorciers. De notre point de vue, c'est une dénaturation des sciences africaines dans ce domaine, dénaturation ayant pour base le racisme colonial, le sentiment de supériorité du colon sur l'Africain conquis. Après avoir volé à nos peuples leur pharmacopée, ils se sont érigés en savants parce qu'ils ont pu les mettre dans des flacons en verre.

L'histoire de la médecine coloniale abonde d'exemples patents. Citons à ce propos les travaux de Heckel et de Schlagdenhauffen intitulés *Les nouveaux remèdes* (1886), parmi tant d'autres, qui se sont basés sur le rapport des missionnaires coloniaux ou explorateurs envoyés pour enquêter et étudier, entre autres, les matériaux constituant la pharmacopée de nos peuples. Nous pouvons citer la quinine contre le paludisme, l'huile de *Chaulmiaga* contre la lèpre, qui sont, à l'origine, des médicaments ouest-africains. La stramoine, le ricin, le *strophantus* utilisé dans la pharmacie européenne sont des plantes tropicales.

C'est ainsi également que certaines de nos plantes portent des noms de personnes européennes dans les manuels coloniaux, parce que tout simplement telle plante ayant attiré l'attention de tel missionnaire ou explorateur européen l'a dédiée à son tel maître de la métropole. En réalité, ce fut là le gangstérisme scientifique.

La pharmacopée du Gnokholo traditionnel est à base de matériaux de la nature essentiellement des plantes. Pour des raisons de prestige, de propriété privée et de division sociale du travail, la famille patriarcale, détentrice d'un remède, se garda l'exclusivité du monopole du secret de ce remède et la pratique des soins afférents. Pour ce faire, dans le premier cas, elle usa d'une mystique consistant à faire croire que telle racine ou telle écorce soigne telle maladie du fait d'un pouvoir magique d'une incantation qu'elle seule connut et dut connaître.

Une pareille formule se dit *hirdia,* signifiant littéralement « fleurir, sécher ». Dans le deuxième cas, le monopole de la pratique des soins, qui est le complément du premier, le malade est conduit dans la famille détentrice du remède où les soins lui sont dispensés par le chef de famille lui-même ou la doyenne de la famille, selon la répartition du travail à ce niveau.

La formule incantatoire se transmet seulement aux membres masculins circoncis de la famille. Les filles en sont exclues parce qu'elles peuvent la transmettre à leurs maris ou à leurs fils et, par-delà, à d'autres familles. Ainsi, les hommes sont dissuadés de ne pas utiliser la racine ou l'écorce ou les feuilles quand bien même ils les connaissent et sont malades de maladies qu'elles soignent.

Cette mystique est renforcée davantage par une autre pensée selon laquelle il faut nécessairement donner quelque chose au guérisseur, même contre le simple acte d'échange de poignées pour la réussite des soins.

Mais il faut éviter ici de penser que c'est pour des raisons économiques que ces « dons nécessaires » ont été imaginés. C'est uniquement pour des raisons mystiques. Tels sont les côtés mystiques de notre pharmacopée. Quant au fond, elle est matérielle, donc indépendante de tout esprit supérieur, de toute personne supérieure. C'est dire que ce n'est pas la balbutie, l'incantation suivie de crachats fins aspergés sur la racine, l'écorce ou les feuilles, mais bel et bien la racine, l'écorce ou les feuilles mêmes. C'est ce que nous allons voir dans les lignes qui vont suivre. Pour l'étude de notre pharmacopée, nous voulons commencer par le miel.

Le miel, premier médicament empirique

Dans le Gnokholo traditionnel, le miel (*lio*) est considéré comme un don merveilleux de la nature ayant des propriétés d'une excellente durée alimentaire, favorable à l'organisme humain, notamment au développement physique des enfants, et ayant aussi des vertus curatives.

En effet, N. Ioïriche, dans son livre « *Les propriétés médicales du miel et du venin d'abeille* «, écrit que :

> la gelée nutritive se compose d'albumines, de graisses de mononoses, de sels minéraux, de vitamine B5 (PP – acide nicotinique), B6 (pyridoxine), BC (acide folique), H (biotine) et surtout une quantité de vitamine E (vitamine dite de reproduction) De plus, la gelée nourricière contient des substances possédant des propriétés d'hormone gonadotrope, c'est-à-dire qu'elles stimulent la maturation des œufs dans les organes sexuels de la mère, ainsi que la germicidine, antibiotique qui s'oppose au développement des moisissures et des microbes (Ioïriche 1960:9).

En outre, il faut mentionner que le manganèse et le fer contenu dans le miel accélèrent la digestion et améliorent ainsi l'assimilation de la nourriture par l'organisme.

La gelée nutritive, qui renferme tout un arsenal de substances médicamenteuses, en premier lieu celles de composition hormonale, est efficace contre les maladies du coeur, du système nerveux, du foie, du diabète sucré et contre le rhumatisme. Son breuvage supprime la glaire et calme la toux. Ajouté à du lait, il est le meilleur remède contre l'épuisement de l'organisme. Etant un fortifiant, il accroît la résistance de l'organisme aux infections en général, à l'infection tuberculeuse en particulier. Donc comme denrée alimentaire de qualité exceptionnelle et comme remède important de la médecine empirique, le miel tient une large place dans la vie du peuple et, partant, dans ses activités économiques et sociales, comme rapporté plus haut.

Les plantes médicinales

Dahingho est un arbre moyen. Il est assez rare et se trouve généralement dans les vallées sur les flancs des collines latéritiques. Son écorce sert à soigner les plaies et ses feuilles de compresse de la manière suivante : l'écorce est extraite fraîche et mise dans un canari où elle est submergée d'eau d'une hauteur égale aux deux quarts de la longueur d'une main. Au bout de douze heures, l'eau prend la couleur du mercurochrome prête ainsi au nettoyage des plaies, mais auparavant, on la chauffe jusqu'à ébullition. Une partie de l'écorce est séchée au soleil puis réduite en poudre fine pour servir à couvrir les plaies après nettoyage. Les feuilles de même servent de compresse et sont bouillies avant l'utilisation.

Mandangho

C'est aussi le nom d'un arbre qui pousse sur les bords des rivières et fleuves du pays. Il donne un fruit à noyau, comestible, d'un goût légèrement acide et sucré. L'utilisation de son écorce et de ses feuilles est pareille à celle du *dahingho* ci-dessus exposée. L'eau de son écorce diffère seulement de celle du *dahingho* par sa couleur un peu plus sombre, tirant légèrement sur le noir semblable au mercurochrome très renforcé. Elle sert à soigner les plaies, mais surtout aux soins des circoncis.

La fougère

Nom local : *bakhandingho* ;
Nom botanique : *jaropha curcas*.

La fougère (*bakhandingho*) est une plante qui sert de haie vive des enclos familiaux. « C'est une plante à feuilles lobées ou palmées à fleur dioïques disposées en grappes et pourvues d'un calice et d'une corolle. Les mâles ont des étamines monodelphus et les femelles un ovaire à trois loges monospermes, avec trois styles bifides. Son port rappelle celui du ricin et ses graines, de même grosseur que celle de ce dernier végétal, sont noirâtres. Leur forme est celle du ricin ».

La fougère donne des graines oléagineuses éminemment purgatives et émétiques : deux de ses graines suffisent pour déterminer une abondante évacuation; six à huit graines occasionnent des symptômes alarmants d'empoisonnement; l'absorption d'une douzaine de graines est suivie de mort certaine. Une dose plus élevée ne manquerait pas d'entraîner de graves accidents spontanés. L'huile est purgative à la dose de huit à dix gouttes. Elle peut servir également à l'éclairage, elle brûle en donnant peu de fumée et peu d'odeur. Elle est encore utilisée avec avantage pour la fabrication du savon et pour le graissage des machines. Elle est très fluide, presque incolore, âcre et très soluble dans l'alcool. Cultivée sur une grande échelle, la fourgère pourrait fournir des profits substantiels, car elle demande peu de soin et donne un rendement considérable .

En plus de ce qui vient d'être dit, quand on blesse l'écorce de la fourgère, il s'écoule un liquide blanc comme du lait qui prend la couleur du chocolat une fois séchée à l'air libre. Liquide, frotté dans les mains, il mousse très abondamment, à l'instar du savon. Elle sert à soigner les blessures fraîches.

Triba (nom local)

C'est une plante à tige souterraine qui émet des bourgeons chaque année à partir d'avril. Elle pousse dans les terrains latéritiques, la fleur éclot vers octobre. Elle se caractérise par de larges pétales jaunes qui permettent de ne pas la confondre avec d'autres fleurs. Elle est peu odorante et très fugace. Les pétales tombent cinq à six jours après leur éclosion et sont remplacées par des fruits capsulaires qui arrivent à maturité en novembre.

Quand la capsule est sèche, elle s'ouvre d'elle-même et laisse échapper de nombreux flocons d'une bourre blanche ressemblant à de la soie végétale. Dans cette bourre, sont noyées des graines noirâtres. Elle se consume totalement et de manière instantanée dès que l'on y met une flamme.

La tige souterraine de la plante *triba* est tendre et jaune. Elle sert à soigner la jaunisse. A cet effet, des morceaux de racines sont cuits avec du poulet et bien assaisonné. On obtient ainsi une bonne soupe de *triba* pour le malade. L'opération ne se répète pas ; au bout de deux jours, le malade se sent bien et quelques jours après, il est complètement rétabli.

Le tanin

Nom local : *bakhana* ;

Nom botanique: *acacia nilotica.*

C'est un arbre épineux, haut de cinq à dix mètres. Il a un tronc droit cylindrique, une cime régulièrement arrondie. Les gousses sont pubescentes, grises cendrées à bords ondulés. Leur teneur en tanin est très forte. Pour cette raison, elles sont utilisées pour tanner les peaux.

La poudre de gousses, en infusion ou en dilution dans l'eau, sert à soigner les diarrhées.

Nom local : *Doukhouma diousso* ;

Nous ne pouvons dire si c'est une plante ou un champignon. Nous pouvons affirmer que c'est une espèce de champignon assez rare qui pousse en des emplacements de décompositions végétales. Il est rond, plein et assez dur. Frais, quand on le gratte légèrement, la première couche rencontrée a une couleur verte accréditant que c'est une plante ; coupé, la couleur de son intérieur est grise. Sec, l'intérieur devient tout blanc ressemblant à une boule de farine de riz. Son goût est fade, pareil à celui de vieux grains de riz consommés crus.

Le *doukhouma diousso* sert à soigner la tuberculose et s'utilise sec. Il est gratté en sa surface, puis croqué par le malade. Il peut être aussi réduit en poudre pour le mélanger à un peu de sel, voire de piment, afin de faciliter sa prise. Il pourrait avoir les mêmes effets sur le poumon du malade que le BCG. Il se conserve longtemps s'il n'est pas réduit en poudre.

Nom local : *Talo* ;

Nom botanique : *erytrophleum guineense.*

C'est une belle légumineuse que l'on trouve au bord des cours d'eau et dans les plaines. C'est une plante vénéneuse (l'écorce et les feuilles). Mais l'écorce est la plus active, surtout l'écorce fraîche des jeunes sujets. Les féticheurs du pays, et plus précisément le pouvoir politique communautaire, l'utilisent comme poison d'épreuve contre les « sorciers » et « sorcières ». Il en fait une liqueur d'une extrême amertume pour la donner à l'accusé(e).

Trop chargée de poison, cette liqueur donne des suffocations à la rétention d'urine. Moins chargée, elle ne provoque pas d'accidents graves. Après l'absorption de la liqueur, l'accusé(e) tombe et est déclaré coupable. Dans le cas contraire, il ou elle est innocent (e).

De par sa qualité vénéneuse, le bois ne sert à rien dans le Gnokholo. Cependant, il est d'une grande utilité dans les constructions, l'ébénisterie et la sculpture, car les troncs secs sont très durs et difficilement attaquables par le feu, les termites et l'eau. Les vieux troncs secs sont aussi d'une extrême beauté de par leur couleur rose.

Le quinquéliba

Nom local : *bra* ;

Nom botanique *: combretum nikranthum.*

Le quinquéliba. C'est un arbre commun aux terrains latéritiques ouest-africains en général et du Gnokholo en particulier. Le professeur Hekel Marseille nous le décrit comme suit :

> C'est un arbuste, plus ou moins touffu suivant l'âge, et dont la tige peut atteindre un décimètre de diamètre, devient alors tout blanc et tranche beaucoup sur les arbres qui l'environnent ; aussi est-ce à cette époque qu'il est plus facile de le reconnaître. Son fruit caractéristique se dessèche en même temps que les feuilles et tombent avec elles pendant la saison sèche. Son ombrage agréable est très recherché. Ce végétal est muni d'une racine pivotante, dont les ramifications se tiennent par des nœuds à radicelles, d'où naissent de nouveaux sujets. Une des tiges s'élève au-dessus des autres pour former un arbrisseau (jamais un arbre) avec branches étendues dans tous les sens, mais plutôt horizontales que verticales. La tige du quinquéliba est lisse et blanchâtre. Elle porte des rameaux opposés, son bois est blanc, dur et serré.

Dans le Gnokholo, les feuilles du quinquéliba sont utilisées contre les coliques et les fièvres. Elles sont administrées sous forme de tisane. D'après Hekel, les propriétés toniques et diététiques seraient justifiées par la présence du tamarin et la nitrate de potasse ; quant aux autres actions, la composition chimique n'en donne aucune explication.

Kémokho

Noms locaux : *Kémokho ou hanta*

Kémokho ou hanta est une plante rampante champêtre. Elle se cultive en petites quantités nécessaires aux soins éventuels des plaies. C'est dire que c'est une plante essentiellement médicinale.

Les graines se sèment dans les champs de mil, d'arachide ou de fonio aux pieds des arbres morts en général et aux alentours des cases de cultures. Elle donne des fruits longs à gousses d'environ 12 cm, larges de 3 à 5 cm, avec des graines légèrement roses et excessivement dures et résistantes. Leur couleur, quand elles sont mûres, est légèrement jaunâtre. Une gousse contient 8 à 10 semences excessivement volumineuses, et dont les deux faces de chacune d'elles sont légèrement bombées. Il y en a de différentes couleurs : blanche-nacrée, blanche-éclatante, rouge, mouchetée. Les graines du *kémokho* réduites en poudre fine sont utilisées pour couvrir de grandes plaies après nettoyage.

Le caïlcédrat

Nom botanique : *khaya senegalensis* ;
Nom local : *diala*.

Le caïlcédrat est un grand arbre pouvant atteindre 35 mètres de hauteur. Il pousse sur les sols humides profonds, en bordure des cours d'eau et bas-fonds. Il porte des feuilles pennées terminales à pétioles long, de 20 cm ou plus. Les feuilles sont petites, blanches et peu apparentes.

Les fruits sont des capsules déhiscentes, ligneuses, globuleuses et qui s'éclatent en quatre valves contenant chacune une pile de graines plates légèrement boursouflées et ailées.

L'écorce du caïlcédrat est brunâtre et grise-foncée, et écailleuse à tranches rouges exsudant un peu de liquide rougeâtre. En médecine traditionnelle, l'écorce du caïlcédrat jouit d'une bonne réputation. En effet, elle est :

- utilisée sous forme de macéré ou de décocté comme aphrodisiaque, s'applique dans le traitement de la lèpre, de la syphilis et de la varicelle ;
- pulvérisée, elle soigne les plaies et les dermatoses.

Citron de mer

Nom local : *séné* ;
Nom botanique : *ximenia americana*.

Séné est un arbuste de taille moyenne pouvant atteindre trois mètres de hauteur.

> La tige, rarement droite, est difforme et son diamètre ne dépasse pas dix centimètres. A sa partie supérieure, il émet un grand nombre de rameaux qui ne sont pas parfaitement cylindriques, ils sont plutôt polyédriques et leur écorce, au bout de peu de temps, prend une teinte grisâtre caractéristique. Les feuilles sont simples et entières, généralement stipulées. Leur face supérieure est d'un beau vert foncé dont la face inférieure est blanchâtre. Elles sont relativement abondantes.
>
> La fleur est blanche, régulière, a cinq divisions et croît à l'extérieur des jeunes rameaux. Les fruits sont parfaitement sphériques. Ils sont toujours abondants. Leur grosseur est celle d'une noisette. Verts quand ils sont jeunes, ils sont d'un beau

jaune doré quand ils sont arrivés à maturité. Ils possèdent une pulpe abondante, rafraîchissante, d'un goût aigrelet légèrement aromatique et sucré, très agréable. Le noyau, très volumineux relativement à la grosseur du fruit, est d'un blanc-bleuâtre ou jaunâtre. Il est complètement rempli d'une amende d'un beau blanc nacré. Cette amende a un goût très agréable, surtout quand elle est grillée. Mais il faut bien se garder de la manger. Elle contient en effet une proportion considérable d'acide cyanhydrique. L'injection de 7 à 8 d'entre elles suffit pour provoquer de graves accidents toxiques.

Les graines du citron de mer sont connues comme un poison violent au même titre que celle du pourghère. A cet effet, on prend soin de ces graines pour ne pas les laisser à la portée des enfants et les ustensiles utilisés dans leurs manipulations sont uniquement conçus pour cela. Malgré tout, on les lave soigneusement, après usage, et, gardés à l'abri des enfants. Au Gnokholo, la pulpe des fruits mûrs se mange, leurs amendes servent à faire du savon et à tanner les peaux.

Les préparations à base de feuilles ou d'écorces des troncs ou des racines sont appliquées sur le front pour soigner les céphalées, en gargarismes ou en inhalation de vapeur contre les maux de dents, les abcès dentaires, les oeudémes du visage. L'infusion des racines est utilisée contre la dysenterie, les hémorroïdes et la maladie du sommeil, comme contre poison (donc vomitif et laxatif). Le décocté des feuilles fraîches est utilisé pour faire baisser la fièvre, soigner les blessures, et contre la toux.

Tapouné

Nom local : *tapouné*.

Tapouné est une belle légumineuse, d'une extrême rareté, à notre connaissance, et dont nous avons vu le pied uniquement à *Banta, Bagnoun* et *Bademba*, villages situés dans le Gnokholo. Elle porte ses feuilles pendant toute l'année et ses fruits en toute saison. C'est une des meilleures plantes d'ornement et d'ombrage.

Le fruit a la forme d'une orange, mais est un peu plus gros que celle-ci. Il est d'une extrême dureté. Avant maturité, sa couleur est verte et à maturité elle est nacrée. Mûr, le fruit exhale une très bonne odeur qui a la propriété de mettre à l'écart les reptiles. En raison de cette propriété, les habitants en placent dans les cases et les greniers pour empêcher l'accès aux serpents. La coque dure du fruit renferme des graines ailées baignant dans un liquide abondant de la couleur du miel et très collant. En effet, les habitants de la région s'en servent pour coller les fentes et cassures des vases en terre cuite. Pour ce faire, ils placent le fruit dans de la cendre pour ramollir la coque dure et versent le liquide dans la fente du canari qui durcit à l'air libre, au bout d'une minute après ; le vase redevient utilisable.

L'écorce du *tapouné* sert à soigner les maux de ventre. Pour cela, elle est bouillie fraîche dans de l'eau ordinaire, de sorte à obtenir la dose souhaitée. Après quoi, la tisane se prend à petites gorgées à l'aide d'une petite calebasse à queue.

Comme nous le voyons, cet arbre mérite d'être signalé et nous attirons l'attention des agents et autorités des services des eaux et forêts en vue de sa protection, de son étude, voire du développement de sa culture ou reproduction en vue de la lutte contre la déforestation. Il sert aussi de plante d'ornement notamment dans les établissements publics.

Sindiangho

Nom local : *sindiangho*

Sindiangho est un arbre moyen qui ne dépasse pas trois mètres de haut. Il est commun aux terrains latéritiques. Son fruit est cylindrique et long de trente à quarante centimètres et caractérise l'arbre lui-même. Dans son cas, ce sont ni ses feuilles, ni son fruit et moins encore son écorce qui nous intéressent, mais ses racines. En effet, ce sont celles-là qui ont le pouvoir curatif des maux de ventre. Pour cela, les racines sont nettoyées, débarrassées de leur écorce et séchées au soleil. Elles sont ensuite réduites en poudre, puis conservées dans une bouteille ou une petite outre en calebasse. Le malade en prend une ou deux pincées de trois doigts chaque matin et chaque soir. Pour faciliter la prise, on la mélange parfois avec un peu de sel et même de piment.

Varara est aussi une plante de la brousse du Gnokholo poussant le plus souvent sur une termitière. Elle est munie, comme le quinquéliba, d'une racine pivotante dont les ramifications se tiennent par des nœuds à radicelles d'où naissent de nouveaux sujets. Quand elle pousse à côté d'un arbre, elle grimpe sur celui-ci pour atteindre des longueurs considérables, et son diamètre ne dépassera pas celui du bras d'un homme. Dans le cas où elle pousse dans un endroit dépourvu d'arbre, elle devient un arbre se supportant lui-même pour former un arbrisseau. Mais alors elle ne dépasse jamais trois mètres de haut. La tige difforme dépasse un peu le diamètre du bras d'un homme. A sa partie supérieure, elle émet un grand nombre de rameaux. La tige aussi bien que les rameaux ne sont jamais cylindriques, mais plutôt ovoïdes. Les feuilles sont simples, entières, cassantes et relativement abondantes. Les fruits sont ronds, en grappes et très abondants, de la grosseur d'une noisette. Non mûrs, ils ont la couleur nacrée avec un goût d'acidité prononcé. Pour cette raison, ils remplacent à cette étape l'oseille dans les repas quand celui-ci fait défaut. Mûrs, ils ont la couleur rose-noire et sont d'un goût légèrement aigre et sucré. Pour cette raison, les fruits sont très appréciés et servent de rafraîchissement aux enfants, voire aux adultes.

Les pratiquants de la pharmacopée utilisent sa racine pour soigner les maux de ventre. Les modes de sa préparation et de sa prise sont les mêmes que ceux de la racine du *sindiangho* que nous avons vus ci-dessus ; faisons remarquer tout simplement qu'elle est très odorante, ce qui facilite sa prise.

L'herbe puante

Nom botanique : *cassia occidentalis* ;
Nom local : *bénéhing gogo*.

C'est une herbe annuelle qui se développe sur deux ou trois ans. Elle dégage une odeur caractéristique lorsqu'on froisse les feuilles. La plante se rencontre surtout aux abords des villages, dans des terrains vagues et des décombres, autour des lieux habités. Les feuilles sont composées de péripennées. Les folioles ovales-elliptiques, s'élargissent vers le sommet. Les fleurs sont jaunes et portées en grappes courtes. Le fruit est une gousse étroite, aplati, brunâtre, de dix à quinze centimètres de long, large de sept à dix millimètres. Il contient de nombreuses graines, dix à cinquante. L'herbe puante a plusieurs propriétés thérapeutiques au Gnokholo :

- on utilise l'odeur pour traiter les excès de fièvre en faisant coucher le malade sur un lit de feuilles fraîches et froissées ;
- les feuilles, les racines ou la plante entière s'utilisent en usage interne pour le traitement de la stérilité, des maux de ventre, des règles douloureuses, des maladies vénériennes, des hépatites et du paludisme ; en usage externe pour soigner les rhumatismes, les brûlures, les maux de tête, les foulures, les entorses, etc. ;
- les feuilles pilées sont appliquées en cataplasme sur des eudèmes ainsi que sur les abcès pour les faire mûrir. De la même manière les feuilles fraîches et pilées sont placées sur les plaies causées par le ver de guinée afin de provoquer son expulsion ;
- l'infusion des feuilles est donnée aux enfants comme vermifuge et laxatif doux ;
- la racine est considérée comme un tonique, un fortifiant, et un stimulant.

Le gommier mbep

Nom botanique : *strecula tomentosa* ;
Nom local : *kounkou-sita*.

Le gommier mbep (*kounkou sita*) est un arbre physiquement semblable au baobab, avec la différence qu'il est moins grand et que ses fruits ont la même forme que ceux du kolatier, contenant de petites graines avec un petit chapeau rouge. Son écorce grisâtre, violacée se détache par grandes plaques irrégulières. Elle sert à soigner la rougeole. A cet effet, on trempe des morceaux d'écorces fraîches dans de l'eau ordinaire. Cette décoction est la seule boisson autorisée du malade jusqu'à sa guérison.

Diouto

Nom local : *Diouto*.

Diouto est un arbre moyen à feuilles minces comme celles de l'indigotier poussant dans les vallées rocheuses et sur les flancs des collines rocheuses. La fibre est solide et résistante, ne pourrit pas au contact de l'eau. Pour cette qualité, elle est utilisée dans la confection des filets de pêche et des hamacs de qualité résistante à l'usure (hamacs de chasse).

Ses racines sont utilisées contre les vers intestinaux en général et particulièrement le tennia. On creuse la quantité de racines désirée qu'on nettoie, en grattant à l'aide d'un couteau la fine peau en surface ; après quoi, on coupe et fendille en plusieurs morceaux pour ensuite les submerger légèrement dans de l'eau. Au bout de douze heures, le malade prend à jeun un kalama du liquide. Indiquons que les racines de cette plante dégagent la même odeur que les produits pharmaceutiques contre les mêmes parasites.

Sila talo

Nom local : *Sila talo*.

Sila talo est une petite herbe dont les feuilles ressemblent à celles de l'indigotier. Elle pousse sur les abords des maisons et est utilisée dans le traitement des plaies de vaches : contre les mouches, elle détruit dans ces plaies les vers, d'autre part, et par-là hâter la guérison de celles-là. Pour ce faire, les feuilles du sila talo sont séchées au soleil puis réduites en poudre. Cette poudre est ensuite bourrée dans la plaie de la vache qui devient toute rouge et guérit quelques jours après. Le *sila talo* est un véritable poison pour les mouches qui meurent en passant seulement cinq centimètres au-dessus de la poudre ou de la plaie qui en est bourrée. Il en est de même pour les vers des plaies de vaches.

Tourouma-diakhato

Nom local : *tourouma-diakhato*.

La *tourouma-diakhato*, aubergine de l'hyène (traduction littérale) est une plante qui est à tout point de vue comme l'aubergine comestible. Les seules différences entre ces deux aubergines se situent dans les fruits et un peu les fleurs. Les fruits sont lisses, jaunes, non mûrs, et jaunes clairs mûrs. Leur forme est identique à celle des fruits de l'aubergine ordinaire. La diphtérie des poules se soigne avec des fruits du *tourouma diakhato*. Une fois cette maladie déclarée dans les villages, les éleveurs de volaille en écrasent quotidiennement dans l'eau de boisson des poulets.

Le semellier

Nom local : *hara* ;
Nom botanique : *piliosigma rectulatum*.

La plante se rencontre soit sous la forme d'un arbuste à nombreux rejets partant de la souche, à tronc contourné et retombant de 0,5 à 02 mètres de hauteur, soit en milieu favorable sous la forme d'un petit arbre au tronc puissant, haut de plusieurs mètres. L'écorce est souvent fissurée longitudinalement, fibreuse et liégeuse. Les feuilles sont coriaces, persistantes, glabres, longues et larges. Elles présentent chacune des lobes obtus. Le pétiole long est épaissi aux deux extrémités. Les fleurs sont blanches à blanc rosé. Le fruit est une longue gousse ligneuse boursouflée et tordue de 15 à 25 centimètres de long et de 5 centimètres de large. La poudre d'écorce ou de feuilles s'emploie comme hémostatique et comme cicatrisant pour les plaies et les ulcères.

La décoction d'écorce est utilisée dans les cas de courbatures et de rhumatismes. Pour les douleurs dentaires et les inflammations buccales, on utilise les feuilles fraîches ou sèches bouillies dans un petit canari que le malade inhale pendant quelques minutes d'ébullition par séance de trois fois par jour. On emploie aussi pour les bains de bouche le décocté de feuilles fraîches ou sèches. Contre la diarrhée, on utilise une décoction de feuille dans un litre d'eau, à boire trois fois durant la journée.

Souhouroungho est une plante qui pousse à l'état sauvage prés des lieux humides, notamment en bordure des cours d'eaux riches en humus. Elle mesure 2 m de hauteur, produit des fleurs variant du jaune au mauve ou parfois du blanc à l'orange vif, donne des fruits noir-violine. Les feuilles comme les fleurs dégagent une odeur agréable. Les fleurs sont très fréquentées par des abeilles, ce qui signifie qu'elles sont riches en pollen. Les propriétés thérapeutiques sont :
- soins des plaies : l'infusion ou la décoction des tiges et racines est utilisée en soin externe comme antiseptique ;
- soin de la toux : préparations aqueuses (macérées, décoctées ou infusées des fleurs) : en boire ½ verre 2 fois ou 3 fois par jour ;
- les feuilles sont bouillies dans l'eau pour en boire comme du quinquéliba. Elle constitue le thé du Ghokholo, comme elle l'est en Gambie, d'où l'appellation là-bas « thé de Gambie ».

La barbe de maïs

La barbe de maïs a des vertus médicales. En effet, son infusion est indiquée pour le soin des pieds enflés des femmes enceintes. C'est un phénomène auquel de nombreuses femmes en gestation sont fréquemment confrontées. Il s'agit de faire bouillir une bonne poignée de barbe de maïs dans de l'eau et en boire 1 à 2 verres.

Telles sont quelques plantes médicinales du Gnokolo. Nous avons fait une petite description de celles-ci pour pouvoir les reconnaître, nous avons également donné les méthodes de leur utilisation et indiqué les maux qu'elles soignent. Il faut ajouter à cette liste celles de la cueillette (à savoir le baobab, le tamarinier, le minosa pourpre, le jujubier, le karité) traitées au chapitre de la 4e partie.

Tableau 8 : Récapitulatif des plantes médicinales

Maladies à soigner	Plante	Partie de la plante utilisée
Blessure	La pourghére (bakhadingho)	La séve
Plaie	*Dahingho*	Ecorce
	Mandangho	Ecorce
	Caïlcédrat (*diala*)	Ecorce
	Kémokho ou *hanta*	Graines (en poudre)
	Jujubier (*tomborongho*)	Nouvelles feuilles
	Baobab (*sita*)	Gomme
	Semellier (*hara*)	Les feuilles
Maux de ventre	*Tapouné*	Ecorce du tronc
	Sindiangho	Ecorce de la racine
	Sama tomborongho	Fruit
	Varara	Ecorce de la racine
Colique et fièvre	Quinquéliba	Les feuilles
	Herbe puante (*béné hing gogo*)	Les feuilles
Toux	*Doukhouma-diousso*	Lui-même
	Citron de mer (*séné*)	Nouvelles feuilles
Jaunisse	*Triba*	La tige souterraine
Vers intestinaux	*Diouto*	Les racines
Rougeole	Gommier *mbep* (*kounkou-sita*)	L'écorce
Laxatif	Tamarinier	Le fruit
	La fougère (*Bakhandingho*)	Huile et graine
Courbatures et fatigue	Herbe puante (*béné hing gogo*)	L'herbe
Poison	*Talo*	Ecorce et feuilles
	La fougère (*Bakhandingho*)	L'amende du fruit
	Séné (citron de mer)	L'amende du fruit
Plaie de vache	*Sila talo*	Les feuilles
Dipheterie de poule	*Tourouma diakhato*	Le fruit
Rhumatisme	Herbe puante	Les feuilles
	Le semellier	L'écorce
	Le baobab	Les feuilles
Brûlures	Herbe puante	Les feuilles et la racine
Œdèmes	Herbe puante	Les feuilles
Douleurs dentaires et buccales	Le semellier	Feuilles vertes ou non
Ulcères	Le semellier	La poudre de l'écorce
Maladie du sommeil	Citron de mer	La racine

Hémorroïde	Citron de mer	La racine
	Piment	Le fruit
Varicelle et variole	Caïlcédrat	L'écorce
	Le gommier mbep	L'écorce
Dysenterie	Caïlcédrat	La gomme
	Citron de mer	La racine
	Pomme de terre	Tubercules crues
Lèpre	Caïlcédrat	L'écorce
Stérilité et règles douloureuses	Herbe puante	Les feuilles et la racine
Infections urinaires	Le baobab	Les feuilles
Tuberculose	*Doukhouma diousso*	La matière elle-même
Diarrhées	Le tannin (*bakhana*)	La gousse
	Le semellier	Les feuilles
	Le baobab	La pulpe
Syphilis	Caïlcédrat	L'écorce

Après ce tableau récapitulatif des plantes médicinales, nous essayons maintenant d'exposer certains aspects principaux de la pratique de cette médecine pour nous rendre compte de sa qualité et du degré de la technicité de l'homme de ce milieu social en cette période de son évolution.

Quelques aspects de la pratique de la médecine traditionnelle pour les soins des plaies

Installations

Une petite enceinte close aménagée dans un coin retiré de la maison. Le sol de cette enceinte est couvert de cailloux propres dans la première moitié, la deuxième moitié en forme de cercle de 40 à 50 centimètres de diamètre du gravier, avec la dominance de deux pierres qui servent d'appui au pied malade. A un mètre de ce tas de gravier se dresse une pierre plate servant de siège au malade.

Equipement

Un grand canari (*bori dakhaba*) dans lequel les morceaux d'écorces sont trempés ; un petit canari dit *bori dakhandingho* contient de l'eau de trempe utilisée pour le nettoyage des plaies. Les feuilles de pansement sont chauffées à la flamme vive jusqu'à les rendre plus souples. Une petite calebasse contient des bâtonnets, aux bouts enroulés de coton pour servir au nettoyage de la plaie. Cette calebasse contient également des morceaux d'étoffe propres, une petite outre contenant de la poudre pour les pansements, un autre du beurre de karité et un petit couteau toujours bien affûté.

Le ou la spécialiste

Nous avons déjà dit que les soins de chaque maladie sont dispensés par la famille détentrice du remède, plus précisément par la personne la plus âgée mais encore assez valide. Dans le cas des pansements de plaies, en général, c'est une femme adulte qui en a la charge en raison de la nature patiente et pleine de tendresse de la femme.

Les pansements d'une plaie grave donnent des nausées à la soignante ou au soignant, ce qui l'oblige à se mettre de la cendre dans la bouche au moment des opérations pour s'empêcher ainsi de cracher. De la prise de la cendre simple les gens sont passés à la prise du tabac. Ainsi explique-t-on l'origine de chiquer et humer le tabac pendant les opérations causant des nausées. Il arrive souvent que des personnes guéries de graves blessures chiquent ou fument. Ainsi explique-t-on pourquoi de telles personnes fument ou chiquent.

C'est-peut être ainsi qu'il faut expliquer l'origine de chiquer, de fumer et de humer le tabac. Avec le temps, l'orgueil et le complexe ont poussé et poussent encore beaucoup d'hommes dans ce domaine. En tout cas, tous ceux qui fument, chiquent ou hument du tabac sans qu'une maladie ne les y ait obligés ou sans la pratique de la médecine, l'ont débuté sous l'effet de l'orgueil ou du complexe. Ainsi, progressivement, leur organisme s'habitue et ils deviennent des éternels dépendants du tabac.

Pour les abcès

On crève les abcès à l'aide d'un instrument spécial appelé *hiti sokho-bégué* conçu à cet effet. Il comprend une partie emmanchée et une autre en fer dont le bout est effilé. Pour l'opération, le bout de fer est rougi au feu pour être stérilisé et appliqué sur le sommet de l'abcès.

Pour les morsures de serpent

L'endroit du corps qui a été mordu est déchiré à l'aide d'une lame de couteau et pressé en sa partie supérieure pour faire couler abondamment le sang par la blessure et le venin.

Pour les fractures

Le membre fracturé est immobilisé avec des lamelles de bambou soigneusement taillées, maintenues juxtaposées les unes contre les autres par des fils en coton. Au préalable, les os sont mis en place le membre couvert d'un morceau d'étoffe propre ou de coton sur lequel prennent appui les lamelles en bambou. Les membres de la famille *barambaki* sont maîtres absolus dans ce domaine et ils soignent leurs patients avec grand amour, à la grande satisfaction de la communauté du Gnokholo.

Conclusion

La trouvaille des plantes médicinales est le résultat de la cueillette dans le processus du développement de la communauté primitive, c'est-à-dire du début de la société mandingue à celle du Gnokholo traditionnel. En effet, comme l'a déjà dit très justement le matérialisme historique de Max et d'Engels, « les tribus de cueilleurs ont réuni bien des renseignements utiles sur le monde végétal et les propriétés médicales de certaines plantes », « elles ont appris à utiliser la fibre des végétaux ». C'est là une vérité universelle, parce que vécue par tous les peuples de la terre. L'homme primitif, en contact étroit avec la nature, sut tirer profit, par voie purement empirique, des remèdes qu'elle mettait à sa disposition. L'esprit d'observateur et la sagesse populaire ont largement contribué au développement de la médecine, la plus ancienne des sciences.

Plantes d'autres utilités

Le fromager ou benténier arbre à feu

Nom local : *bantangho* ;
Nom botanique :
C'est le plus grand arbre du Gnokholo, voire de l'ouest africain. Il pousse dans les rizières des forêts claires, peut atteindre trente à quarante mètres de hauteur. Son tronc, très droit, est flanqué de contreforts à la base, laissant entre eux des espaces pouvant servir de magasins où on peut garder des menus bagages à l'abri des convoitises.

Les branches sont insérées par trois : ses feuilles sont composées et palmées. Jeunes, elles sont utilisées dans la préparation de certaines sauces. Ses fleurs, de couleur crème, sont très abondantes et sont recherchées par les abeilles. Il fleurit de décembre à janvier, son fruit, de forme de grenade à main, est une capsule de plusieurs loges, déhiscente, contenant des graines entourées d'une masse banche de longs poils.

A maturité, elle s'ouvre en plusieurs valves laissant échapper une soie blanche, très légère, inflammable. Les populations cueillent les fruits verts (avant qu'ils ne s'éclatent en valves) pour les sécher au soleil et les garder en vue de la production du feu pour la cuisine, les travaux champêtres, les parties de chasse, de pêche et de cueillette. Pour ce faire, le fruit sec et calciné au feu, refroidi et écrasé avec sa soie dans un récipient approprié. Alors, la soie du fruit se noircit, devient maniable et conservable dans un petit sac en étoffe pour l'usage courant. Elle est appelée *kersou bouna*, c'est-à-dire la soie à briquet. Cela consiste, chaque fois que c'est nécessaire, à prendre un tampon pour l'appliquer sur la pierre à briquet (silex) en la frappant avec du fer ou de l'acier. Alors, des étincelles jaillissent au contact desquelles la soie noircie prend feu et s'allume.

Donc, le fruit du fromager constitue, pour les populations du Gnokholo, le moyen d'obtenir du feu à tout moment. C'est pourquoi nous l'appelons arbre à feu. Les peuples mandinka, dans leurs migrations à travers l'espace ouest-africain, ont toujours eu à emporter avec eux des jeunes pieds et des semences de fromager. Leur premier acte dans un site choisi comme lieu d'habitation est de planter en son centre, servant de place publique, des pieds de fromager ou d'y semer des graines et les entretenir avec grand soin.

Voilà pourquoi on trouve dans chaque village du Gnokholo traditionnel deux pieds de fromager au moins d'âges différents, délimitant la place publique dite *bantaba* ou *bera*. En même temps, ils servent d'ombrage aux usagers pour se protéger contre la chaleur du soleil équatorien, notamment en saison sèche.

Boumbangho

Nom local : *boumbangho* ;

Nom scientifique : *cissus populinea.*

C'est une liane à tige verte palissant avec l'âge et devenant blanchâtre, glabre et légèrement ligneuse. Les feuilles sont très largement ovées, pentagonales, glabres, avec des nervures principales rayonnantes depuis la base. Elle pousse dans des forêts et grimpe sur les arbres.

Les populations font des liens avec sa tige pour attacher les toits des cases et autres constructions parce qu'elles passent pour résister aux termites.

En outre, la tige est macérée dans l'eau qu'on mélange ensuite à la bouse utilisée pour construire les murs des cases, pour leur donner un beau poli. On utilise aussi cette boue pour les sols, les murs intérieurs.

Relations marchandes

Contacts commerciaux

Le Gnokholo traditionnel, de par sa position géographique, était, au point de vue du commerce, une capitale importante. En effet, il reliait certaines provinces de la côte maritime comme le Gabou à d'autres, à l'intérieur du continent, à l'instar du Boundou, du Bambouk, du Fouta-Djalon et du Bélédougou.

Le commerce se pratiquait essentiellement en période de saison sèche. Seul le Gnokholo possédait des cours d'eau qui gardaient leur liquide pendant cette période de l'année. Ainsi, les Dioulas des provinces Fouladoukhou, Vouli, Gnani, Tanda, voire la partie ouest du Boundou, le chemin le plus court, étaient obligés de passer par le Gnokholo pour ne pas mourir de soif. Pour ces raisons donc, le pays constituait un carrefour où convergeaient la plupart des routes qui partaient du Bambouk, du Fouta-Djalon, du Gabou, du Boundou, etc. De plus, c'était dans le Gnokholo, à Kidoukhou aujourd'hui Kédougou, surtout que les Dioulas du nord venaient faire leurs achats de noix de cola. Pour cette raison, Kidoukhou constituait l'entrepôt de tout le commerce du nord avec le Fouta-Djalon.

Le transport des marchandises se faisait sur la tête des hommes et à dos de bœufs appelés bœufs-porteurs. Celui qui exerçait la fonction d'achat et de vente de marchandises s'appelait dioula. Ainsi, un homme employé par un Dioula comme transporteur de ses marchandises s'appelle *sankandigho* et l'action, *sankandiro*.

Produits marchands

Dans l'étude de l'économie du Gnokholo, nous avons, chaque fois que c'etait nécessaire indiqué les produits destinés à l'échange en plus de la consommation locale ou directe. Ici, nous allons les récapituler en indiquant, pour chaque produit, le lieu principal de son échange et contre quoi il était échangé.

La cire était essentiellement un produit marchand, s'échangeant sur le marché de Kantora, de Bafata au Gabou, de Berola en Gambie contre de la poudre et capsules à canon, du soufre, des pierres à fusils, des barres de fer, du tissu européen pour mouchoir de tête des dames et demoiselles, des parures, etc. Et au Fouta-Djalon contre des noix de cola.

Le bétail (principalement la vache et le bœuf) s'échangeait sur le marché de Kantora de Gabou et de Béroto contre des armes à feu, des sabres, des lances, des barres de fer, etc. et dans le Bélédougou contre du mil.

Le beurre de karité s'échangeait, sur le plan intérieur, contre des céréales et, sur le plan extérieur, dans le Gabou et le Kantora contre du sel et des produits manufacturés d'Europe (capsules, poudre à canon, tissu, verroteries...), et au Fouta-Djalon contre des colliers de *kountou makhangho, horlongho*, de *karambakéssé* et de noix de cola.

Le savon s'échangeait dans le Bamdemba contre des vases en terre cuite. L'étoffe s'échangeait à l'intérieur contre des céréales et du bétail, mais aussi à l'extérieur, comme le Bélédoukhou, contre du mil. Datouvo s'échangeait dans le Fouta-Djalon et dans le Bandemba contre des céréales.

Le piment est aussi un produit marchand, notamment avec le Fouta-Djalon, contre des oranges et des parures (perles et colliers pour filles et femmes). Le coton s'échange au Fouta-Djalon contre des oranges et des parures. Les bandes de coton s'échangeaient à Kayes contre du sel.

Formes et valeurs d'échange

Dans la société se pratiquait l'échange de presque tous les produits (produits agricoles, de cueillette, de chasse et de pêche), mais d'une manière accidentelle. Dans le processus de cet échange spontané, prenait forme progressivement la production marchande en certains produits. Ainsi donc, il existait au Gnokholo traditionnel deux formes de valeur d'échange : la forme développée de la valeur et la forme générale de la valeur.

La forme développée de la valeur

Elle est la forme où la valeur d'une marchandise ou, en d'autres termes, la valeur d'un produit d'échange est exprimée en d'autres produits d'échange (le troc). Elle a été la première forme d'échange dans toute société humaine de la planète terre. Dans le Gnokholo aussi, elle a été la première et la plus courante, la plus pratiquée par ses populations. Ainsi les produits s'échangeaient dans les proportions suivantes :

- 1 *moudo* de mil = 1 mesure (*moudo*) de maïs = 1 *moudo* de haricot = 1 moudo de riz paddy = 2 boules de savon = 2 boules de *datouvo* = 2 boules de tabac = 2 *saroungho* de tabac = 2 *moudo* d'arachide = 2 Coudées d'étoffe = 2 *moud*o de *kandia kougho* = 2 *moudo* de cire non traitée.
- 1 *moudo* de fonio = 2 moudo de mil = 2 *moudo* de maïs = 2 *moudo* de haricot = 4 coudées d'étoffe = 2 poulets = 4 *moudo* d'arachides = 2 *moudo* de riz paddy = 4 boules de savon = 4 boules de *datouvo* = 4 boules de tabac = 4 *saroungho* de tabac = 1 *toulou hita* = 4 *moudo* de cire non traitée.
- 5 poulets = 1 bouc ; 6 poulets = 1 chèvre = 1 bélier ; 7 poulets = I brebis.
- 5 boucs = 1 taureau ; 6 chèvres = 1 génisse = 6 béliers.
- 4 brebis = 1 taureau = 5 béliers ; 1 génisse = 6 béliers = 5 brebis.
- 1 chèvre = 10 *moudo* de mil, autant de maïs, de haricot, de riz paddy = 20 *moudo* d'arachides = 20 coudées d'étoffe = 5 moudo de fonio.
- 1 bouc = 8 *moudo* de mil, autant de maïs, de haricot, de riz paddy = 15 *moudo* d'arachide = 18 coudées d'étoffe = 5 *moudo* de fonio.
- 1 genisse = 60 *moudo* de mil, autant de maïs, de haricot, de riz paddy = 120 *moudo* d'arachides = 1 200 coudées d'étoffe = 30 *moud*o de fonio.
- 1 taureau = 55 *moudo* de mil autant de maïs, de riz paddy, de haricot = 100 *moudo* d'arachide = 100 coudées d'étoffe, 25 *moudo* de fonio.

De cette façon, l'échange des produits marchands se faisait directement en présence de témoins choisis par les deux camps. La comptabilité se faisait oralement en recourant aux cailloux et aux bâtonnets. Précisons par ailleurs que la convention de ces équivalents de produits n'était pas écrite, mais orale. Ainsi, elle n'a pas été et ne pouvait pas être le produit d'un décret ni d'une puissante personnalité quelconque, ni d'un groupe « d'hommes dirigeants », mais uniquement comme résultat de la pratique de toute la société dans le processus de production et d'échange en tant que phénomènes objectifs: l'échange comme une des formes et conséquences de la production sociale.

Mais cette forme d'échange présentait des inconvénients. En effet, quelqu'un, par exemple, pouvait avoir une génisse à échanger contre du mil, mais une quantité de mil inférieure à celle équivalente de la génisse parce qu'il n'avait pas besoin de toute cette quantité, ou alors, il pouvait, en plus du mil, avoir besoin d'autres produits. De pareils problèmes ne pouvaient trouver leurs solutions dans la forme développée de la valeur, car celle-ci ne permettait que l'échange d'un produit contre une quantité déterminée d'un autre produit marchand de l'époque. Cette difficulté trouva sa solution dans la forme générale de la valeur.

La forme générale de la valeur

Elle est la forme où la valeur de toutes les marchandises ou produits marchands est exprimée en une seule marchandise ou en un seul produit marchand. Dans le Gnokholo traditionnel, sous l'influence du marché de Kantora, d'une part, et le développement de l'échange au sein de la société, d'autre part, l'étoffe finit par s'imposer comme l'unique équivalent devant intervenir dans l'échange de tous les produits marchands et ce, grâce à ses qualités exceptionnelles : elle s'use moins facilement par rapport aux autres, sa mesure était plus pratique, son transport plus commode et renfermait une quantité de travail relativement plus grande. Ainsi donc, les unités de mesures de longueur furent conçues dans l'étoffe exprimant la valeur de toutes les autres marchandises ou produits marchands comme suit :

- 2 coudées d'étoffe = 1 mesure (*Moudo*) mil = 2 boules de *Datouvo* = 2 boules de savon = 2 boules de tabac = 2 *Sarounho* de tabac = 2 mesures de cire non traitée.
- 2 coudées d'étoffe = 1 poulet = 1 *Moudo* de fonio = 1 pain de beurre.
- 18 coudées d'étoffe = 1 bouc.
- 20 coudées d'étoffe = 1 chèvre.
- 24 coudées d'étoffe = 1 bélier.
- 28 coudées d'étoffe = 1 brebis.
- 100 coudées d'étoffe = 1 taureau.
- 120 coudées d'étoffe = 1 génisse.

Il devient ainsi évident que la forme générale de la valeur n'est autre que l'achat de toutes les marchandises par une seule. Dans le cas précis du Gnokholo traditionnel qui nous intéresse ici, c'est l'étoffe qui achetait toutes les autres marchandises ; elle était la marchandise royale, selon la juste expression de Marx. Avec l'équivalent général (ici l'étoffe), les achats contraignants ont pris fin.

Si au Gnokolo traditionnel et dans certaines provinces avoisinantes telles que le Beledoukhou et le Bademba l'étoffe trônait comme marchandise royale, il n'en était pas de même dans les provinces de l'ouest ou de la zone côtière atlantique telles que Kantora et Gabou ainsi que le Fouta-Djalon. Dans ces provinces, il existait un équivalent général appelé *danho*, qui était un pagne de huit bandes d'étoffe comme largeur et de deux mètres de long, teint à l'indigo. Le Gnokholo traditionnel, dans ses relations marchandes avec ces localités, adopta le *danho* comme équivalent général. Mais sa vie fut courte : la monnaie métallique anglaise le supplanta. Ces provinces et le Gnokholo marquaient alors le pas au rythme de cette monnaie étrangère en raison du fait de son apparition avec de très riches dioulas dans leurs embarcations sur les côtes atlantiques et sur l'embouchure de la Gambie. Ce fut l'apparition, au Gnokolo, la forme monnaie de la valeur.

La forme monnaie de la valeur

Elle est différente de la forme générale de la valeur seulement par la nature de la nouvelle marchandise dans laquelle s'exprime la valeur de toutes les autres marchandises. L'équivalent général ici est un métal pouvant être du fer, du cuivre, de l'argent ou de l'or.

La monnaie métallique adoptée par le Gnokholo pré-colonial est celle de l'Angleterre. Elle comprenait des pièces d'argent pur de différentes dimensions et de différents poids. Mais chose curieuse et que nous ne pouvons pas encore expliquer, c'était que chacune de ces pièces avait un nom ou une appellation en langue mandingue comme suit :

- *gnata* : La pièce d'un centime ;

- *koporo* : la pièce de 10 centimes ;

- *tanka* : la pièce de 50 centimes ;

- *doubalo* : la pièce de 625 centimes ;

- *dalasso* : la pièce de 1 250 centimes.

De nos jours, on peut voir ces pièces comme parures sur les tresses et au cou des jeunes filles et femmes du Gnokholo et même avec d'autres peuples de la Sénégambie.

Ainsi, la monnaie anglaise joua, à son tour, le rôle d'échange de toutes les marchandises entre non seulement le Gnokholo et les pays de la zone côtière et le Fouta-Djalon, mais encore à l'intérieur du pays même, en servant principalement à l'achat d'armes, de lingots de fer et comme dot dans les mariages.

Mais à côté de la monnaie anglaise, il existait des bracelets, des pièces circulaires et des bagues en argent qui jouaient aussi le rôle de monnaie comme suit :

- *kolinna* : bague en argent d'une valeur ;

- *godi-mousso* : bracelet en argent de valeur d'une génisse ;

- *godi-ké* : bracelet en argent (un peu moins gros que le godi-mousso) de valeur d'un taureau ,

- *kanna-godo* ou *bahata* : pièce circulaire en argent comme collier de parures qui a la valeur d'une chèvre.

Avec l'apparition de riches marchands européens sur les côtes atlantiques et à l'embouchure de la Gambie et l'introduction de la monnaie métallique anglaise, une impulsion sans précédent fut donnée aux relations marchandes dans cette partie de l'Ouest africain. Ainsi naquirent des villes champignons qui furent les principaux points de transaction de cette époque telles que Yanyambouré, Bandioulou, Bahata, Touro-Koto, etc. C'était aussi l'aube de la colonisation pour le Gnokholo.

Dans l'échange des animaux sous la forme développée de la valeur et la forme générale de la valeur, il n'était pas tenu compte de la grosseur de l'animal, mais uniquement de son genre : mâle ou femelle, et du nombre d'années. C'est-à-dire qu'une brebis par exemple de six mois avait la même valeur d'échange qu'une brebis de deux ans ; ou encore qu'un taureau de trois ans avait la même valeur d'échange qu'un autre de 10 ans.

Signalons aussi que, dans un échange où intervenait une unité de mesure à l'exemple du *moudo*, un surplus d'un produit de mesure était toujours ajouté comme symbole de l'honnêteté dans l'échange ou la manifestation d'égalité, d'intérêts réciproques. Ce phénomène a été si bien ancré dans les esprits qu'il subsiste de nos jours en milieu malinké du Gnokholo.

L'étude de relations marchandes dans la société du Gnokholo traditionnel nous a permis d'affirmer de nouveau que celle-ci se trouvait au stade de la communauté primitive. En effet, le matérialisme historique de Marx et Engels nous enseigne : « du temps de la communauté primitive encore, le progrès des échanges a abouti à l'apparition d'un équivalent général des marchandises, c'est-à-dire d'articles contre lesquels on pouvait échanger n'importe quels autres. D'abord ce rôle était joué par les produits les plus importants ». Dans le Gnokholo pré-colonial, comme nous l'avons vu, ce rôle a été joué par l'étoffe comme équivalent général des marchandises. Il est intéressant de connaître les mesures en usages dans la société ou dans les relations marchandes. Il s'agit des mesures de longueur, de capacité et de poids.

Mesures de longueur

- *tékhé diamba* : distance comprise entre le poignet de la main jusqu'à l'extrémité des doigts (18 à 20 cm environ) ;
- *sibiro ou sokhogna* : distance comprise entre le sommet du pouce et celui du majeur de la main (écartelés au maximum 20 à 22 cm environ) ;
- *nonkongho* : mesure équivalant à la distance qui sépare le coude de l'extrémité du doigt du milieu de la main appelé majeur ou médius (environ 50 cm) ;
- *sokhohogna* : double du nonkongho ;
- *sakhara* : distance à laquelle une personne est visible, mais sans pouvoir la distinguer.

Mesures de capacité

Mesures de liquides :

- *korongho* : récipient fait avec une noix de rônier de contenu d'un quart de litre ;
- *kalama* : calebasse à queue de contenu d'un litre au moins ;
- *kombongho* : calebasse à queue courbée servant de poignet et ayant une ouverture ronde en son milieu, à l'opposé de la courbe de la queue. Son contenu est de deux litres environ ;
- *donmboudingho* : gourde en terre cuite de deux litres au moins ;
- *doumbouyéré* : gourde en terre cuite de cinq à dix litres ;
- b*ata* : gourde en calebasse de quinze à vingt litres.

mesures de matières sèches :

- *badangho* : est une mesure faite avec du bois en forme de calebasse de contenu d'un kilogramme de céréales au moins. Il est l'équivalant du « moudo » une appellation déformée de la même mesure en arabe, « moud » ;
- *sariangho* : équivaut à cinq *badangho* ;
- *tintimba* : est une mesure en panier faite avec des lamelles de bambou pouvant avoir pour contenu 20 à 30 *badaugho* de céréales ou autres matières sèches ;
- *karakha* : est aussi un panier, mais fait avec des feuilles de rônier pouvant contenir 30 à 50 badangho de matières sèches.

Mesure de poids

Le *bakhana kessé,* qui est une graine du tanin, équivaut à un gramme. Elle sert à peser l'or.

Tout cela nous permet de constater que l'économie du Gnokolo avait déjà jeté les bases d'une économie capitaliste future avec l'apparition de la production marchande. C'était là encore la troisième division sociale du travail : apparition de la caste des marchands appelés à devenir des spécialistes dans l'échange et à s'approprier une part importante des valeurs des produits de la société. Mais jusque-là, le courtage était exercé d'une manière accidentelle ou sporadique, ne s'exerçant principalement qu'en période de saison sèche ou période morte, selon les besoins nécessaires des familles patrilinéaires - claniales et du pouvoir communautaire des villages. Sur le plan intérieur, les échanges se faisaient directement entre propriétaires de marchandises dans la maison de l'un d'eux ; et sur le plan extérieur, c'est en période de saison sèche que les familles possédant des produits marchands déléguaient leurs jeunes qui se rassemblaient en caravanes et se chargeaient des marchandises pour aller les vendre au Fouta-Dkalon, à Kantora, au Gabou, à Yanyambouré, à Bahata, etc. Et ils rapportaient le produit de leurs échanges à leurs familles.

Les courtiers étrangers, généralement peulh et sarakholé, aussi, venaient vendre leurs marchandises dans les villages du Gnokholo ou acheter les produits locaux pour retourner après. C'est-à-dire que la caste de marchands n'était pas encore formée en tant que telle, mais se trouvait en gestation et était appelée à s'affirmer absolument avec le développement objectif de la production marchande.

L'introduction de la monnaie et des marchandises étrangères, en l'occurrence la monnaie anglaise, était le prélude de la colonisation du pays par la puissance impérialiste qui possédait de cette monnaie et ces marchandises.

Photo 10 : Jeune fille du Gnokholo portant sur ses tresses des pièces de monnaie anglaise

Photo 11 : Jeune fille du Gnokholo portant une pièce de monnaie anglaise au cou.

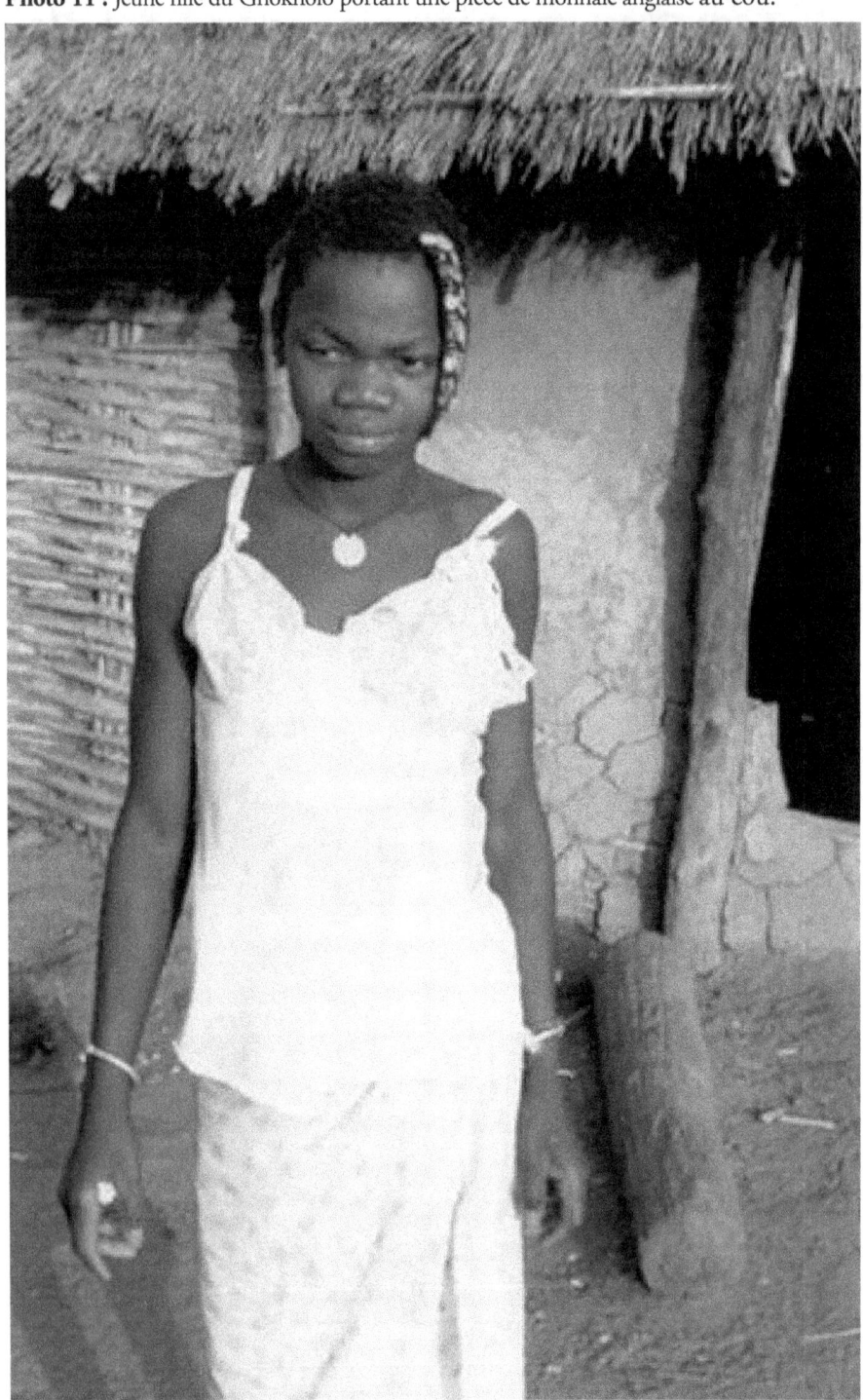

Conclusion générale

Il est évident que le Gnokholo traditionnel a résisté, avec vaillance et témérité, aux tentatives d'islamisation des Peulh du Boundou et de ceux du Fouta-Djalon. Ainsi, il a su garder jalousement sa manière de vivre, ses coutumes, ses rites et fêtes.

Mais il est tout aussi évident que la colonisation a fait subir au Gnokholo traditionnel, à l'instar des autres anciennes provinces du Sénégal, une régression inouïe de son évolution historique. Le système administratif colonial, despotique, imposa aux populations « le régime de l'indigénat », faisant d'elles des sujets français et non des citoyens auxquels les administrateurs coloniaux pouvaient infliger amendes, châtiments corporels et prison.

L'administration coloniale ignora royalement l'organisation et la hiérarchie traditionnelles du pays en leur substituant celles à son image. Ainsi, la chefferie administrative fut introduite, le Sénégal, organisé en cercles ou subdivisions, divisés en cantons, le canton en villages.

Sous l'autorité du commandant de cercle, représentant la métropole coloniale, on nommera des autochtones comme chefs de canton, chefs de village. Dans le Gnokholo, on imposera sa division (comme rapporté dans le chapitre II de la première partie de l'ouvrage) avec, comme chefs de canton, des hommes de caste tout à fait étrangers au pays et des chefs de village n'ayant rien de « traditionnel » ni de « coutumier ». Les traditions collectives ou démocratiques qui contrôlent et élisent les chefs sont réduites à un rôle purement formel, des fois même ignorées ou supprimées. Ce sont des hommes à tout faire de la nouvelle administration : policiers, recenseurs, collecteurs d'impôt, agents de cultes, agent de travaux publics, recruteurs de la main-d'œuvre gratuite et de jeunes pour le service militaire, etc.

Voilà comment l'organisation et la hiérarchie traditionnelle sont détruites et liquidées. Alors, d'anciens esclaves et hommes de castes, collaborateurs des nouveaux conquérants vainqueurs, sont devenus des « nobles » auprès desquels les nobles déchus faisaient piètre figure.

Au plan économique, les populations étaient livrées à la disette permanente créée par l'administration coloniale. En effet, avant la colonisation, bien que le Gnokholo eût un bas niveau de productivité, correspondant à des moyens techniques mis en œuvre (comme la daba, la hache, le « *sokh sokh* », le coupe-coupe, etc.) il assurait dans son ensemble un équilibre durable entre l'homme et la nature et, en même temps, assurait à la famille patriarcale une autoconsommation relativement suffisante au point que, de nos jours encore, demeure le souvenir du mil gardé pendant deux ou trois ans par le patriarche, sans compter les réserves pour les cérémonies. La famine était accidentelle et était la conséquence de la dévastation des champs par les criquets pèlerins ou des villages, par de grandes endémies comme la méningite. Mais, dans une telle circonstance, le déficit vivrier était compensé par la cueillette, la pêche, la chasse et l'échange des produits artisanaux contre des céréales. Ce qui faisait dire à l'ancien et premier président de la Guinée Conakry, Ahmet Sékou Touré, que « En Afrique, on pouvait voyager du nord au sud, de l'est à l'ouest sans mourir de faim » (citation de mémoire).

L'exploitation coloniale rendit impossible non seulement le maintien des réserves pour les fêtes et les mauvais jours, mais aussi celles indispensables aux prochaines semailles. Voici comment :

- la famille patriarcale était obligée de consacrer une partie de sa main d'œuvre familiale aux réquisitions de l'administration coloniale (travaux forcés) et à la conscription (service militaire), ce qui réduisait notablement le temps de travail pour elle-même ;
- à chaque hivernage, un champ collectif délimité pour le chef de canton voyait son produit, fruit du travail commun, destiné à son entretien et à celui de ses séides. Ici encore, le chef de la famille patriarcale était contraint de fournir l'essentiel de sa main-d'œuvre familiale. L'entretien d'un tel champ exigeait quatre à cinq journées de travail collectif des populations du canton, sans compter celles consacrées à la réfection des clôtures et toits de la maison du chef de canton ;
- l'administration coloniale imposa aux populations l'impôt personnel en espèces, ce qui constituait un puissant moyen de pression sur le revenu des populations. Car, pour se procurer l'argent nécessaire au paiement de l'impôt exigé pour tous les adultes, hommes et femmes, le chef de la famille se voyait obligé de vendre une partie des récoltes de sa famille.
- la culture de l'arachide, introduite par le colonisateur, devint dominante au détriment des cultures vivrières traditionnelles. Produit d'exportation, l'arachide s'imposa comme épine dorsale de l'économie de traite qui rythma la vie de toute la société sénégalaise jusqu'après l'indépendance. La quasi-totalité de ce produit exportable provenait des zones situées à moins de 300km des côtes. Dans le reste du Sénégal comme le Gnokholo, éloigné de 700 km des côtes et où persiste l'économie de subsistance, le produit à peine payé ne suffisait pas au paiement de l'impôt, ce qui provoqua dans ses contrées lointaines des côtes l'immigration spontanée appelée « navétanat » et l'immigrant dit « navétane ».

Ainsi, le Gnokholo verra naître, à l'instar de ses provinces voisines, des courants de migration. Les jeunes partent pour gagner l'argent de l'impôt ou la dot de leurs fiançailles en laissant au village peu de membres valides de leurs familles pour la production vivrière, ce qui accroissait dangereusement le rique de famine. En effet, l'argent rapporté couvrait à peine le paiement de l'impôt. Et s'il en restait, c'était très insuffisant pour combler le déficit vivrier de la famille patriarcale.

Ainsi donc disparurent les réserves pour les fêtes et cérémonies et même les réserves pour les semailles. En même temps, baissaient les moyens de subsistance des populations. Ces facteurs entraînèrent l'installation permanente de la sous-alimentation dans le pays, ponctuée par des périodes dites de « soudure », et la disette.

Mais parallèlement à l'exploitation coloniale, l'introduction et le développement de l'économie de marché contribuèrent de manière décisive et irréversible à la dissolution de l'organisation traditionnelle. En effet, elle eut pour conséquence l'accélération et la dissolution de la communauté traditionnelle : des attributs sociaux, notamment la solidarité, ont tendance à s'effacer au profit de l'individualisme lié à l'appropriation privée et à l'économie de marché. Ce phénomène continue de nos jours, sous l'indépendance, avec plus d'ampleur, de sorte que beaucoup de cérémonies traditionnelles, autrefois sacrées, le sont moins aujourd'hui. La population jeune plus encline à la modernité se dirigent vers les centres urbains à la recherche d'activités salariales pour des conditions de vie moderne.

Mais l'avenir du Gnokholo dépend étroitement de celui de l'ensemble du département de Kédougou dont il est un des démembrements et qui a longtemps souffert d'un enclavement à la fois interne et externe. Dans son rapport au colloque des journées culturelles de Kédougou des 13, 14, et 15 février 1992 sur le thème « Kédougou : histoire et culture », le compatriote Marakary Danfakha, professeur d'histoire et de géographie, alors proviseur au Lycée Demba DIOP de Mbour, rapporte cette situation du département en ses termes :

Le département de Kédougou, comme l'ensemble de sa région, souffre de l'enclavement, cet enclavement a un double aspect :
- Il est d'abord au département. L'unité du département n'est pas encore complètement réalisée, dans la mesure où le chef-lieu, Kédougou, n'a pas beaucoup d'atouts lui permettant de bien polariser son hinterland. Kédougou n'est pas un centre urbain. De plus, les communications avec les sous-préfectures sont très difficiles ;
- Il est ensuite externe à cause de sa liaison difficile avec Tambacounda.
- l'enclavement a toujours fait du département une région repliée sur elle-même, surtout pendant l'hivernage. C'est pourquoi elle a été, depuis la période coloniale, considérée comme une zone pénitentiaire où n'étaient affectés que les «mauvais fonctionnaires (page 53, premier paragraphe).

Mais, depuis lors, il y a eu des progrès. Le téléphone relie la capitale départementale Kédougou et celle des sous-préfectures au reste du Sénégal. En outre, des pistes de productions sont ouvertes beaucoup d'endroits, dont le Gnokholo, la route Kédougou-Saraya est goudronnée, la construction de celle de Tamba-Kédougou, qui traverse le Gnokholo, est réalisée il y a un peu moins de dix ans.

Certes le sous-sol du département renferme beaucoup de richesses minières, mais, de notre point de vue, son développement et, partant, celui du Gnokholo ne peut pas et ne saurait dépendre seulement de ces richesses locales, mais aussi et surtout d'une volonté politique non seulement du pouvoir central, mais également des collectivités locales (Conseil régional, Conseils municipaux et ruraux) A ce propos, le président Mamadou DIA dans son livre intitulé *L'Afrique, le prix de la liberté*, nous interpelle justement en ces termes :

> Au Sénégal oriental, il faut que les députés [et collectivités locales] soient plus que des danseurs de « *bara* » et des chefs d'orchestres de cirques de soutien, il faut qu'ils soient des élus et des porte-parole du peuple. Il faut des gouverneurs, préfets et sous-préfets plutôt que des mandarins et des agents électoraux soient des fonctionnaires au service des communautés, des artisans de l'unification du territoire national (2001 : 292).

Au total, souhaitons que les valeurs qui ont fondé la dignité du Gnokholo d'hier puissent promouvoir celles du Gnokholo d'aujourd'hui et que les changements inévitables en cours et en vue soient des chemins de liberté et de solidarité et des voies possibles pour concourir à l'émergence d'un Sénégal uni, fort et prospère.

Bibliographie

Sources orales
Ma mère
Mon père
Les vieux de mon village, de Bantata et de Bagnoun.

Sources écrites
Actes du colloque international sur les traditions orales du Gabu organisé à Dakar du 19 au 24 mai 1980 par la Fondation Léopold Sédar Senghor publiés dans *Ethiopiques, revue socialiste de culture négro-africaine.*
Aubert, A., *Légendes historiques et traditions orales recueillies dans la Haute Gambie.*
Baumer, Michel, 1995, *Arbres, arbustes et arbrisseaux nourriciers en Afrique Occidentale*, Enda Edition.
Bulletin Société Antropologie de Paris, 1963- Tome 5, XIe Série.
Centre de Recherches Anthropologiques, 1985, Les habitants du Département de Kédougou – Sénégal, Paris, Musée de l'homme de Paris.
Danfakha, M., Kédougou : Histoire et Culture, un des actes du colloque des premières culturelles de Kédougou, tenues les 13, 14 et 15 février 1992, traitées, inédit.
Dia, M., 2001, *L'Afrique, le prix de la liberté*, Paris, L'Harmattan.
Diterlen G. et Sylla D., 1992, *L'Empire de Ghana – le Wagadou et les traditions de Yéréré.*
Engels, Friedrich, 1966, *L'origine de la famille, de la propriété privée et de l'Etat : oeuvres complètes*, Paris, Editions Sociales.
Ioïriche, N., 1960, *Les propriétés médicales du miel et du venin d'abeille*, Moscou, Editions en langues étrangères.
Gravrand, H., 1983, *La civilisation sereer-cosaan – Les origines*, Dakar, Les Nouvelles Editions africaines -.
Ki-Zerbo, J., 1963, *Le monde africain noir - Histoire et civilisation*, Paris, Centre d'Edition et de Diffusion africaine (CEDA).
Molard, R., 1958, *Les problèmes humains en Afrique occidentale*, seconde édition, Paris, Présence africaine.
Niane, D. T., 1989, *Historique des Mandingues de l'Ouest*, le Royaume de Gabou, Paris,- Editions Karthala et Arsan.
Suret-Canale, J., 1961, *Afrique noire, occidentale et centrale : l'ère coloniale* (1900 - 1945) Paris, Edition Sociale.

www.ingramcontent.com/pod-product-compliance
Lightning Source LLC
Chambersburg PA
CBHW050531300426
44113CB00012B/2050